西南大学历史地理研究所 编

中国人文田野

第九辑

巴蜀书社

编 委 会

编委会顾问（按姓氏笔画数排名）

于希贤　李学勤　邹逸麟　周伟洲

编委会委员（按姓氏笔画数排名）

王振忠　王　然　王川平　王建新　尹绍亭

朱士光　朱圣钟　华林甫　孙　华　刘志伟

李孝聪　李并成　陈星灿　陈春声　张诗亚

郑振满　杨圣敏　侯甬坚　荣新江　胡阿祥

赵世瑜　唐晓峰　郭声波　徐少华　葛剑雄

景　爱　鲁西奇　蓝　勇　黎小龙　霍　巍

主　　编　蓝　勇

编辑部主任　马　剑

目录

田野学术考察

002　2017年丝绸之路中亚考察行纪（节选）　　张萍、韩香、苏惠敏、崔建新、潘威、吴正浩

029　万梁古道：历史、路线与遗产（上）　　张颖

047　野外考察与地图：2018年7—8月新疆考察的思考　　刘传飞

053　野外考察辅助确定影响历史时期耕地分布的因子
　　——新疆玛纳斯河流域考察纪要　　刘建杰

060　湖北襄阳城市历史地理考察报告（上）　　武汉大学历史学院历史地理研究所

079　新疆吐鲁番盆地水系、城址历史变迁考察报告　　王翩、张亮

092　重庆合川区古赤水县城遗址调查勘探纪实　　王励、牛英彬、许文英、曹建军

105　滇西行
　　——云南丽江、永胜考察报告　　陈功民、迟宽庚、陆韧

126　云南禄丰县明清盐井遗址及盐业考察纪实（上）　　朱圣钟、王人正、闫哲

145　跨越历史与现实的鸿沟
　　——历史时期川西南盐业发展与生态、社会互动的田野考察　　张铭、李娟娟

156　广东珠江沿岸炮台考察记　　贾富强

175　晋北地区明长城遗址考察行纪　　王钊勤

205　追寻巡检司城
　　——以浙江温州、台州地区为中心的田野考察　　郑琦

216　四川宜宾天宫山古代蓝靛产业调查　　李秉仁

中外田野学术交流

224　一名英商的华西游历：从宜昌到重庆　　[英]托马斯·桑维尔·库珀著，孔琳、马剑译

中国人文田野

田野学术考察

2017年丝绸之路中亚考察行纪（节选）

张萍、韩香、苏惠敏、崔建新、潘威、吴正浩

作者简介

张萍，女，1965年生，首都师范大学历史地理研究中心教授，研究方向为历史地理学、丝绸之路GIS建设。

韩香，女，1969年生，陕西师范大学中国西部边疆研究院教授，研究方向为中西文化交流史及西北民族历史与文化。

苏惠敏，女，1972年生，陕西师范大学地理科学与旅游学院副教授，研究方向为GIS应用及资源开发与环境演变。

崔建新，女，1976年生，陕西师范大学西北历史环境与经济社会发展研究院副研究员，研究方向为环境考古。

潘威，男，云南大学历史与档案学院副研究员，研究方向历史自然地理、历史地理信息化。

吴正浩，男，1994年生，陕西师范大学中国西部边疆研究院在读博士研究生，研究方向为西北民族史、文化史。

一、序言

2014年，由张萍教授设计申请的国家社科重大项目"丝绸之路历史地理信息系统建设"获批立项，在课题支持之下，项目组于2017年，针对丝绸之路重点区域吉尔吉斯斯坦、乌兹别克斯坦重要节点区进行了深度学术考察。

地理信息系统（Geographical Information System和Geographical Information Science，简称为GIS）是以计算机技术为基础，以具有地理内涵的空间数据为处理对象，运用系统工程和信息科学的理论、方法，采集、存储、管理、显示、处理、分析和输出地理信息及其产品（如数字地图）的集成型计算机信息系统，是伴随信息化时代计算机技术的发展而兴起的新兴领域。由GIS的特性可以看到，搭建丝绸之路历史地理信息平台所需的信息主要来自地面，无论文化景观还是自然景观，都需要落实到具体的自然环境当中去。而丝绸之路则是一个带有历史属性的概念，它可以延伸到两千年以前。要建设这样一套集历史与地理于一体的系统平台，所需要的基础数据非常重要。

丝绸之路所涉区域广袤，分东、中、西三段。东段从长安到玉门关、阳关；中段从玉门关、阳关以西至葱岭；西段则从葱岭以西经过中亚、西亚直到欧洲。除东、中段位于中国境内以外，还包括中亚、西亚、南亚、北非、欧州部分地区，以今天丝绸之路经济带来看，涉及国家三十余个。这里地理环境复杂，族群分布多样，宗教体系多元，且这种复杂的环境所涉历史久远。因此，不实地考察是无法获得准确的环境信息与科学数据的。基于此，我们团队自主设计路线，2017年8月进行了为期十天的考察，集中在吉尔吉斯斯坦与乌兹别克斯坦两国，主要围绕中古西域的考古遗迹与交通枢纽进行探访式考察。

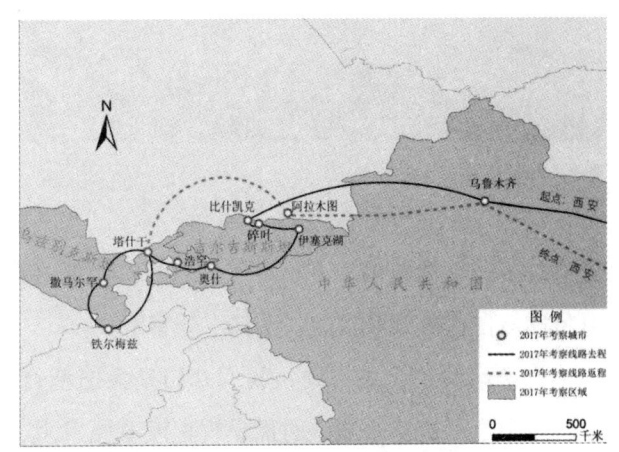

2017年丝绸之路中亚考察路线示意图

在吉尔吉斯斯坦境内，我们重点考察了楚河州托克马克市周边的碎叶（Suyab）、伊塞克湖（Lake Issyk-Kul）、红城、布拉纳遗址以及周边的一些博物馆。碎叶城，大家都比较熟悉，是唐代安西四镇之一，据说李白就出生在这里。我们到了这片遗址区，当地人称之为阿克别西姆城址（City Site at Ak-Beshim）。遗址由东、西两城组成，东城较大，占地60公顷以上，是碎叶城；西城面积35公顷，是八剌沙衮城。所有建筑都用粘土和土坯筑墙。城址西南面有两座6—8世纪的佛寺，寺院由僧房门厅、长廊庭院和回廊佛堂组成。城址之西有8世纪摩尼教墓地。城内东部有景教教堂和教徒墓地，后者是中亚最早的景教墓地。到了现场，我们还是被它的规模所震撼，遥想当年，那里该是怎样繁华的大都市呢！

红城也叫新城、红河城，是个城址，考古学家曾陆续做过一些发掘，里面有佛寺之类的建筑，还有少许壁画。这里是科拉斯纳亚·瑞希卡（Krashya Rechka）遗址，是在2014年中哈吉联合申报的丝绸之路"长安—天山廊道网"，和阿克贝希姆（碎叶）、布拉纳遗址一起入选世界文化遗产名录。该城是6—12世纪的遗址，据推测是唐代的裴罗将军城。这些遗址大多为中古丝绸之路上的交通枢纽，虽历尽沧桑，但规模尚在，登高远望，可以想象过往的繁华。

吉尔吉斯斯坦位于中亚的中部偏北，该国面积19.99万平方千米，是典型的山地国家，80%的领土位于海拔1500米以上，其中海拔超过3000米的占40%；低地仅占国土面积的15%，主要分布在西南部的费尔干纳盆地和北部塔拉斯河谷一带。它的经济中心也大抵集中在这两个区域，中古丝绸之路穿行其中，多数城市历史悠久，文化底蕴深厚。为探索这一区域古老的文明，此行我们专门设计沿楚河（碎叶水）南行，顺着帕米尔—阿赖山系，一路南下，来到向往已久的费尔干纳盆地。

费尔干纳盆地及周边地形图

费尔干纳是个山川秀美、气候宜人的地方，也是古代丝绸之路上充满传奇色彩的圣洁之地。盆地东部高1000米以上，向西徐缓倾斜，至库贾恩时海拔315米，边缘是光秃的低丘陵地带。从山上流下的许多溪流穿行于丘陵之间，灌溉着连绵不断的肥沃绿洲，盆地中央是布满盐碱滩和沙丘的亚贾万（Yazyavan）草原。由于盆地灌溉农业发达，这里自古就是多民族活跃的地方。许多著名的古代部落都在此活动，安集延、浩罕、奥什，这些今天的城市名称与古代民族政权的联系都十分紧密。

为考察费尔干纳谷地，我们专门坐大巴前行，以便将这一带自然地理面貌尽收眼底。一路行驶，途中道路宽广平坦，时而呈现荒漠草原景观，多数地方农田郁郁葱葱，这里的农业发达、自然生态较好。充分理解了先人对这一地区的钟爱，以及它在历史上特殊重要的地位。

费尔干纳谷地面积不大，但多数地方属乌兹别克斯坦。我们从奥什出关，穿过费尔干纳，进入乌兹别克斯坦。此站的重点在布哈拉、撒马尔罕与铁尔梅兹。这几个考察地点均为古代丝绸之路上的枢纽，布哈拉是唐代昭武九姓毕国与安国的所在地。撒马尔罕在中国古书中称之为"康居"或"康国"，据说安禄山即出生在康国。铁尔梅兹由于地近阿富汗白沙瓦地区，是佛教犍陀罗艺术的发源地，中古受佛教影响甚大，至今保留有重要的佛教遗存，这在今天全面伊斯兰化的中亚地区，是很难得的。访古求证，也是我们此行考察的主要线索与重点所在。由于计划做得较为翔实，因此，此行行程安排紧凑，考察内容丰富，每一个地方都有收获，的确是不虚此行，采集到的大量地理与人文信息大大丰富了我们的平台系统。

在撒马尔罕市郊外，我们参观了一个小村落，这里保留有中古传统造纸技术。村落不大，山川秀美，原始的水利碾压工具"水碓"竟然与《天工开物》所绘"水碓图"如出一辙。据当地人口述，此村已有千年历史，是当年唐王朝与大食怛罗斯战后，被俘的高仙芝部下工匠的后人。由于这些工匠精通中国传统造纸技术，被留下为大食传授造纸技艺，至今形成一个传统造纸文化的聚落。

丝绸之路贯穿东西，在人类文明历史的长河中影响至为深远。揭开她的神秘面纱，领略纷繁复杂的古代族群穿梭往来于这片土地，体会不同部族叱咤风云的古代战神东征西讨的历史瞬间，今天，我们有幸站在这片土地之上，访古问今，竟有世界如此之小的感觉。

二、吉尔吉斯斯坦布拉纳与碎叶城

2017年8月19日是我们中亚之旅考察团吉尔吉斯斯坦之行的第二天。今天的行程主要是前往碎叶（Suyab）、伊塞克湖（Lake Lssyk-Kul）。根据昨天与考古学家巴喀特教授的会谈得知，前往碎叶的途经之地布拉纳（Burana）遗址是个值得一看的地方，尽管这个点不在我们考察计划之内，事实证明，布拉纳之行是个意外惊喜。

早上8点，当地向导郑欣带领我们一行驱车从比什凯克出发，沿着楚河（Chu River）行驶约30千米左右，郑欣让车停在路边，指着不远处一处高出地表的黄土墩说，这里是红城，也叫新城，是个城址，考古学家曾陆续做过一些发掘，里面有佛寺之类的建筑，还有少许壁画。后来查阅得知，这里是科拉斯纳亚·瑞希卡（Krashya Rechka）遗址，也即新城、红河城，在2014年中、哈、吉三国联合申报的丝绸之路"长安—天山廊道网"项目中，和阿克贝希姆（碎叶）、布拉纳遗址一起入选世界文化遗产名录。该城是6—12世纪的遗址，据推测是唐代的裴罗将军城，也是当时楚河河谷最重要的中心城镇。1869年俄国学者拉德洛夫首次对该遗址进行考古调查，此后一个多世纪，苏联学者与吉尔吉斯斯坦学者陆续对此地进行发掘，确定了此地为红河遗址。近些年，吉尔吉斯斯坦与中国、日本等国考古学家合作，继续对此遗址进行发掘整理工作，出土了琐罗亚斯德教、佛教、基督教等遗物。因时间安排紧凑，没有前往细看，只是远眺一番，看起来规模不算小。

布拉纳遗址大门

9:30左右，我们到达布拉纳遗址，此处距离托克马克（Tokmak）约15千米，已有几拨游客来此参观。之前功课没有做足，对这里并不是很了解，好在地陪特地安排了讲解。其实这里是2014年中、哈、吉联合申报

布拉纳遗址复原模型

的丝绸之路"长安—天山廊道网"项目，被正式列入世界文化遗产名录的重要遗址。布拉纳遗址又称巴拉沙衮城，是11世纪喀喇汗王朝的都城，也是中世纪楚河流域最大的城市之一，古丝绸之路上重要的商贸中心。目前这里只剩下黄土残址，约数米高，从遗址上远眺，古城应该绵延数十里至雪山脚下，还是依稀可以感受到当年的繁华。

吉尔吉斯斯坦布拉纳塔

当然，该遗址最有代表性的建筑是布拉纳塔（Burana Tower），为一座半截砖塔，20世纪70年代被苏联考古学家发掘，后来经过苏联时期的几次修葺。塔原高40米，现如今残高26米左右，游客可从旁边铁质悬梯攀爬到中间部位，而后从内部登上塔顶。据讲解员介绍，该塔有两个作用。一是作为喀喇汗王朝时期伊斯兰教的宣礼塔，即专门用作宣礼或确定斋月起讫日期观察新月，当时在周围建有清真寺、陵墓等，现仅有宣礼塔残存；一是作为灯塔，有指示灯及路标的作用，是该城市的象征。从塔上眺望，可以看见远处城墙的遗址。

在遗址西北角，有大量石人或岩画等散落在遗址附近，仔细观察，还是按一定规律排列，主要是面部朝东。据说多为收集而来的6—10世纪的突厥石像。石人造型大小不一，形态各异，多为持物半身像，有些石人样子相当萌。有学者认为这些石人像和新疆伊犁州草原石人有相像之处。

遗址门口有一个圆形蒙古包式建筑，里面是一个小型博物馆，收集的是布拉纳遗址出土的物品。虽然藏品不多，但内容丰富，有青铜时代器具、拜火教纳骨器、佛教遗物以及中国钱币等，还有一个花岗岩雕刻造像碑的碑额，作双狼浮雕，应该是在碎叶城发现的。此外还有数块11世纪基督教的雕刻（景教石刻）等。离博物馆不远还有几个伊斯兰圣贤陵墓的地基建筑。在这个小型博物馆旁边有一个很小的纪念品商店，在这里居然购得Gizi Map的《丝绸之路国家》地

突厥石人像

图（Silk Road Countries），甚是高兴。该图比例尺1:3000000，涵盖了包括新疆西部、中亚五国的大部分及阿富汗、伊朗、伊拉克、印度及土耳其、阿塞拜疆等国家。

11:00左右，我们离开布拉纳遗址，前往向往已久的碎叶遗址。两地相距约15千米，很快就到达了。尽管之前对碎叶城做了不少功课，但真正看到碎叶，还是有些失落：整个城址除了残垣壁垒，空无一人，连标识都看不到。空旷、寂寥，很难想象这里曾是安西四镇之一、商人聚集之地、传说中李白的故乡。和布拉纳塔相比，这里实在过于荒凉。郑欣告诉我们，这里一般只有中国游客来参观，其他国家的游客一般就是从布拉纳直接前往伊塞克湖。虽然如此，我们一行还是怀着崇敬的心情，仔细围绕遗址进行考察测量。由于之前有过了解，多少还是可以看出碎叶城的大致规模。东西区界址还是能分辨出来，东城的西南角有不少建筑遗迹，较为密集，应该为房屋基址，有可能是佛寺，整体建筑呈长方形。目前除基址外，仅发现一些陶片及动物骨骼。东区北边有一些高台建筑，应该是衙署或戍堡。西区除了城墙遗址外，看不出什么。碎叶城曾出土过开元通宝、大历通宝及突骑施、喀喇汗朝钱币等，还出土有曾担任安西副都护、碎叶镇压十姓使杜怀宝造像碑及一块唐

布拉纳博物馆收藏双狼浮雕碑额

布拉纳博物馆收藏莲花柱础

碎叶城遗址

代残碑。我们昨天在斯拉夫大学博物馆曾看见过杜怀宝造像碑基座。

我们费力登上东区北边的那个高台建筑遗址，远眺四周，除了废井残垣，还可以看见部分农田及村庄遗迹，愈发衬托出这里的苍凉、寂寥。这些残垣断壁似乎在述说当年的繁盛与衰败，历史的沧桑巨变，令人感叹。

我们在这里停留了一个多小时，驱车离开后，大家并没有从碎叶遗址的失落情绪中走出来。郑欣告诉我们，公司特地给我们安排了中午在东干人的村子中用餐，并作进一步访谈。于是，大家聊起东干文化，对东干历史有过深入研究的张老师趁此给大家普及了陕甘回民起义及东干人西迁历史的知识，引起大家强烈的兴趣。

中午12：40左右，我们来到叫伊斯卡拉（Iskra）的东干村一户小院，女主人Kelem已经提前准备好各种凉菜、炒菜、锅盔、辣子及西瓜、甜瓜等，食物看起来又亲切又诱人。等我们入座后，女主人和她的妈妈又端来大盆的拌面，给每个人的盘子中一份份加上来。大家都饿了，胃口大开，毫不客气地大快朵颐。

东干村kelem家午餐

东干村kelem家小院

饭后，大家和主人一起聊天。这里是离比什凯克不远的三个东干村之一，其他两个叫Cholpon和Michurin。伊斯卡拉村里70%以上是东干人，有70多户，约450人，均信仰伊斯兰教，村里就有清真寺。目前这家里只有女主人和她的妈妈，男主人去中国打工了。几个小孩子在家里面跑来跑去，很想和我们亲近。女主人和他的妈妈能说简单的陕西话，不过大部分还是说俄语，由郑欣来翻译，但大家还是感到很亲切。村里年纪最大的是女主人的爷爷，本想采访他一下，不巧他去了邻村。我们问女主人是否去过中国，她说她很想去，但家里条件不允许，如果有钱的话，她很想买一台中国产的缝纫机。我们领队说今后若有机会，一定会满足她的这个要求。下午2：20左右，我们和女主人全家在小院里合影留念，并赠送了茶叶、糖果等礼物，宾主尽欢。

接下来的主要目的地就是伊塞克湖，所以下午基本都在路上，向导郑欣怕我们无聊，给我们聊了很多吉尔吉斯斯坦的文化及风土人情。在车程约五分之三处，我们已经看到了伊塞克湖，湖水湛蓝，景色秀丽。但郑欣告诉我们，我们的目的地是伊塞克湖北岸，这里只能远看一下。中途路过乔尔蓬阿塔（Cholpon-Ata），这里有关于伊塞克湖的博物馆、岩画群及文化中心等，还有赛马场。但郑欣说今天不能看，要赶路。走了约一个半小时，于17：30左右到达湖北岸的驻地。这里有一系列的度假村，应该是当地最适合旅游度假的地方。我们住的地方叫Simram，坐落于群山、湖水之间，多为二层小楼，雅致安静，在湖光山色衬托下，甚是宜人。

美丽的伊塞克湖

大家对伊塞克湖早已熟知，来到这里还是被它的美丽所打动。这里曾是《大唐西域记》等唐代文献里所记载的热海，又因其水色清澈，被称为大清池。终年不冻，湖面海拔高达1600米，有着高山明珠之称，而湖水的深度、热量与盐度的结合保证了湖水终年不冻，即便在中亚凛冽的寒冬亦是如此。吉国人也称伊塞克湖为"我们的珍珠"，足见其在吉国人心中的地位。伊塞克湖也无愧于

伊塞克湖湖岸风光

这个称号，蓝色的湖水波光粼粼，远处的阿拉图雪山白雪皑皑，在夕阳的映衬下，分外妖娆美丽。为了印证这是个"不冻"之湖或者是"热"的海，团里几位男士纷纷以身试水，他们穿上刚买的泳裤，在何领队的鼓励带领下，跃进湖水里。从他们畅游的姿势来看，真的是不冻湖，要知道我们几位女士还都穿着长衣长裤，戴着围巾呢。我想我们也得做点什么，我和张老师下到湖边，尝了尝湖水，有淡淡的咸味，虽然比不上海水，但也足以证明这是个咸水湖，这也是它终年不冻的原因吧。

夕阳落山，我们回到湖边餐厅，品尝着美味的食物，回味着一天的行程，感慨良多。这一天我们经历并感受了世界文化遗产布拉纳塔的辉煌，碎叶城的兴废以及东干人的热情，伊塞克湖的美丽，越发让我们感受到历史与自然的变迁，古今交替的沧桑变化，以及丝绸之路沿途丰富文化遗产带给我们的触动和思考，这是仅凭书本知识达不到的。

三、吉尔吉斯斯坦之伊塞克湖及周边

吉尔吉斯斯坦的行政区划由7州2市构成：塔拉斯州、楚河州、贾拉拉巴德州、纳伦州、伊塞克湖州、奥什州、巴特肯州，及比什凯克市和奥什市。吉国有80多个民族，其中吉尔吉斯族占大多数

(65%)，其次为俄罗斯族（12.5%）和乌兹别克族（14%），此外还有东干族（1.1%）、乌克兰族（1%）、朝鲜族、维吾尔族、塔吉克族等。东干族是19世纪中叶由中国陕西、甘肃一带迁徙来的3000回民发展起来的民族，苏联时期已壮大到10万余人，分布在中亚的吉尔吉斯、哈萨克和乌兹别克的几个主要聚居点，其中吉境内生活有5万多人。吉尔吉斯斯坦是典型的山地国家，80%的领土位于海拔1500米以上，其中海拔超过3000米的占40%；低地仅占国土面积的15%，主要分布在西南部的费尔干纳盆地和北部塔拉斯河谷一带。2017年8月19—20日，考察团主要考察位于伊塞克湖州的伊塞克湖及周边三处博物馆，其中岩画博物馆完全是露天博物馆。

8月19日我们从比什凯克经托克马克前往伊塞克湖，太阳快落山才到达湖边。老远就能看到伊塞克湖宽广的湖面和远处仍有积雪覆盖的雪山。八月份能看到雪山，至少让我们感觉到这里的海拔一定不低。我们住的酒店位于一处度假区内，环境非常优美，游客不多，非常安静。这里水面平静，湖水湛蓝，东西两侧一眼望不到边，南北两侧是高耸的雪山。湖边因为人少，也没有工作人员或做生意的摊贩，环境干净整洁。环顾湖的周边，确实感觉如在盆中，周围地势越来越高，唯有湖区位于群山环绕之中。作为中亚重要的大湖，伊塞克湖受到了地理与历史学者的广泛关注。地理学者关注它的形成与发展演变及其对全球气候变化的响应，历史学者关注它在古丝绸之路文献中承载了哪些重要的人物和事件。太阳余晖映照下的整个湖区显得安静，既让人欣喜，又让人有种离群的孤独。我们无比感叹在中亚这个气候干旱的区域，居然有这样的大湖滋养着这里的一切生命，让曾经行走在丝绸之路上的商队可以补给休息。从比什凯克到托克马克再到伊塞克湖，一片片的绿色和蓝色撑起了一路向东的丝绸之路。

晚上，考察团明确了第二天考察路线：伊塞克湖——乔尔蓬阿塔Rukh-Ordo博物馆——乔尔蓬阿塔地区博物馆（Regional Museum）——乔尔蓬阿塔岩画Petroglyphs。后三处都在伊塞克湖北岸，交通便捷。

四处考察点相对位置图

8月20日一大早，我们就去看早晨的伊塞克湖。清晨的湖边比较凉，风也比昨晚大。气温着实有些低，不太适合游泳和度假了。从我们的住处一路向西，就可以依次到达三处考察点。如果想仔细看清楚考察点的位置及周边地理环境，可以利用表1提供的地理坐标在在线地图工具（如天地图或者谷歌地球）上放大观察，一定会有很多新的发现。

表1 考察点位坐标信息（WGS84坐标系）

编号	点位名称	经度（东经）	纬度（北纬）	海拔
1	伊塞克湖	77.339°	42.681°	1603m
2	乔尔蓬阿塔Rukh-Ordo博物馆	77.095°	42.648°	1609m
3	乔尔蓬阿塔地区博物馆（Regional Museum）	77.088°	42.650°	1594m
4	乔尔蓬阿塔岩画Petroglyphs	77.057°	42.658°	1696m

从构造地质学角度讲，伊塞克湖是吉尔吉斯斯坦天山山脉西段北坡挤压环境下形成的一个构造断陷湖泊，其北部和南部是同属于天山山脉的孔格伊山（Kungey Alatoo）和帖尔斯克伊山（Tersky Alatoo），基底为太古代至中古生代变质结晶岩系，上覆泥盆-石炭纪火成岩-沉积岩。盆地周边被现代依然活跃的逆冲断层围限，根据湖泊沉积物推断伊塞克湖形成于中新世，主要受冰雪融水补给（Batist et al.,2002）。受气候变化和人为活动影响，湖泊水位自1927至1999年间下降2.75m，但近十几年来湖泊水位持续上升（见下图，Salamat et al.,2014），主要受气候变化的影响。

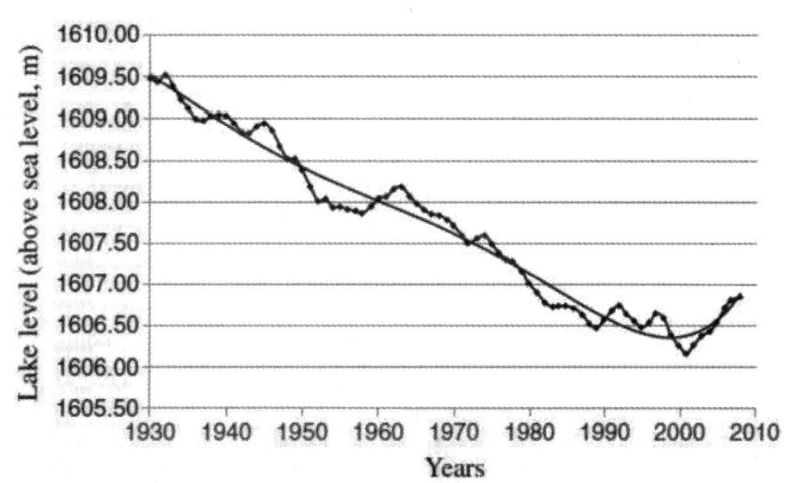

伊塞克湖水位年变化（1930-2010）（Salamat et al.,2014）

伊塞克湖是玄奘《大唐西域记》中所记载的"热海"，也被称为"大清池"，主要原因是北部来的冷空气被山体遮挡，形成了吉尔吉斯斯坦的高山不冻湖，世界第二大高山湖，位于天山北麓。此湖长182千米，最宽处61千米，平均深度278米（最深处702米），湖面海拔1608米，面积6236平方千米。在世界高山湖中，伊塞克湖面积仅次于南美洲的的喀喀湖，但湖深居世界高山湖第1位。湖水透明度超过12米，湖水含盐量较高，故又称"盐湖"。伊塞克湖湖区气候干燥，湖水碧蓝，空气清新，矿泉出露比比皆是，是吉尔吉斯著名的旅游胜地和疗养区。从卫星影像和数字高程模型（DEM）可以清晰看到，伊塞克湖走向略偏东北西南向，北部湖岸线较南部湖岸线平直。伊塞克湖

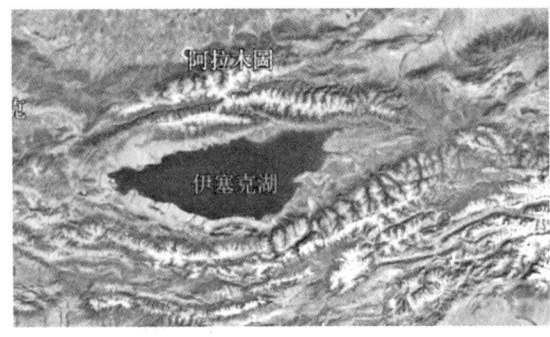

伊塞克湖周边地形立体效果对比影像（上图北在上，下图南在上）

伊塞克湖周边DEM影像

周边被雪山环绕，为了获取更好的立体效果通常我们需要把影像图上下翻转，即南在上北在下，方可获取正确的直观的立体效果，这是和人眼的结构有关的。

由于伊塞克湖周边地势高于湖面，因此夏季雪山融水补给湖泊，而湖泊没有向外流的地表径流，湖泊水的流失主要是蒸发作用和地下径流。伊塞克湖夏季蒸发量非常大，补给湖泊的雪水又被截留用于灌溉农业，导致该湖的盐度在逐年增加。

伊塞克湖东端有建于公元前2世纪的被淹没的城市Chigu，并有一些文物出土。10-15世纪，吉尔吉斯人从西伯利亚叶尼塞河盆地移居至此，在此之前该地区是斯基泰（Seythian）的文明中心。相传帖木儿大帝曾将该地作为夏都的所在地。

沿着伊塞克湖，我们第二站来到了乔尔蓬阿塔Rukh-Ordo博物馆。此博物馆位于一片宽阔地带，略带超现实主义色彩，既有一些展室展示吉尔吉斯传说、历史人物，也有雕塑形象生动展示了多元文化，属于一种花园型的开放博物馆。园区最为醒目的是分布于不同位置的伊斯兰教、基督教、天主

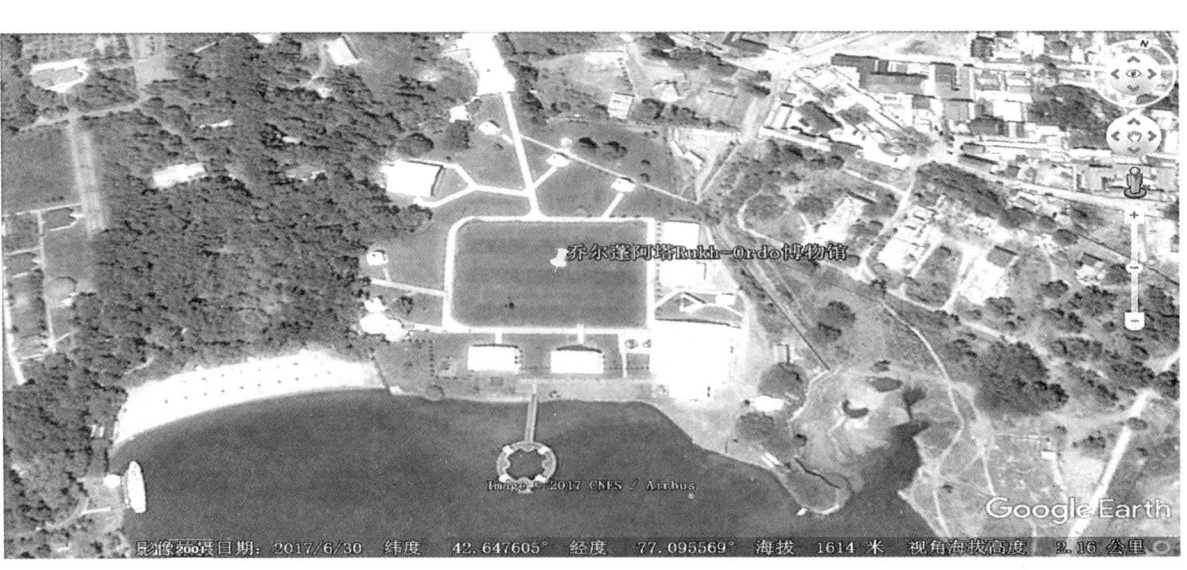

空中俯瞰乔尔蓬阿塔Rukh-Ordo博物馆

教、佛教等宗教建筑及雕塑，意在表现世界各大宗教的相互融合与包容共处，共同促进人类文明的发展，也体现了以信仰伊斯兰教为主的吉尔吉斯斯坦人民对其他宗教信仰的认同。该博物馆还有各种取材于希腊神话里的小型雕塑，生动活泼。分布于园区的世界科技史上著名科学家的雕塑及吉尔吉斯斯坦历史人物的画像和雕塑，也体现了吉尔吉斯斯坦人民对现代科技及民族发展历史的关注。

乔尔蓬阿塔Rukh-Ordo博物馆

乔尔蓬阿塔Rukh-Ordo博物馆展示内容

伊塞克湖三维模型及附近遗址点

离开伊塞克湖畔这个园林般的艺术博物馆，我们下一站将前往乔尔蓬阿塔地区博物馆。这处博物馆并没有什么豪华的大门，但是里面展示的图片、地图、模型、文物等还是非常丰富。包括周边出土的斯基泰黄金首饰的复制品、红玛瑙饰品等贵重物品，还有民族志、吉尔吉斯吟游诗人、纺织品和水下考古展览，以及伊塞克湖的三维模型及遗址点。伊塞克湖模型可以直观展示湖周边的地理环境及湖水深度的变化。博物馆里大量的展品都反映出伊塞克湖周边曾经是人类活动非常活跃的区域，这里先民的物质文化生活也曾经比较富裕。历史时期随着湖面的扩展和萎缩，有些人类活动的遗迹出露在地表，有些仍被埋藏在水面以下。目前，这个区域考古发掘成果越来越丰富。

乔尔蓬阿塔地区博物馆（Regional Museum）历史文化展之一

乔尔蓬阿塔地区博物馆（Regional Museum）展示的内容相当丰富，我们花了很长时间参观记录并拍照。遗憾的是很多地区性的博物馆缺少英文介绍，因此很多资料需要后期消化吸收并深入考证资料的可靠性。

今天最后的一处考察点是乔尔蓬阿塔岩画（Petroglyphs），也位于伊塞克湖北岸靠近山体的一处斜坡之上。从远处看，有大块的石头从山上凌乱地堆到山下，延伸出很大一片区域。有些岩画是本地的，有些是从别处搬运而来，真正的岩画有蓝色旗子标识，表明是原始的，黄色旗子是后来画上去的，为了展示岩画表达的内容。

此地一些岩石壁画，早期可追溯到青铜时代，大多数成型于萨迦-乌孙时期（公元前8世纪-公

乔尔蓬阿塔地区博物馆(Regional Museum)历史文化展之二

元1世纪)。萨迦祭司将此地当做贡品,并通过仪式来祭拜太阳神,他们所居住的位置位于今水下的乔尔蓬阿塔湾定居点。后期岩画可追溯到突厥时代(5-10世纪),多以长脚野生山羊为主要题材,体现了早期居民狩猎生活场景。

乔尔蓬阿塔Petroglyphs周边环境

山羊图案的岩画

多处岩画刻有山羊图案

这两天的实地考察，让我们亲身感受了伊塞克湖自然景观的美丽与壮观，让我们看到了沙漠戈壁、绿洲、湖泊等不同景观在吉尔吉斯斯坦的分布。人类与自然相互依存，不断适应和改造环境以满足祖祖辈辈的生活。各个博物馆都在展示本民族的历史文化及与世界多元文化的碰撞与融合，吉尔吉斯斯坦不仅没有忘记历史，也在憧憬美好的生活。通过发展科技，发展农业与工业，积极推动旅游业大发展，不仅可以改善人民的生活水平，也能让全世界的人更加了解中亚的历史，促进国际交流与合作，推动经济、文化的发展与交流。丝绸之路，不仅具有重要的历史意义，新时代仍然具有重要的现实意义。它是一条纽带，将世界人民联系在一起，增进了解，增加共识，协同发展，共同富裕。通过实地考察，我们也更加尊重丝绸之路沿线国家人民的民族信仰与历史文化传统，也更能理解不同国家的价值观与幸福观。今后，丝绸之路必将是一个开放多元的合作平台，促进人类命运共同体的协同与创新发展。

四、穿越费尔干纳谷地

1. 全天行程

8月20日晚，抵达奥什市。奥什是吉尔吉斯斯坦第二大城市，同时也是丝绸之路重镇。该市是中亚地区最古老的居民点之一，早在公元8世纪就成为丝绸之路上一个丝绸生产和加工的中心，闻名于世，这条著名的贸易线路穿越阿赖山脉，向东抵达喀什。从地理位置来看，它在费尔干纳盆地东南端，阿克布拉河出山口附近。奥什市位于东西狭长的盆地中，城内绿化较好，随着城市发展，建筑物已经扩展到山麓地带。城市南面

奥什市鸟瞰

远处的山上有积雪。常被称作"吉尔吉斯斯坦的南方之都"。城市有至少3000年的历史，并且从1939年开始就是奥什州的行政中心。

8月21日，从Classic酒店出发，登上苏莱曼山，这里号称"小麦加"，拥有巴布尔时期的清真寺以及101个岩石壁画的岩洞，已入选世界文化遗产名录。共有5个山峰，很多人来这里做礼拜。帖木儿的六世孙、印度莫卧儿王朝的创立者巴布尔，出生在今天乌兹别克斯坦的费尔干纳盆地城市安集延附近，并且从这里开始了他对北印度的征服。据说他曾在苏莱曼山考虑过他的未来，最终认为费尔干纳盆地会束缚他作为著名的征服者后代的这一抱负。他描述了这座城市："有许多传说谈到了奥什的精彩，奥什要塞的东南方是一座比例协调被称作巴拉科的山脉，在山脉的顶端，苏丹穆罕穆德建立了一处临时行宫，朝下在相同山脉的激荡下，我在伊斯兰教历902年（公元1496年）建立了一座有柱廊的临时行宫。"

苏莱曼山的岩石

参观完苏莱曼山后，从奥什开始过海关，到乌兹别克斯坦。出口岸后一路驱车赶往首都塔什干，整个行程恰好穿过费尔干纳盆地，中间顺路参观了浩罕宫殿。

2. 费尔干纳盆地

费尔干纳盆地（Fergana Valley），又称费尔干纳谷地，位于中亚的东南角，号称中亚的心脏，是天山和吉萨尔—阿赖山的山间盆地，位于乌兹别克斯坦、塔吉克斯坦和吉尔吉斯斯坦三国的交界地区。盆地呈三角形，西北以恰特卡尔（Chatkal）、库拉马（Kurama）两山脉为界，东北以费尔干纳山脉为界，南临阿莱、土耳其斯坦两山脉。西面由狭长的库贾恩（Khujand）峡谷与饥饿（Golodnaya）草原相接。

盆地面积约为22000平方千米，大片平坦土地与周围的山地、沙漠和草原形成鲜明的对比。盆地东西长300千米，南北宽170千米，海拔高330至1000米，边缘是光秃秃的低山丘陵地带。从山上流下的许多溪流穿行于丘陵之间，灌溉着连绵不断的肥沃绿洲，盆地中央是布满盐碱滩和沙丘的亚贾万（Yazyavan）草原。这里也以农业而著称，锡尔河及其诸多支流成为这里的重要水源。拥有大费尔干纳、南费尔干纳和北费尔干纳等几条大灌渠。主要的农作物有小麦、棉花、水稻、蔬菜和水果。

3. 费尔干纳的气候

费尔干纳盆地1月份平均气温为2-3°C，7月份为24-27°C。年平均降水量为100-500毫米。属大陆性气候，冬季不太冷，夏季炎热，降水量很少，尤以盆地西部最干燥。由表2可发现：东部河谷地带属于半干旱地区，其他大部分地区属于干旱地区，并且冷期极端气温可达到-25°C。中西部为沙漠地带，降水量极低；在东部、北部和西南山麓地带降水增加，从半沙漠到草原过渡。从下图可知：包括浩罕在内的费尔干纳地区雨季集中在春季，属于西风气候控制区域。

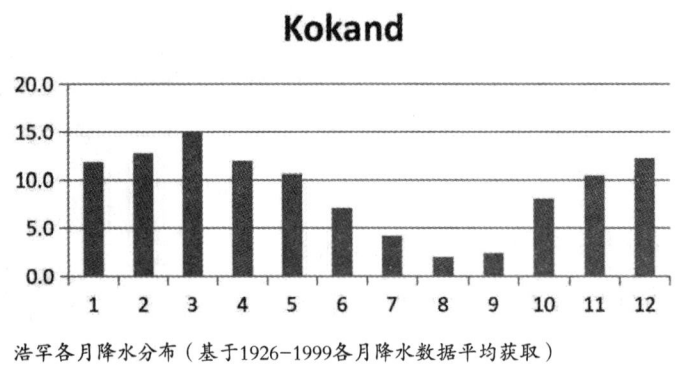

浩罕各月降水分布（基于1926-1999各月降水数据平均获取）

表2 费尔干纳河谷气象数据

气象站	年均降水量（mm）	温度（°C）			蒸发量（mm）	无霜期（天）	积温（°C）
		年均温	1月均温	7月均温			
列宁纳巴德	148	13.8	–	–	1247	213	4590
浩罕	109	–	–	–	–	–	–
费尔干纳	174	12.8	-3.2	26.8	1133	213	4440
费琴科	196	–	–	–	–	–	–
安集延	226	13.1	-3.0	27.3	1183	221	4440
纳曼干	205	13.4	-3.4	27.6	–	–	–
贾拉拉巴德（阿富汗）	502	13.1	-1.5	26.5	1294	236	4230
奥什	360	11.2	-4.1	25.3	–	214	3820

数据来源：iwrm.icwc-aral.uz/natural_conditions_en.htm

4. 费尔干纳的文化

费尔干纳盆地从古代起就是中亚细亚人口最稠密的地区之一。灌溉农业最早出现在青铜时代（约公元前16—前15世纪），在当时这里有两种文化并存。一种是定居绿洲以农耕为主的楚斯特（Chust）文化，另外一种是以草原游牧牧牛为主的凯拉库姆（Kairakkum）文化。到了公元前2世纪中期，一种新的游牧文化出现在费尔干纳的南部山麓地带以及阿莱山脉的北部。该种文化属于欧亚草原上的安德罗诺沃文化的一部分。目前已经发现了80多个属于Chust文化的聚落，这些聚落之间大约有20—30千米的距离。该地区最大的青铜时代晚期遗址是达维尔津（Dalverzin），该遗址由城墙分成了独立的三个部分，代表着人们曾经先后三次居住在这里。最为显著的特征是发现了铸造作坊存在，代表着较为发达的冶金技术。研究者将青铜技术的大发展归结为两个主要因素：一是费尔干纳盆地有铜矿存在；二是这里深受来自草原的安德罗诺沃文化影响，冶金技术传播到了这里。考古学家推测在公元前8—前7世纪这里有大量肥沃的土地，人们从事着农业生产，社会开始了更大的分化，并且开始了都城化的进程。在公元前8—前3世纪属于早期铁器时代，考古学家将其命名为埃拉坦·阿克塔姆（Eilatan-Aktam）时期。古代遗址埃拉坦（Eilatan）是都城形成的一个例子。该遗址有着发达的多层防御系统。在费尔干纳南部还发现了祭祀性的建筑物，并且当时的文化为农业和畜牧业共存的经济形态。在此时，费尔干纳不仅跟周围养牛的人，而且也跟近东以及塞人（Saka）部落（建立大宛）有着紧密的贸易和联系。有关费尔干纳的最早的历史记载来自于中国的《史记》和《汉书》等著作。《史记》中记载大宛人过着定居的生活，种植水稻和小麦。而汗血宝马则是大宛国独特的物种被汉武帝所向往。迄今为止，在费尔干纳盆地公元1世纪以前的80处墓群中，已发掘的墓葬达500座以上，而这些墓葬中大都发现有汉式铜镜。发现铜镜的墓葬主要集中在以下三个群组。第一组群是位于费尔干纳南部索夫河和利伊利亚克河之间的卡拉布拉克组群。第二组群分布在位于费尔干纳盆地西南部的霍佳河沿岸低地的巴奎尔干，分布墓葬约200座。第三组群为游牧民地区组群，在阿赖山脉的北坡山谷中遗留下了洞室墓墓群。这些铜镜的发现也可以说明汉代丝绸之路的繁盛程度。此后，中国史书关于费尔干纳的记载不断。如《北史》中也提到了费尔干纳地区的三个大城市：贰师、郁成城、贵山城。南北朝以降，大宛为昭武九姓统治，史称破洛那、钹汗、钹汗那等。唐代称其为宁远国，或拔汗那。明清时为浩罕汗国。到了现代，首先为苏联统治，在其解体后分属三个国家。已开采的矿产有煤、石油、汞、锑和地蜡。主要城市有库贾恩、浩罕、费尔干纳、马尔吉兰、安集延和纳曼干（Namangan）。

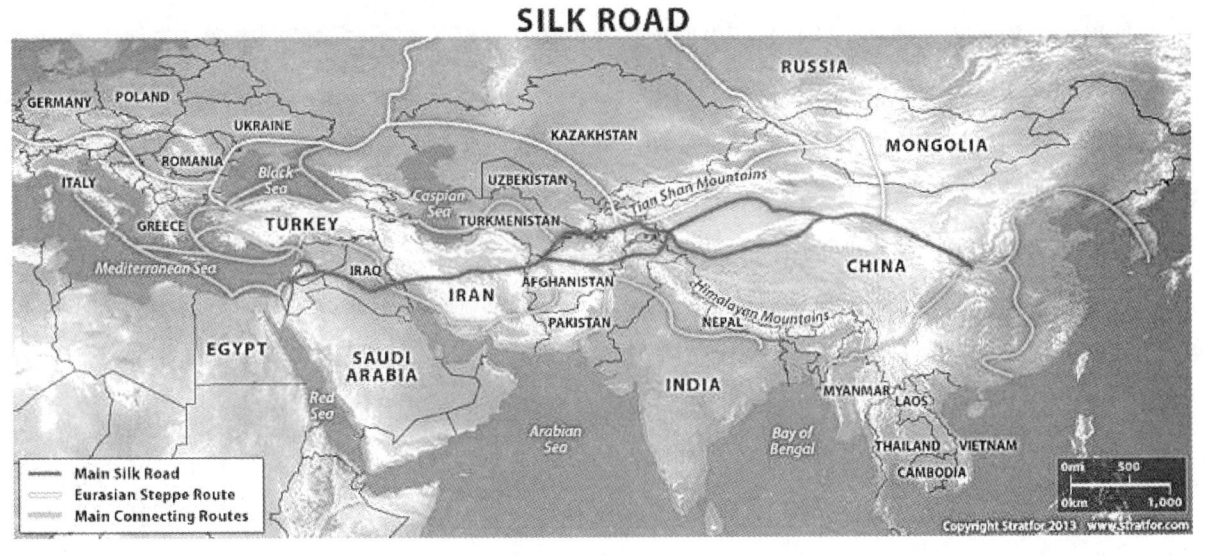

费尔干纳与丝绸之路

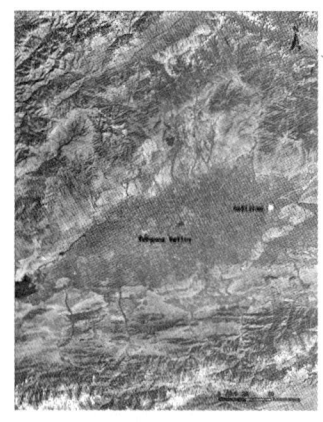  

费尔干纳盆地遥感影像图　　费尔干纳盆地的农作物　　费尔干纳盆地的农业景观

费尔干纳河谷的民族构成

5. 费尔干纳的民族

这里拥有肥沃的土壤，并且水资源由锡尔河和阿姆河共同补给。优越的农业条件使得这里成为中亚人口最为密集的地区，现代人口为1200万，大概占了苏联统治的中亚地区的五分之一的人口。中亚地区平均人口密度为每平方千米14.8人，但是在费尔干纳地区为360人。这里也是人口增长最快的地区之一，过去十年中人口增加了32%。人口主要由乌兹别克族、吉尔吉斯族和塔吉克族组成。

这里的民族和边界的复杂性有其历史原因。在古代，它属于波斯帝国的一个省，是从中国到中东和欧洲的丝绸之路上的重要一环。到了13世纪，这里被蒙古人征服，融入察合台汗国。当土耳其和以色列扩张到这里，政治边界再次发生变动。但是，费尔干纳总是被当作一个独立的区域管理。至18世纪，浩罕帝国统治这里，包括乌兹别克斯坦东部、哈萨克斯坦南部以及吉尔吉斯斯坦和塔吉克斯坦大部。19世纪，俄罗斯帝国控制了这个地区，但是这里仍然保持着相对完整，转变成俄罗斯土耳其斯坦的一个省。接下来，俄罗斯帝国的衰落和苏联的统治对中亚产生了深远的影响。苏联采取了民族识别政策，将中亚境内的不同民族集中在不同区域。在以前民族识别主要依靠部落、地区或者宗教。因此，乌兹别克、吉尔吉斯和塔吉克等名称在20世纪初期之前并没有广泛使用。

另外，苏俄之前，由于哈萨克、土库曼和吉尔吉斯是游牧族群，而乌兹别克和塔吉克则是农耕族群，因此，现代意义上的边界并不存在。苏联政府使这些民族定居下来，为了管理方便，建立了新的边界。在这时，费尔干纳被分为不同的行政区。然而这些政区的划分既不是依据自然条件也不是依据新的民族识别。在当时，这种划分不会有问题，然而随着苏联解体，新一波的民族主义影响到了这个地区。

6. 费尔干纳水资源问题

大量气候和水文模拟结果表明，这里将面临严重的水资源紧缺问题。这种短缺主要受到三个因素的影响：气候变化、水资源的跨边界分配以及灌溉农业。

中亚地区近几十年来持续升温，对水资源总量产生了重要影响。这里大概三分之一的河水资源来源于冰川补给，过去几十年间冰川大量融化，导致河水的水量非常多。但随着冰川的收缩，冰川体积在不断缩小，将来流入河水中的冰川融水必将减少。同时，气候变化将会使得平原地区变得更加干热。河水流量在减少的同时，需水量却不断增加。这将会导致山区和平原地区的水资源管理的争端。气候变化不仅会导致水资源减少，由于高温导致的蒸发量加大，它也会增加庄稼的需水量。

现在的干旱气候限制了该地区雨养农业的发展。费尔干纳的主要经济产业为灌溉农业。这里有长期的灌溉历史，其开始时间最早可以追溯到旧石器时代末、新石器时代初期。在早期，灌溉农业主要是在靠近河流的低地地区开展。在当时，人们利用的是定期泛滥的河流三角洲地区，而灌渠的修建则早到了青铜时代，这对应着以灌溉为基础的早期政权的形成。在很长时间内灌溉技术主要是修建渠道，以便从河流引水，从而灌溉更多的土地。这种技术的局限性在于水分输送量完全取决于河水流量。到了18世纪末期19世纪初期，灌溉系统得以升级，尤其是在大城市周边如浩罕、奈曼干等地。到了苏联时期，又对灌溉系统进行了较大调整，目的是将渠道全部连接起来，摆脱对某条单一水道的依赖。

与灌渠大发展相适应的是灌溉农业的扩张，从平原区扩张到了山麓地带。同时，与灌溉农业密切相关的设备和基础设施如水泵、大坝以及水库被大量安装和修建。从20世纪50到80年代，乌兹别克斯坦的灌溉面积增加了大约三分之一。苏联对不同区域的农业发展做出了整体规划，乌兹别克斯坦主要是棉花生产，在乌兹别克斯坦、塔吉克斯坦以及哈萨克斯坦的低地地区发展季节性高耗水量的庄稼，而吉尔吉斯斯坦则重点发展畜牧业。但是，过快的人口增加及农业发展也带来了水资源短缺问题。现在该地区每年有大约97%的水资源消耗在灌溉农业上。关于水资源分配的冲突一直不断。尤其是在盆地南段，春季的农耕已经开始，但是冰川融水还不足以充满大坝的时候，水资源就会特别紧张，从而引发争端。费尔干纳的经济发展很大程度上是对资源的高强度开发换取的，也就是通过增加投入而不是通过增加单产量而获取的收成增加。在农业方面，产量增加是靠开垦更多土地和更大面积的灌溉来实现的。从1950年开始，棉花的大量种植导致了土地退化，水资源减少。

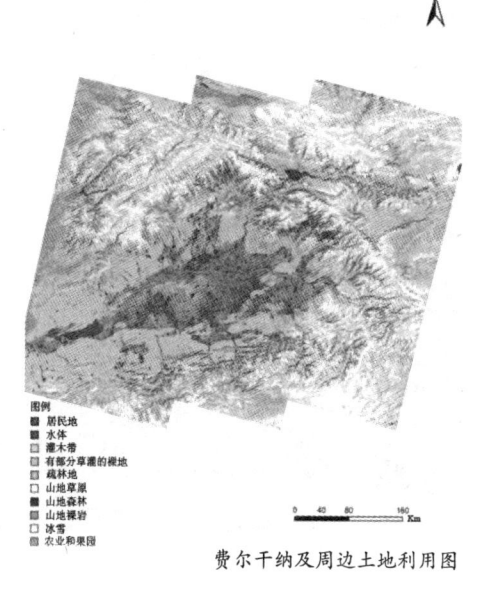

费尔干纳及周边土地利用图

苏联解体后，水资源在各国之间的分配成了诱发争端的一个重要问题。例如，在苏联时期沙赫马尔丹河（Shakhimardansai）河水的69%被分配给了乌兹别克斯坦，21%给了吉尔吉斯斯坦，剩下10%为水量损失。而苏联解体后，吉尔吉斯斯坦要求分配更多的水量。2001年，两国最后协商平均分配该河的水量。其他一些河流也存在类似的问题，并且上游的截流会引起下游的不满。

7. 浩罕宫殿

中午1点左右，赶到浩罕市吃午餐，随后参观浩罕宫殿。布哈拉、锡瓦和浩罕汗国是当时并列的三个大汗国。然而，立国不到两百年的浩罕汗国在1876年被俄国吞并了，从此，其领土成为俄国的费尔干纳州。浩罕王国地处伊斯兰教、东正教以及佛教势力并存的交汇之处。早期的浩罕政权仅仅是费尔干纳盆地中的一个小小伯克领地，名义上是布哈拉汗国的附属国，并且经常处于准噶尔势力的威胁之下。18世纪中叶，中亚发生了两件大事。一是布哈拉汗国阿施塔尔哈尼王朝在波斯国王纳迪尔·沙赫大兵侵袭下覆灭了，直到纳迪尔·沙赫死后（1747年），新的芒吉特王朝才在布哈拉建立起来。就在这种情况下额尔德尼才能完全摆脱布哈拉而把安集延、纳木干、玛尔噶朗联系在浩罕政权之下，然而这种联系还是相当松散的。二是乾隆统治下的清王朝平定准噶尔（1755—1758年）和大小和卓叛乱（1757—1759年）后统一了新疆，浩罕这个小小的中亚封建领地很快地成了清王朝的附属国。此后，浩罕（清代文献又写作"霍罕"或"敖罕"）在1759至1820年的六十多年中，成为清西北边外一个附属国。总的来看，这期间大致又可分为两个阶段：浩罕之归附清王朝（1759—1810年）；浩罕之逐渐离异而去（1810—1820年）。在奥马尔汗和马达里汗的统治下，汗国进入鼎盛时

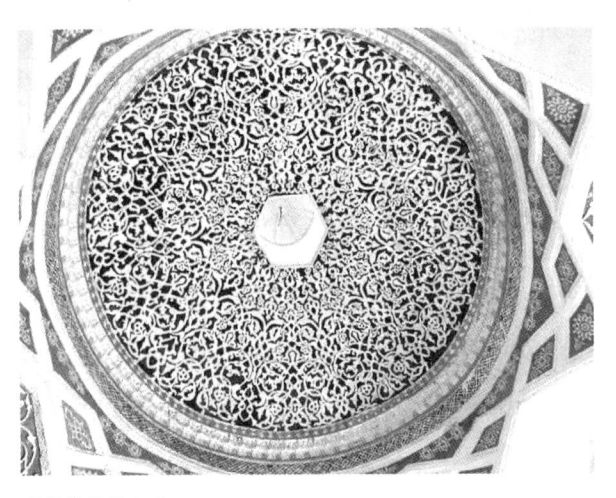

观音堂观音古庙

浩罕宫殿的建筑样式

来自中国18世纪的瓷器

期。它的疆域西北临咸海，包括锡尔河下游附近的哈萨克草原，东北扩展到巴尔喀什湖以南中国地区，南达喀拉提锦等山区领地。此后，由于国内各游牧部落叛乱时有发生，政权不稳定。后来，又加上布哈拉的反攻，以及汗位继承斗争，使得政局陷入混乱。最终，在俄罗斯的入侵下灭亡。

我们参观的浩罕宫殿属于最后一个国王的宫殿。建筑时间为1863—1870年，现存范围为当时的三分之一。正门的高大建筑采用了马赛克技术。因为该地区夏季气温较高，干燥少雨，该技术的最大作用是反光，防止日光进入，从而可以使得室内温度不至于太高。同时，该宫殿在建筑上采用了一分四、四分八、八分十六、十六又分为三十二的技术，使得宫殿内保持了良好的通风系统和声音传递系统。同时，宫殿内也有精致的排水系统。

8. 从浩罕到塔什干

下午3点左右，从浩罕驱车赶往乌兹别克斯坦首都塔什干。出浩罕不久，发现进入沙漠地区。这里土地沙漠化较为严重，几乎不长任何庄稼。由于这里全年降水量较低，而夏季降水量更少，因此，跟中国北方草原在七八月份的繁茂形成了鲜明对比。这也是给我们视觉冲击最大的地方，从中也可感知气候对于植被生长和生态系统维持以及人类生存产生多么大的影响。车辆穿过沙漠区后，

浩罕到塔什干沿途景观

浩罕到塔什干沿途沙漠

浩罕至塔什干途中不多见的树林

浩罕至塔什干公路旁的低山丘陵

浩罕至塔什干的盘山公路

进入山区。还是由于降水量少，两岸山上草色泛黄，个别地方偶然见到稀疏的树林。整个旅途中，骄阳似火。司机师傅把窗户大开，滚滚热浪冲入车内，加上迎面而来的尘土和颠簸的路况，大家都昏昏欲睡。一直到7点多，车子才驶入塔什干市，气温也降了下来。夜幕下的塔什干高楼林立，交通拥挤，俨然一个现代大都市矗立在沙漠绿洲中。

9. 乌兹别克斯坦之铁尔梅兹

自从进入乌兹别克斯坦之后，考察日程一下就紧张了许多。我们于21日晚间到达塔什干，22日清晨4：50分就要在酒店大厅集合。乌兹别克斯坦是一个节奏很慢的国家，凌晨5点的大街上根本就没有人影，酒店大厅中除了我们考察队，就只有一名吧台小哥。早餐非常简单，一小杯咖啡和一个小小的面包，我是在半梦半醒状态下吃下这些东西的，根本就不知道其中的味道。

5：30上车，半个小时就到了机场。中亚国家的安检非常严格，旅客不多，但仍旧很费时间。不过旅客的秩序还是非常好，相比国内机场这里非常安静。待登机之后我才发现，竟然是螺旋桨飞机，乌兹别克斯坦的向导不无自豪地说，这是他们国家自己设计、生产的飞机，不过我怎么看怎么像苏联时代的民用客机。这是我人生第一次坐活塞式飞机，相比喷气式飞机，噪音确实小了不少，但稳定性要差一些。只用了40分钟，我们就到了铁尔梅兹。说实话，我真想飞机再飞一会儿，这样就能再睡一会儿。

铁尔梅兹是乌兹别克斯坦南部的重要城市，历史非常悠久，在穆斯林国家中，能够正确看待伊斯兰化之前的历史非常不容易。但铁尔梅兹保留了大量珍贵的早期佛教遗址，在网上都可以找到这些精美佛像，其带有典型的犍陀罗文化风格。铁尔梅兹靠近阿富汗，历史上阿富汗地区的早期佛教文化由此进入今乌兹别克斯坦境内。我们在考察之前已经读到相关的材料，但等到真正踏上卡拉特佩这个位于乌阿边境的历史文化遗址时，还是被深深地震撼了。

上午10点左右，我们到达了铁尔梅兹的法雅孜·特佩佛教寺院遗址（Fayoz-Tepe）。这里目前是乌兹别克斯坦重要的历史文化遗址所在地，集中了铁尔梅兹最重要的早期历史文化。此时太阳光已经非常强烈，乌兹别

塔什干机场宣传海报

克斯坦是典型的严重干旱大陆性气候，太阳很快把这里晒成"微波炉"一般。铁尔梅兹城市街道宽阔，房屋虽然低矮，但看起来还算干净整洁。卡拉特佩在其市中心以南13千米处，驱车20分钟左右就到了。这里没有人定居，目前是一片荒凉，平坦的土地偶见几个低矮平缓的土丘，稀稀落落的杂草被风吹得左右晃动。阿姆河在其南部静静穿过，耀眼的阳光将河水照成一条发光的长蛇。在这里我们见到了专门研究当地早期佛教遗址的一位女学者Rayhon女士，她身材不高，偏胖，笑容可掬，有乌兹别克斯坦人普遍具有的漂亮眼睛和薄嘴唇。英语非常流利且不带口音，与她交流是非常愉快的体验。这位女学者带领我们走进了遗址。

遗址区没有围墙，但是有一条主路，在这里修建有小门，大概能容五人并排通过。门上挂着一块"日本国文化财"的标牌，令我非常诧异，便询问Rayhon这块牌子的来历。原来日本奈良大学和立正大学已经在这里进行了十多年的文物发掘。奈良是日本的古都，在文化遗产保护方面具有较好的学术研究基础。而立正大学更是日本佛教协会资助的大学，对世界佛教文化和遗产进行研究是其重要的任务。这使我比较惊讶，我在2015—2016年游学东瀛一年，日本国内因为经济持续衰退，许多文科研究受到很大冲击，日本以外的研究萎缩严重，却不想在亚洲腹地还能看到日本的学术影响依旧巨大。

法雅孜·特佩佛教遗址

卡拉特佩目前共有12个佛寺遗址，据Rayhon教授介绍，最早记录这个地区佛教昌盛的是玄奘。玄奘在其《大唐西域记》中详细记录了这一地区的12座佛寺，考古工作证明了玄奘的记录。铁尔梅兹被证明是阿姆河沿岸最古老的城市之一，在蒙古军队侵入此地之前，铁尔梅兹有繁华的城市、多元性的

法雅孜·特佩佛教遗址入口处标牌

宗教文化、发达的贸易交通网络。当年在这里还有一个渡口，不仅东西方驼队穿行于此，那时的阿姆河上也是船只首尾相连、船帆遮天，中国、帕提亚、波斯、印度等多国的贸易在此汇聚。丝绸之路上的繁荣景象现今已经是遥远的想象，沙地荒丘只是沉默地看着这世间的纷纷扰扰。铁尔梅兹的南面就是阿富汗的马扎里沙里夫，这些年阿富汗持续动荡，铁尔梅兹已经成为国防前线，阿姆河边建有铁丝网和壕沟，当地导游说那里还埋了地雷，不过我觉得他只是在开玩笑。公元前1世纪，铁尔梅兹从当时占据阿富汗地区的贵霜帝国那里引入了佛教，并迅速发展为本区的主要信仰。Rayhon

教授认为，当时的佛教在铁尔梅兹地区只在统治阶层和知识阶层内流传。但我对这一点存在疑问，佛教在世界各地的流行情况从来没有出现仅仅在高层传播的情况，佛教文化对平民也具有较大的吸引力。如果精英阶层自己信仰佛教，而不让一般民众参与，那么这些宏大的佛教寺院又是如何修建起来的呢？没有广泛的社会基础，这12处宏伟的佛教遗址根本不可能在那个时代被建立起来。而且，据说当时铁尔梅兹地区佛教的影响力一直到达印度，德里一带的佛教徒都会到这里朝圣。

铁尔梅兹的佛教文化衰落主要原因无疑是伊斯兰文明的进入。大概在7—8世纪时，阿拉伯帝国的影响力开始进入中亚河中地区。唐帝国与阿拉伯帝国的怛罗斯之战虽然迫使阿拉伯帝国放弃了征服唐朝的计划，但中国的文化影响力在河中地区开始衰落，阿拉伯帝国的军队虽然不再东征，但伊斯兰教却逐渐发展为本区域的优势宗教。西辽（1131—1211年）在新疆、中亚一带称雄时，佛教在新疆和今吉尔吉斯斯坦一带还有所发展，但这一过程可能没有波及到卡拉特佩，佛教还是在这一地区趋于衰落。"一代天骄"成吉思汗崛起为蒙古高原的霸主，金、西夏都臣服于这个世界历史上罕见的征服者。但当时占据中亚的花剌子模竟然杀了蒙古使者以及后来意图解决争端的蒙古特使，花剌子模苏丹莫科莫的蛮横导致了蒙古军的残酷报复。花剌子模的重要城市如玉龙杰赤、布哈拉、撒马尔罕等全部位于今乌兹别克斯坦境内，蒙古军队在中亚的屠戮非常严重，这一点几乎已成定论。但Rayhon教授认为，蒙古军队在入侵花剌子模时，在铁尔梅兹的佛寺中并没有进行屠杀或者焚烧，在发掘出的遗址中，看不到被火烧的迹象。实际上，这些佛寺很可能在蒙古军队之前已经衰落，发生在中亚、南亚、东南亚地区的伊斯兰教扩张使铁尔梅兹的佛教难以孤立存在，蒙古军队的征伐使城市变为废墟，曾经繁华的丝路贸易不复往昔。

法雅孜·特佩佛教遗址

法雅孜·特佩佛教遗址

考察组一行在法雅孜·特佩遗址合影留念

在佛寺遗址附近，还有一座佛塔遗址，由于年代久远，佛塔早已成为一座夯土高地，静静地矗立在周边的麦地中。这座佛塔大概有20米高，目前保留的部分可能只有原高度的一半。佛塔始建于公元前1世纪左右，是当时河中地区重要的佛教中心。该塔原有石膏覆盖，上面绘制有莲花，考古发现有大理石残片。我与Rayhon教授交流了该塔原来的形状。她认为，佛塔原本有一个四边形底座，四周为楼梯，佛塔可能大致呈纺锤形，塔尖细长，其外观应该接近于今天北京北海公园的白塔。小乘佛教是佛教中较为原始的宗派，今天在东南亚、云南等地还能见到这种佛塔，北海公园的白塔是喇嘛教产物，但其外观与小乘佛教的相似。在2000多年前，阿姆河边有一座高耸入云的白色佛塔，其上精美的莲花图案和塔顶的金光吸引着四面八方的佛教徒到这里朝圣。据Rayhon教授说，佛塔在成吉思汗西征花剌子模时毁于战火，但我对此也存在疑问。如果佛寺的衰亡早在蒙古入侵之前，那么佛塔怎么会孤立存在呢？在中亚地区，阳光、暴雨、风沙，特别是这里盛行的南风，将阿富汗地区的沙暴带入铁尔梅兹坦荡的平原，缺乏人工维护和保养的高大夯土建筑很难矗立很长时间。

铁尔梅兹的最后一站是铁尔梅兹博物馆，到达博物馆已经是下午4点左右。博物馆分为四层，据说乌兹别克斯坦的前总统亲自部署了该城市的博物馆计划。铁尔梅兹博物馆中陈列着从恐龙时代开始的众多文物、标本、模型。在博物馆中，我们可以更清楚地看到这个城市所在的地貌特征，南方隔阿姆河与阿富汗为邻，东、西、北三面环山，但山不高且较为平缓，山脉有众多山口沟通内外。铁尔梅兹就是在这样一个三面环山

铁尔梅兹佛塔遗址

一面靠河的平原地区所建立的城市，南下就进入阿富汗，向西可以进入伊朗，向东则是中国西域地区。在2000多年前，其四周基本都是文明高度发达的大国，难怪铁尔梅兹会成为丝路上的著名古城。

在伊斯兰化之前，这里是一个文化非常多元的地区。亚历山大大帝东征带来了希腊地区的多神信仰、雕塑艺术和地中海人种的体貌特征，今天在博物馆中还能看到古希腊文化的雕塑艺术。犍陀罗文化不仅表现在佛教造像上，也表现在其他世俗雕塑和绘画中。兴起于叙利亚的基督教聂斯脱力派，兴起于波斯的拜火教、摩尼教在这里与佛教、原始信仰冲击碰撞。先后进入这一地区的外来人包括希腊人、印度人、突厥人、阿拉伯人、波斯人、蒙古人、俄罗斯人等等，这些文化的碰撞交融导致了乌兹别克斯坦的人种、文化都非常复杂，很难想象这样一个内部差异性极大的国家是如何整合在一起的。在乌兹别克斯坦民族中，帖木尔帝国的统治者"埃米尔"帖木尔是他们引以自豪的民族英雄。乌兹别克人认为帖木尔本人并不是蒙古人种，而是突厥人种。但多数外国学者，包括中国学者在内，还是认为帖木尔本人应该是蒙古人后代，当然在文化上帖木儿家族已经突厥化了，信仰

也早已改宗伊斯兰教。但在帖木儿之前的窝阔台汗国时期,帖木儿家族是巴鲁军中的世袭军官,帖木儿的直系后代后来进入恒河平原创立了"莫卧儿帝国",莫卧儿就是蒙古的转音无疑。因此,帖木儿本人应该就是当地化了的蒙古人。帖木儿帝国是几乎每个乌兹别克国家博物馆中的主题,当年的帖木儿帝国一统河中地区,击败了奥斯曼土耳其、俄罗斯和印度的德里苏丹国,其赫赫战功令其膨胀,但在计划东征大明前夕暴毙。

铁尔梅兹佛塔遗址　　　　　　　铁尔梅兹博物馆展品　　　　　　苏老师正在"炫富"

离开铁尔梅兹博物馆,队员们前往当地银行换了些苏姆,苏姆与人民币的比率竟然是1∶1400元左右,大家开玩笑,我们都成富豪了。

万梁古道：历史、路线与遗产（上）

张颖

作者简介

张颖，男，1982年生，就职于重庆自然博物馆。

在重庆地区的古道路遗址中，"万梁古道"①以完整原始的保存状态、雄伟瑰丽的自然风光，吸引了众多游人拜访与媒体报道，成为地方文化资源的重要打造对象。2011年，《重庆市第三次全国文物普查重要新发现》发行，"万州万梁古驿道"作为重要的遗址登录在案（登录的同类遗址还有"永川铁岭山古驿道""巫山南陵古驿道"），介绍为：

万梁古驿道位于万州区孙家镇兴发村。该古驿道为连接古代万县和梁山县的重要通道，分布在今万州区和梁平县境内。该驿道现存长约2500米，宽1.5-2米，梯步高0.15米，路板石已磨损得凹凸不平。据史料记载，该驿道始修于明代，清乾隆二年辟为驿道，与德心桥相接。自花岩德兴桥顺山势蜿蜒，而后上凉风垭至孙家槽。整个道路宽敞，利于轿马通行，是万州境内保存较好的一段古驿道。该驿道因轿马、行人长年行走，加上风吹雨刷、泥石流等自然原因，以致石板磨损较大。现代

---

① 为行文方便，本文在"万梁古道"这个概念的运用上，根据不同的情景有两个含义，一是万州与梁平间的古代交通道路，二是前者在文化遗产学意义下的实物遗存。

交通的发展致古驿道基本废弃，长年无人养护，路面出现了一些损坏迹象。万梁古驿道为研究重庆古代交通路线、工商业等提供了重要的实物资料，具有较高的研究价值。①

万州孙家镇风景优美的花岩古栈道

宽阔的基岩石梯

"三普"资料的评述很具有代表性，从官方公告到社会舆论，基本形成了同样的认知。2015年1月，重庆市规划局、重庆市地理信息中心联合推出《重庆古道旅游地图》，选取了重庆地区保存较好的20条古道作为展示，并重点推荐了10条精品古道旅游线路，"万梁古驿道"位列榜首，名声大噪，被众多官微、自媒体转载，在一定程度上成为了重庆交通文化遗产与古道旅游线路的形象标杆。

笔者最初关注万梁古道，除了它的名气，与西南大学历史地理研究所编撰的《重庆历史地图集》有关，即笔者负责的清代重庆至万县（今万州）驿道部分，涉及梁山县（今梁平）与万县间的交通路线。在文献考订的基础上，通过2015年10月与2016年3月的两次实地考察，我们发现目前各方对万梁古道的认识，在历史、路线、遗产等方面，存在一些明显的问题。由于《图集》中的相关篇幅有限，主要是渝万沿线站点的一般性梳理②，未及展开更多层面的论述。又鉴于万梁古道作为小川北路、川东路结合部的历史特点，故需要结合更丰富的历史文献与田野资料，对其历史地理与文化遗产相关问题作一详细讨论。

近年来，笔者对重庆及周边地区的一些重要古道做过比较系统的考察，感觉不少地方在相关遗产的调研工作中，存在着一些与万梁古道相似的问题。我们解剖万梁古道这个案例时，希望在视野与方法上能体现一定的普遍性意义，以求与各方展开交流与砥砺。不当之处，敬祈教正。

---

① 重庆市文物局编：《重庆市第三次文物普查重要发现》，重庆出版社，2011年，第51页。后文所引述万梁古道的"三普"资料皆出此处，不再另注。
② 蓝勇主编：《重庆历史地图集》，星球地图出版社，2017年，第184页。

一、小川北路、川东路与万梁古道

如果仅限于万州与梁平的地方交通，万梁古道与其他古代县邑间的一般官道并无区别，但从更大范围的区域交通来看，万梁古道显然就不是"三普"资料所认为的"连接古代万县和梁山县的重要通道"那么简单了。鉴定一条古道的历史价值与遗存状况，首先应具备历史交通地理的视野，在尽量广阔的时空背景中把握区域交通的历史形势，在明晰该道的历史地位与路线沿革的基础上，才能更全面准确地鉴定其遗产的价值、分布与构成。落到万梁古道，首先需要做的工作，是揭示它作为小川北路、川东路结合部的历史特点，这必然要对小川北路与川东路的历史地理作一定梳理。

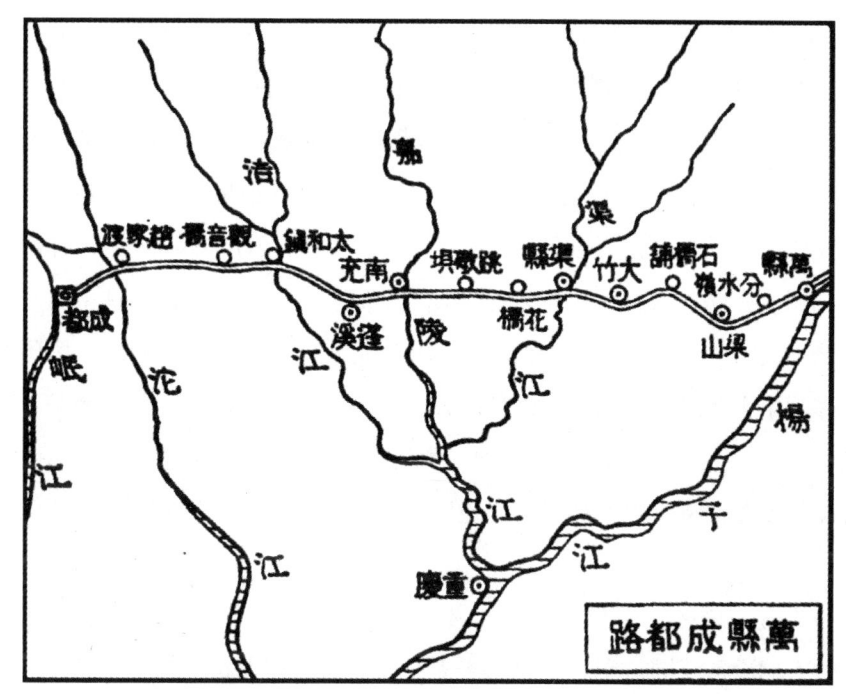

近代日本"东亚同文会"调查小川北路所绘地图①

1. 宋元时期的小川北路

历史上的小川北路又称小北路、川中大路，横贯四川盆地中部，较之川东路与长江水路，它犹如弓弦般径直连接成都与万州，在由三峡进入西蜀的各道路中最为便捷，历来颇受重用。现在的318国道、达成-达万铁路、沪蓉高速，以及筹建中的成南达万高铁，在择线理念上皆遵循小川北路，体现了历史的延续。小川北路大概形成于唐宋时期，至少在宋代已成为巴蜀连接荆楚、江南的要道，但其称谓迟至清代才出现，不同时期的路线、功能与地位也有区别。金生杨先生对各时期

---

① 《新修中国省别全志》第一卷《四川省上》，东亚同文会刊行，1941年。

小川北路的纪行文献作了初步梳理[①]，为我们了解小川北路的历史概貌并展开进一步研究奠定了基础。

对于"小川北路"的指代，金先生认为是"相较川北路（即金牛道）的一条出入四川的陆路交通要道"，这里需要再挖掘下"小川北"这个词的含义。根据近人的具体解释，"小川北"是一个地区的概念：

所谓小川北，是对着贫瘠的川北而言，地段恰在成都平原与川北之间，包括第十二行政区所辖乐至、安岳、遂宁、潼南、蓬溪、射洪、盐亭、三台、中江九县，其间没有大山，却是丘陵区。最大的河流为涪江，经合川入嘉陵江[②]。

这样看来，小川北概指由成都平原向川北过渡的一段涪江流域，与清代潼川府辖境相仿，与川北的关系类似于上川东、下川东，是一种空间范围的划分。明白这点，我们就可以进一步判断"小川北路"称谓的由来了，它应指经小川北地区东西向出入西蜀的大路，以途经小川北地区而得名。徐心余《蜀游闻见录》"由万县陆行赴省，为小川北路，计十四站"[③]，孙毓汶《蜀游日记》"（万县）由小川北一路赴成都，只十四站"[④]，方浚颐《出蜀记》卷末姚正镛跋"若夫成都之达宜昌，由小川北一途"[⑤]，便是对该道在途经小川北地区这个意义上的命定。民国时人们又将成渝间的北线道路称为小川北路、小北路，也是以其途经小川北地区而言，但内涵与本文讨论的以成都与万州作为两端起讫点的小川北路已有区别。由于更早时期并无小川北路及小川北地区的专门指称，为便于研究与叙述，将历史上经小川北地区径直连接成都与万州的大路统称为小川北路，是比较合理的。

笔者之所以在这里强调"小川北"的含义，是为了避免小川北路与川北路在概念上产生不必要的牵连。旧时人们通常将同一交通方向的干支线道路称为"大路"与"小路"，最明显的例子就是成渝东大路与东小路（亦称川东大路与小川东路）。川北路向有川北大路、大北路、川陕大路之号，而小川北路并非由成都北向出川的道路，是途经小川北地区的东向道路，称谓上不存在相较川北路的"大路"与"小路"联系。

从目前的资料来看，小川北路因路线取直的优势，至少在宋代已成为人们从三峡入蜀的常规大道。南宋范成大《吴船录》称："溯江入蜀者，至此（万州）即舍舟而徒，不两旬可至成都，行

[①] 金生杨：《小川北路纪行文献述论》，《地方文化研究辑刊》（第6辑），巴蜀书社，2013年。后文所引述作者的观点皆出此处，不再另注。
[②] 白虹：《小川北一瞥（川游杂记第九）》，《自修》第166期，1941年。
[③] 徐心余：《蜀游闻见录》，四川人民出版社，1985年，第43页。
[④] （清）孙毓汶著，李瑚整理：《蜀游日记》，中国社会科学院近代史研究所"近代史资料"编辑部编：《近代史资料》（总83号），中国社会科学出版社，1993年，第123页。
[⑤] （清）方浚颐：《方忍斋所著书：出蜀记》，屈万里、刘兆祐主编：《明清未刊稿汇编》（第9册），台北联经出版事业公司，1976年，第3011页。

舟即须十旬。"①对于范成大赴任四川制置使、知成都府时由万州西行的路线，严耕望先生根据其纪行诗集，考证自万州后经梁山军（今梁平）、垫江县、邻山县（今大竹东南）、邻水县、广安军（今广安）、合州汉初县（今武胜汉初村）、小溪县（今遂宁）、飞鸟县（今中江西南）至成都。

严先生同时指出："栗棘庵藏《南宋地图拓本》，有一明显道路由成都府东之怀安军（金水）东南经飞鸟，至遂宁府（小溪），又东北经蓬溪、顺庆府（南充），由府又东经渠州（流江）、梁山军（梁山）、万州（南浦）、云安军（云安），至夔州"，范成大的行程在"梁山军以东，遂府以西，皆与《地图拓本》相同，惟中间一段取稍南路线，经果、合二州"②。在北宋的一些军事活动中，小川北路也有被取用的记录。淳化五年（994年）镇压李顺起义，宋廷命雷有终与裴庄为峡路随军转运使，"师行至峡中，遇盗格斗"，"且行且战，进至广安军，军垒频江，三面树栅"；之后陆续在广安军、嘉陵江口（今渠河口）、合州破阵，"丙午，有终入成都"③。宋初平蜀，由峡路进军的刘光义、曹斌部在攻克万、开、施、忠州后，经遂州入成都，一般认为也是取道小川北④。

纵观以上记载，宋代小川北路的走向似乎呈现出一种不稳定的状态，各行径在大致相仿的基础上，局部（主要是中段）略有差异。尽管宋代留下来的全国总志已开始在巴蜀地区的部分州县下记载了个别馆驿⑤，但尚未像明清行省总志那样将一个高级行政区管辖的所有驿站与对外联系的干线驿道明确地表示出来，所以我们无法考证终宋一代小川北路是否存在一条固定的路线，或其间调整的情况。如果一定要绘出明确的路线图，考虑到范成大的纪行是目前最明晰可靠的资料，或许他的入蜀路

范成大经过的蟠龙岭，今梁平蟠龙山

气势恢宏的蟠龙山古驿道

---

① （宋）范成大撰，孔凡礼点校：《范成大笔记六种》，中华书局，2002年，第216页。
② 严耕望：《唐代交通图考》第4卷《山剑滇黔区》，台湾"中研院"历史语言研究所，1986年，第1172—1173页。
③ （宋）杨仲良：《皇宋通鉴长编纪事本末》卷一三"太宗皇帝"，清嘉庆宛委别藏本。
④ 蓝勇：《四川古代交通路线史》，西南师范大学出版社，1989年，第264页。金生杨：《小川北路纪行文献述论》，《地方文化研究辑刊》（第6辑），巴蜀书社，2013年。
⑤ 蓝勇：《唐宋四川馆驿汇考》，《成都大学学报》（社科版）1990年第4期。

线就是小川北路发展到南宋时相对稳定的走向吧。

对于宋代小川北路的认识，更重要的是它作为驿道的功能与地位。南宋将行都定在临安（今杭州）后，原以东京开封为中心的全国驿道网络必然做出相应的调整，而四川与宋廷的文报往来也由原来的南北向转为东西向。成都作为跨高层政区的管理机构四川制置司的常驻地，与临安的信息沟通在川陕四路成为北方持续抗击金元的三大战区之一后，自然显得异常重要。对于成都与临安间的通信情况，南宋《舆地纪胜》引《图经》云：

> 摆铺递，绍熙三年制置（邱）[丘]公崈所置也。自成都至行在凡四千二百余里。公谓边防军政事体甚重，军期摆递，事多稽迟，恐缓急之际有误机会。于是奏摆铺三。自成都至万州，以四日二时五刻，从铺兵递传。自万州至应城县九日，应城至行在十四日，则以制司承局承传。回程如之。惟应城回至万州又加四日。每月初三、十八日，两次排发。若有急切军期，即不拘此。行在都进奏院排发亦如之。自万州下水，于峡州出陆，至荆门计一千一百里程，以六日半，回程加四日。荆门至湖口一千八十里，往回各九日。湖口至行在九百里，往回各七日半。其程限赏罚如旧，而铺增其一，以宽走卒之往来。蜀去天日虽远，然置邮之速如此，西天一角，不啻毂匄中矣①。

这里的"摆铺递"是在南宋新发展起来的一套邮驿系统。唐代的传制与驿制合一后，驿马既供文书传递，又充官差出乘，造成两者相互冲突，严重影响了文书传递的效率，于是一种新通信组织"递"便应运而生。进入宋代，递铺发展成为一个独立而完善的递运系统，驿则沦为仅供官差食宿和领取出差补给之所，与馆合并，形成"驿递分立"的局面②。北宋时负责文书传递的铺递种类，按效率大致有步递、马递、急脚递之分，因隶属尚书省，总谓之"省铺"或"省递"。自靖康之变到宋室南渡，旧有驿传系统遭到严重破坏，南宋又在"省递"之外设置斥候和摆铺，其中专递赴京文书者，往往称为"京递"，以别于"省递"③。四川制置使丘崈在绍熙三年（1192年）创摆铺于川陕四路后，成都与临安间的重要"京递"即以此递送，路线大致由成都经万州、峡州（今宜昌）、荆门、应城、汉阳、湖口、池州达临安④，其中成都至万州段自然取小川北路。

这样看来，小川北路在两宋的地位是有明显区别的。北宋时成都与开封的驿递联系是经川北路，小川北路可能只是益州（成都府）路与夔州路之高层政区间的驿道；南宋时小川北路则一跃成为四川制置司与临安联系的"京递驿道"，其等级相当于元明清时期四川与北京联系的"京省驿道"。除了明朝定都南京阶段，南宋大概是四川东向驿道的等级在历史上最高的时期，自然也是小川北路的整体地位最高的时期。

---

① （宋）王象之编著，赵一生点校：《舆地纪胜》卷一七七《夔州路·万州》，浙江古籍出版社，2012年，第3645页。
② 曹家齐：《唐宋驿传制度变迹探略》，《燕京学报》（新17期），北京大学出版社，2004年。
③ 曹家齐：《宋代递铺种类考辨》，《文史》（第51辑），中华书局，2000年。
④ 关于万州以东的详细路线及南宋朝廷与川陕四路文书传递的更多情况，参见曹家齐：《南宋朝廷与四川地区的文书传递》，《中国社会科学》2014年第5期。

当然，对宋代小川北路的全面评价，还需要与同一交通方向的长江水路作横向比较。河流在货物运输上具有天然的优势，峡江航运历来都是连接长江上游与中下游地区的经济大动脉，这一点无须赘述。由西蜀出三峡的客运上，舟行也有顺流的便利与旅途的舒适，若非夏涨江阻，行旅大多也会选择水路，这被历史上众多纪行文献所证实。因此，宋代小川北路在川楚交通中的作用主要体现在入蜀客运与官方邮递上，在长途货运与出蜀客运上不具备比较优势。

据《经世大典·站赤》与《析津志·天下名站》记载，元朝在成都至江陵的长江航道上设置了二十一站水驿[1]，同向的小川北路则没有作为一条专门的驿道予以标示。不过从当时四川陆站的设置情况来看，考虑到宋代以来的延续性，小川北路仍然作为驿道的可能性比较大。只是由于资料匮乏，当时川省东向驿站及急递铺的运作情况尚不明晰，对我们准确判断元代小川北路的性质和功能产生了制约。现根据蓝勇先生考证的元代四川各驿站的地点[2]，笔者将元代小川北路的走向作了大致判断：成都本府站、中江陆站、潼川本府陆站（今三台）、金华陆站（今射洪）、遂宁陆站、令隆陆站（今蓬溪任隆）、白马陆站（今南充安平）、顺庆陆站（今南充）、故县陆站（今岳池）、广安陆站、渠州（今渠县）、荣城陆站（今大竹城东）、梁山在城站（今梁平）、高梁站（今梁平蟠龙山）、万州。

2. 明清以来的小川北路与川东路

明代是四川东向交通道路发展的重要时期，除了小川北路与长江水路，另一条重要干道——川东路登上了历史舞台。就现有记载来看，"川东路"这个称谓最早出现在崇祯进士曹烨赴川典试所撰的《星轺书》中，曹氏由万县抵梁山后"指垫江，是为川东路矣"，之前由三峡抵巫山时"改牌，发邮使，取径川东，利其坦也"，进入蜀境后的行程为巫山、奉节、云阳、万县、梁山、垫江、长寿、重庆、永川、璧山、荣昌、隆昌、内江、资县（今资中）、资阳、简州（今简阳）、成都[3]。雍正《四川通志·驿传》："东路现设驿传自龙泉驿起巫山县止共十八站"[4]，曹氏走的路线与之完全相同，只是在夷陵（今宜昌）至万县途中水陆交替、间歇行舟。更早时候，嘉靖进士张瀚在《西游记》中也记载了与曹氏相同的入蜀路线[5]，说明当时川东路的交通已非常成熟。

其实明代四川东向驿站的设置与驿道的发展经历了一个比较复杂的过程，并影响了清代的情况，这是以往研究中没有受到关注的地方[6]。

---

[1] 蓝勇：《元代四川驿站汇考》，《成都大学学报》（社科版）1991年第4期。
[2] 蓝勇：《元代四川驿站汇考》，《成都大学学报》（社科版）1991年第4期。对于元高梁站及宋梁山驿的地点，笔者认为在蟠龙山的可能性更大，清人多认为蟠龙山即古之高梁山，详后引清人游记。
[3] （明）曹烨：《曹司马集》卷六《星轺书下》，"清代诗文集汇编"编纂委员会编：《清代诗文集汇编》（16），上海古籍出版社，2010年，第289-299页。据笔者所见，曹氏此书可能是第一部由三峡入西蜀的完整游记，张瀚《西游记》虽然更早，但失之过简。
[4] 雍正《四川通志》卷二二《驿传》，清文渊阁四库全书本。
[5] （明）张瀚撰，盛冬铃点校：《松窗梦语》，中华书局，1997年，第38-40页。
[6] 杨正泰先生在增订本《明代驿站考》（上海古籍出版社，2006年）中对四川境内的驿站有比较完备的静态考证，但对驿站调整与驿道发展的动态情况关注不够，比如嘉靖后小川北路与川东路上的驿站调整，详后。

据洪武间编纂的《寰宇通衢》，明初南京至成都的驿道有三条，一条由陕西入，两条由三峡入①。由三峡入者，其中"一路水驿"是指沿长江而达成都的水路驿程，在四川境内设有五十多站水驿（成渝间有三十六站），嘉靖《四川总志》称为"东路"②。"一路水马驿"则指由长江抵重庆后转陆路往成都的水陆联运驿程，从重庆朝天驿到成都锦官驿的陆路上，设白市驿、来凤驿、东皋驿、峰高驿、隆桥驿、安仁驿、珠江驿、南津驿、阳安驿、龙泉驿十站，这段陆驿就是晚近以来人们俗称的"东大路"。在川东路重庆以东接三峡部分，明初虽然没有设驿，但从正德《四川志》的记载来看，由重庆至长寿、垫江、梁山、万县、云阳、奉节、巫山间（包括成渝间）设有连贯的递铺③，表明川东路已经成型，并具备了稳定的邮递功能。

小川北路在《寰宇通衢》与正德、嘉靖、万历几版川省总志中不见记载，但这并不能反映小川北路在明代的发展情况。金生杨先生举证明人王士性、何宇度等在蜀中的一些记述，认为小川北路在明代仍然被人们熟知，这点无疑是有见地的，但失之过简，对明代小川北路的路线、性质与功能未作进一步探讨。就笔者掌握的情况来看，小川北路不仅在明代有清晰的路线显示，还在嘉靖后增设了连贯的驿馆，成为一条与长江水路、川东路并驾齐驱的驿道。

隆庆间徽商黄汴编纂的《一统路程图记》，是根据各种程图和路引汇编而成的全国交通指南，详记两京十三布政司水陆站程及沿途社会风貌，具有很高的史料价值。《一统路程图记》中记成都与南京间的道路，除了《寰宇通衢》所记三条外，还有一条为：

成都府，五十里新都县，五十里汉州，五十里古店，五十里中江县，五十里建宁驿，六十里潼川州，四十里射洪县，三十里广寒公馆，七十里蓬溪县，九十里顺庆府，五十里清溪公馆，六十里岳池县，（北去保宁府），南六十里广安州，八十里琅琊公馆，三十里渠县，六十里大竹县，八十里袁坝公馆，五十里梁山县，九十里分水驿，八十里万县，八十里巴阳驿，六十里云阳县，八十里南陀驿，六十里夔州府，六十里夔门公馆，六十里巫山县，八十里小桥公馆（属蜀），八十里巴东县（属楚），八十里归州，百三十里白沙驿，百二十里夷陵州……六十里江宁镇，六十里南京④。

其中成都至万县段便是明代小川北路的走向，相较宋元时期，小川北路第一次有了清晰的站程记载。那么，明代小川北路到底是什么性质？是否只是一条客商眼中的便道？

明代四川的驿站在嘉靖后有一个重要调整，即将一些不紧要的水驿逐渐移置到东向的陆路上，或将三峡段的水驿改为水马驿，以适应日益繁忙的东路驿程由水转陆的趋势。嘉靖二十一年（1542年），自宋天圣年间发生大型崩岸后，三峡航道上著名的新滩再次滑坡，造成航道雍塞，行旅多趋

---

① 关于下文"一路水驿"和"一路水马驿"所设驿站的具体情况，参见《寰宇通衢》（明洪武二十三年刻本）"京城至四川布政使司并所属各府各卫"部分。
② 嘉靖《四川总志》卷一六《经略志下·驿传》，明嘉靖二十四年刻本。
③ 正德《四川志》（据明正德刻嘉靖增补本抄录）卷一三《重庆府·邮驿》、卷一四《夔州府·邮驿》，马继刚主编：《四川大学图书馆藏珍稀四川地方志丛刊续编》（第2册），四川大学出版社，2015年，第823、825、827、1074-1076页。
④ （明）黄汴：《一统路程图记》，杨正泰：《明代驿站考》（增订本）附录，第254页。

陆行①。嘉靖《巴东县志·驿传》记："近年新开陆路，因峡水险甚，官吏多由陆行。"②巡按四川监察御史孙济远上《请设巴中驿疏》云："巫、巴二县乃楚蜀接壤，上下交冲，水陆并险。先年水路称便，往来从舟者多，民不告困。后因新滩石塞，水势汹涌，一应往来员役避险就陆，夫马迎送，殆无宁日，小民困苦万状。"③为舒缓陆路迎送的役困，川湖两方就三峡连界段水驿改陆的措施多次交涉，陆续将宜万间各水驿改为陆驿或水陆兼顾的水马驿。

实际上在稍早的嘉靖十九年（1540年），四川方面为"避水程夏秋诸峡之险"，改变三峡地区在公差迎送上的单一交通方式，便已经开始筹划"修辟山径，官民两便"，勘议"自巫山锣鼓铺起至巫山、奉节、云阳、万县，山石峻险过半，其余土砂坡坎，去处又窄狭难行，照各县丁粮分派丈尺修辟"，并议于"湖广巴东与巫山交界锣鼓铺，及巫山县至界首瞿门关，奉节县至龙洞铺止宿公馆，并其余中火铺舍，俱应修理"，移文湖广巡按咨商将巫山铜鼓铺以下直抵湖省巴东、归州、夷陵路段"一例修举"④。赖于沿途各邑响应积极，这次道路整治与馆驿建置的成果比较可观。如嘉靖《云阳县志·铺舍》记："按东递龙洞铺界奉节，西递桐木铺界万县，旧路窄隘，止通司兵递送。今因开通峡路，上司移文增制修理，本县委典史王景原董治，计丁任事，督劝有方，越二旬工完，已成大道。"⑤龙洞公馆，"（云阳）县东六十里奉节县界，旧无，嘉靖二十年奉上司移文修建，以便陆程"，设馆后"欲将南沱水驿改置此地，仍损本府、万县二递运所马船之半，量均编置马匹在驿，名曰水马驿"⑥。峡路其他州县也相继在境内添置或改建陆路馆驿，不一而足。

万县以西的小川北路在更早时期已开始馆驿的建置。如弘治十年（1497年），在万县西五十里建佛寺公馆，西百里建分水公馆⑦。随着交通形势的发展，嘉靖九年（1530年）将万县周溪水驿也迁置分水公馆⑧。在三峡陆路得到整治后，嘉靖三十六年（1557年）又在小川北路上作了一次更大幅度的驿站调整：

巡按四川御史宋贤奏："蜀中驿传，先年因陆路不通，多在水次，今陆路通达，宜裁水次。夫增编陆路夫马，移偏僻水驿于冲繁州县。"诏从其言。于是以朝天驿改隶蓬溪县，九井驿改隶射洪县，盘龙驿改隶广安州，龙溪驿改隶大竹县，太平驿改隶梁山县⑨。

---

① 尹玲玲：《明清时期三峡地区环境变动下的驿传变迁与改革——关于三峡新滩地区的滑坡地质灾害之影响的个案考察》，《上海师范大学学报》（哲学社会科学版）2009年第2期。
② 嘉靖《巴东县志》卷三《政教纪·驿传》，明嘉靖三十年刻本。
③ 同治《巴东县志》卷三《建置志·邮政附》，清光绪六年刻本。
④ 嘉靖《四川总志》卷一六《经略志·驿传》，明嘉靖二四年刻本。
⑤ 嘉靖《云阳县志》卷上《铺舍》，明嘉靖二十年刻本。
⑥ 嘉靖《云阳县志》卷上《行台》，明嘉靖二十年刻本。
⑦ 正德《夔州府志》卷二《邮驿》，明正德八年刻本。
⑧ 《明世宗实录》卷一二〇"嘉靖九年十二月辛未"，黄彰健校勘：《明实录》，台湾"中研院"历史语言研究所，1985年，第8176页。
⑨ 《明世宗实录》卷四四八"嘉靖三六年六月乙巳"，第9388页。

这次调整是将嘉陵江上的五站水驿迁至小川北路上的蓬溪县、射洪县、广安州、大竹县、梁山县，其中朝天驿与九井驿原属广元县，盘龙驿原属南部县，龙溪驿原属蓬州，太平驿原属定远县①。另有资料显示，明后期南充县设有嘉陵水马驿②，万县设有集贤水马驿③，这应该是在原水驿基础上作出的调整，只是具体的改置时间有待进一步考证。小川北路射洪县以西的路段是与当时的川北驿路（阆中线）叠合，这样便形成了连贯的驿馆站程。

明佛寺公馆，今万州福世村老街　　　　　　明分水驿，今万州分水镇老街

现根据考证结果并参见《一统路程图记》、《寰宇通衢》、万历《大明会典》、万历《四川总志》等，将明代后期小川北路的驿馆站程整理如下：成都（锦官驿），五十里新都县（新都驿），五十里汉州（广汉驿），五十里古店驿，五十里中江县（五城驿），五十里建宁驿，六十里潼川州（皇华驿），四十里射洪县（九井驿），三十里广寒公馆，七十里蓬溪县（朝天驿），九十里南充县（嘉陵水马驿），五十里清溪公馆，六十里岳池县，六十里广安州（蟠龙驿），八十里琅琊驿，三十里渠县，六十里大竹县（龙溪驿），八十里袁坝驿，五十里梁山县（太平驿），九十里分水驿，四十里佛寺公馆，五十里万县（集贤水马驿）。其中渠县与岳池县应该也设有公馆或驿站，岳池县西南原有平滩水驿滨嘉陵江，是否改置为在城陆驿，有待进一步考证。万历元年（1573年），在川湖双方多次磋商后，经准将临界处的驿站设在巫山县小桥公馆，取名巴中驿④，完善了这轮从成都至夷陵（今宜昌）间陆程馆驿的建置。

在此期间，川东路上的驿站也有重要调整。隆庆六年（1572年），"四川重庆巴县土沱驿改移铁山，仍隶巴县；彭水县黔南驿改移沙镇，隶长寿县；江津县白（波）[渡]驿改隶垫江县。"⑤根据

---

① 《大明会典》卷一六四《兵部二九·驿传二·水马驿下·四川》，明万历内府刻本。
② （明）陶正庆校正：《文武诸司衙门官志》卷三《四川省·顺庆府》，明万历刻本。
③ 雍正《四川通志》卷二二《驿传》，清文渊阁四库全书本。
④ 《明神宗实录》卷一三"万历元年五月庚寅"，第10299-10300页。
⑤ 《明神宗实录》卷六"隆庆六年十月丙辰"，第10274页。

明清方志的记载与笔者的实地考察，除将蓥河上的白渡驿迁置垫江县外，另外两处水驿的迁置地点也是位于重庆连接三峡的川东路上。其中嘉陵江土沱驿所迁置的铁山在今渝北旱土场，正德《四川志》记巴县下递铺有铁山铺①，乾隆《巴县志》称迁置后的土沱驿即铁山驿②。乌江黔南驿所迁置的沙镇在今长寿梓潼场，正德《四川志》记长寿县下递铺有沙镇铺③，至今梓潼场仍流传黔南驿与沙镇铺的名声。张希召《改置土沱黔南白渡三驿碑记》借地方父老之口，谈到这次迁驿的缘由："渝郡夙号淳简，自乙丑兵燹之后，土瘠民贫，闾阎生计，怛然告疚，且丁上司往来，络绎不绝，宾旅宦旧，借关应付，接望于舟车，日给月酬，其靡敝故有由也。"④实际上这是随着重庆整体地位的提升，由川东路赴渝入蜀的公干日益繁忙，为避免地方疲役，顺应水驿转陆的交通形势，将一些不太紧要的水驿迁置川东路上，以应付往来迎送。至此，川东路的驿站由重庆往东延伸，在梁山县接太平驿，进而与峡路驿站相贯，这就是清代川鄂驿道的前身。

从纪行文献反应的情况来看，明代川东路与小川北路都有被行旅取用的记载，除了前面举出的游记，不少诗集也描述了两条道路上的一些城镇、驿馆与风物。就直观的路线而言，明代小川北路虽然较清代曲折，但还是明显比川东路取直，如果不是在重庆有事务，一般行旅可能更多会选择由小川北路直达成都，客商路书中特别指出小川北路这条线，应该是有用意的。吴伯通《渠县重修琅琊四桥记》称："渠，古邑也，地介夔、梓之间而隶于果，凡溯沿巴峡往来于蜀者，或舍棹于万而西上，或振策自益而东下，必道渠……"⑤该记中成化二十二年（1486年）重修的琅琊四桥，正是位于广安与渠县间的琅琊驿附近，可见在嘉靖改置驿站前小川北路就一直很受重用。在峡路整治后的驿站调整中，首先考虑的是小川北路上的"冲繁州县"⑥，很大程度上也反应了小川北路的交通地位。明代的驿站有接待迎送与飞递急报的功能，公馆只负责接待，递铺则专职公文传递。永乐迁都后，四川与北京的驿递往来恢复至北路，在四川东向与峡外的邮递通信上，起主要作用的应该是递铺系统比较完备的川东路。需要注意的是，隆庆改置三驿后，川东路的纪行文献逐渐增多，在明后期出入川楚的公干迎送上，它与小川北路是怎样一种分工关系，还有待进一步探析。

经过明末清初的战乱，四川人丁稀少，赋役维艰，原有的驿传系统彻底瘫痪。据康熙《四川总志·驿传》记载，在顺治十六年（1659年）、康熙二年（1663年）与康熙六年三次题设驿后，四川恢复了陆站五十一、水站三十四，较明代大为减少⑦。从驿站分布来看，清初四川东路的驿程与明初相似，保留了长江水路与川东路成渝段的驿站，其中长江上的水站只保留了不到二十站，尚不及明代半数⑧。康熙十三年，四川陷入吴三桂与清廷的拉锯，至康熙十九年平复，驿传系统又面临重

---

① 正德《四川志》（据明正德刻嘉靖增补本抄录）卷一三《重庆府·邮驿》，第823页。
② 乾隆《巴县志》卷二《建置志·驿递》，乾隆二十五年刻本。
③ 正德《四川志》（据明正德刻嘉靖增补本抄录）卷一三《重庆府·邮驿》，第825页。
④ 同治《巴县志》卷四《艺文志·记》，清同治六年刻本。
⑤ （明）周复俊撰：《全蜀艺文志》卷三三，清文渊阁四库全书本。
⑥ 《明世宗实录》卷四四八"嘉靖三六年六月乙巳"，第9388页。
⑦ 康熙《四川总志》卷三三《驿传》，清康熙十二年刻本。
⑧ 康熙《四川总志》卷三三《驿传》，清康熙十二年刻本。

建的任务。据雍正《四川通志·驿传》记载，经过几番调整，雍正间四川形成了北、南、东、东南四路陆驿，水驿只保留了嘉陵江昭化县、广元县两站与金沙江雷波卫一站①。在连接湖广的川东路上，成渝段的站程不变，重庆以东段调整为分水驿（属长寿县）、垫江县驿、梁山县驿、万县驿、云阳县驿、奉节县驿、巫山县驿②。川东路是清雍正后四川唯一的东向驿道，故又被人们称为"川东正道"③。经过康雍间的调整，四川的驿道网络基本定型，一直维持到清末，除了个别局部的改线与递铺、腰站的数量调整，其他没有大的变化。

  清代小川北路虽然不再设驿，但纪行文献非常丰富。据金生杨先生介绍，清代详细的小川北路游记有五部之多，经笔者进一步收集，至少有十部以上（不排除其他遗漏），为峡路晋省记录之最，此外还有一些纪行诗集。根据傅崇榘《入蜀旱程记》的记载，清代小川北路的路线大致为：万县，分水岭（属万县），梁山县，袁坝驿（属梁山县），大竹县，李渡河（属渠县），新市镇（属渠县），跳蹬坝（属南充县），南充县，蓬溪县，太和镇（属射洪县），景福院（属三台县），兴隆场（属三台县），赵家渡（属金堂县），新店子（属新都县），成都④。从择线来看，较之明代，清代小川北路更为经济，可能是摆脱了驿道身份的束缚，很多时候并不经过治所，也不在县际塘路上，一切以便捷为要，体现出很强的社会实用性。

  对于取小川北路晋省的便捷优势，人们多有直观表达。傅崇榘《入蜀旱程记》："然商人由宜是行上水到万县，如遇顺风，不过十二三日，如遇逆风，则一二月之久尚不能到渝。由万县而上，滩多河小，上水舟费时日太多，故商人多由万起旱进省。"⑤周洵《蜀海丛谈》："川江未行轮船时，由鄂至川省者，皆溯流至万县，即循小北路陆行入省。"⑥陶澍《蜀輶日记》："陆路由万县道梁山、大竹、渠县、蓬州、南充、蓬溪、射洪、三台、中江、金堂到成都，一千三百里，半月可到。"⑦张大钺《巴蜀旅程谈》："川东晋省大道，夙有两线。一由万县晋省，名曰小川北路，途中约需十三、四日。如旅人于重庆无重要事务时，由此道行，则费省而路捷矣。"⑧与小川北路相比，万县以西的水路过于迂回，同治《增修万县志》记万县至省城"陆路一千四百七十里，水程三千三百五十八里"⑨。而循川东路经重庆晋省，万县以西需要十八天，较小川北路常规站程十四天（尚可加站行走）多费四天⑩，两者在梁山县分路后的里程分别为一千七百里与一千二百里⑪。四川盆地的地理环境造就了小川北路的线性优势，这个交通地理结构不会随着朝代更替而改变，清

---

① 雍正《四川通志》卷二二《驿传》，清文渊阁四库全书本。
② 雍正《四川通志》卷二二《驿传》，清文渊阁四库全书本。
③ （清）孙毓汶著，李瑚整理：《蜀游日记》，第123页。
④ （清）傅崇榘：《江程蜀道现势书》附录《入蜀旱程记》，清光绪三十年刻本。
⑤ （清）傅崇榘：《江程蜀道现势书》附录《入蜀旱程记》，清光绪三十年刻本。
⑥ 周洵：《蜀海丛谈》，沈云龙主编：《近代中国史料丛刊》（第1辑），文海出版社，1966年，第157页。
⑦ （清）陶澍：《蜀輶日记》，《陶澍集》（上册），岳麓书社，1998年，第588页。
⑧ 张大钺：《巴蜀旅程谈》，《新游记丛刊汇编》（第5册），中华书局，1923年，第17页。
⑨ 同治《增修万县志》卷三《地理志·疆域》，清同治五年刻本。
⑩ （清）孙毓汶著，李瑚整理：《蜀游日记》，第123页。原文为："由小川北一路赴成都，只十四站，尚可加站行走，川东正道须十八站也。"
⑪ 光绪《梁山县志》卷二《舆地志·疆域》，清光绪二十年刻本。

代的小川北路依然保持了入蜀客运上的突出地位，甚至较明代更为明显①。难能可贵的是，傅崇榘《入蜀旱程记》对清代小川北路的全线站点作了细致入微的记录，为我们复原这条入蜀大道的完整路线提供了宝贵资料，这也是展开遗产调查工作的重要前提。笔者曾考察过小川北路万州至渠县间的川东岭谷段，在翻越几条山脉时，丰富的遗存时常令人忘返，多段古道的路面宽达三四米，可与国家重点文物保护单位"剑门蜀道遗址"相媲美，非常值得各地进一步展开调查、保护与利用。

宽达四米的蟠龙山古驿道

整体而言，在川鄂长途客运上，清代川东路的作用不及小川北路和长江水路，但它具备完整的驿递系统，在四川与峡外的公文、饷鞘等递运上，发挥了主要作用。如乾隆三十七年（1772年）由峡外递运金川战役所需的捐银，经"东湖县白沙驿、建平（县）[驿]、归州、巴东县、四川巫山县小桥驿、奉节县、云阳县、万县、梁山县、垫江县、长寿县、巴县、璧山县、永川县、荣昌、隆昌、内江县、资州、资阳县而至四川省城成都县，俱系陆路"，饬地方预派兵弁备具夫马按站护送②。又如同治年间，"因陕回滋扰，驿路时多梗阻，奏明改由东路之龙泉驿简州以下州县，至巫

---

① 需要注意的是，不仅普通行旅，清中叶后往往公差大宪也循小川北路入蜀，而不走置备驿站的川东路。从一些游记来看，小川北路上的公务接待是根据实际情况临时安排站馆与夫役，是否经制化以及与川东路的分工关系还需要进一步探析。
② 四川省档案馆编：《清代巴县档案汇编：乾隆卷》，档案出版社，1991年，第42页。

山出境，递至湖北，取道河南、直隶入京。其自京暨各省咨川文报，亦请暂由直隶、河南、湖北转递川省东路各州县接递至省"①。在查阅巴县档案的过程中，我们时常能看到各时期巴县朝天驿接递公文的记录，其中有自西面来凤驿、白市驿转递江北、长寿之东面者，也有自东面转递西面者，呈现了川东路的驿递机构在四川东向文报上所承担的工作。清代地方志对川东路的驿递站点记载很详细，以平均十里一站的精度复原全程没有绝对困难，近年来笔者已陆续对成—渝—万段的遗产进行了系统调查。

对于川东路的全面认识，还需要从其他层面来看。无疑，随着重庆政治、军事、经济、文化地位的提升，特别是依托两江航运成为长江上游最重要的商贸口岸，腹地与下游以商务、政务趋渝者繁众，使重庆与省会间的联系具有了一种特殊地位。清前期四川的驿站经过数次调整，在地方财政尚需协济的窘迫情况下，最终在东向只保留川东路的驿站，而没有选择站程便捷、夫马费省的小川北路，很大程度上是因为重庆的地位所致。宋代以来，四川东向通信地理的重心经历了一个由小川北路逐渐向川东路的转变，在一定程度上也反应了区域人文地理的总体变化。川东路成渝段被人们特称为川东大路、东大路，是连接盆地内最重要的两座城市的交通干道，就这个意义而言，它的交通地位并不让与小川北路，政治上尤过之。近现代以来，成渝公路、成渝铁路、成渝高速、成渝高铁，无不率盆地交通之先河，为前事作出了连续的注脚。

邮递功能之外，川东路渝鄂段在客运上的作用就要次一些了。因渝—万—宜间的水路并不曲折，无论顺流还是逆流，长途客旅大多选择舟行，这一点在近代通轮后得到了强化。不过自然河流的水情是个变数，夏汛时不利行舟，人们多会选择陆行。如山川早水在《巴蜀》中谈到："一旦逢洪水，峡水暴涨，在宜昌等到水落往往要一两个月时间。此时，若是一般旅客可等到峡江的水恢复水位，然而对于大多数人尤其是商人来说，却耗不起这时日，故无论其目的地是成都还是重庆乃至万县，大都要走陆路。"②傅崇榘《入蜀旱程记》"夏为水大，由成都下长江者，多起旱到宜昌，然后搭江轮；由长江回成都者，多由宜昌起旱，由北路入成都"③，讲的也是这个道理。需要说明的是，同治宜万间三峡的陆路交通发生了重要的地理变化，主线由置驿的峡路转为"施南道"，即由宜昌经施南府境（今恩施州）至万县④，这在后来影响了318国道、宜万铁路的走向。对于施南道的路线，《入蜀旱程记》也有详细的站点记录，为我们调查其遗产提供了便利。

---

① 同治《巴县志》卷二《政事志·营汛驿递》，清同治六年刻本。
② （日）山川早水著，李密、李春德、李杰译，蓝勇审定：《巴蜀旧影：一百年前一个日本人眼中的巴蜀风情》，四川人民出版社，2005年，第13—14页。
③ （清）傅崇榘：《江程蜀道现势书》附录《入蜀旱程记》，清光绪三十年刻本。
④ 关于近代宜万陆路交通地理的变化情况，笔者将另拟详文。

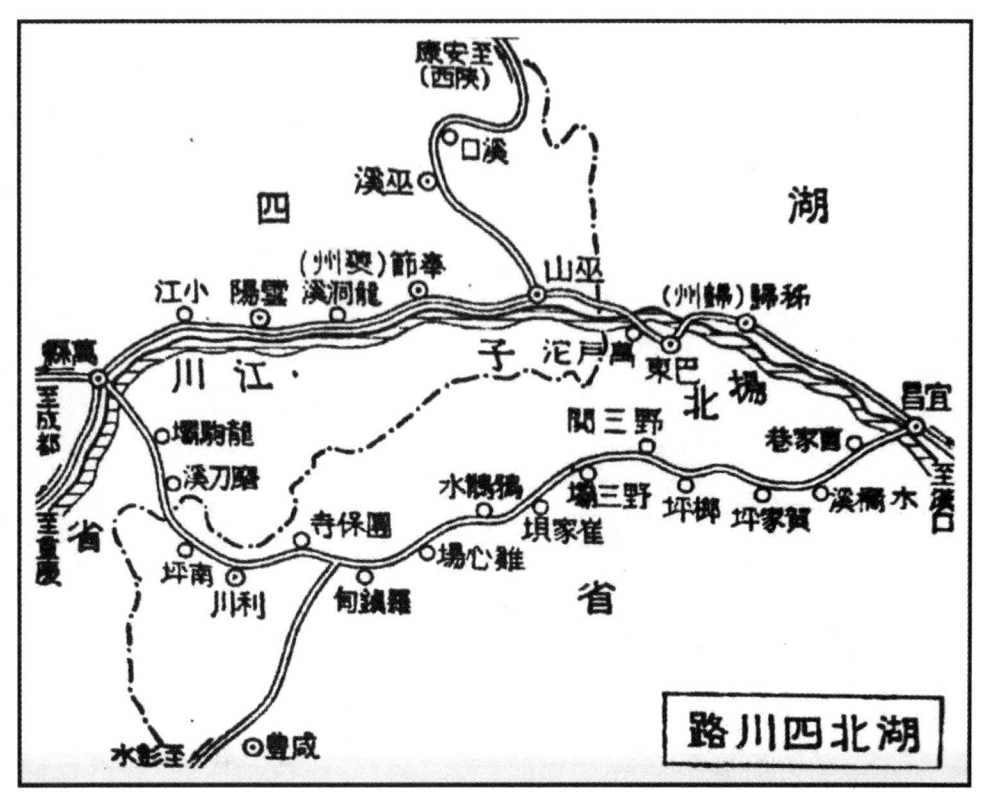

近代日本"东亚同文会"调查宜万南北线陆路所绘地图[①]

进入民国后，轮船与公路的现代化介入，以及受军阀割据的影响，小川北路与川东路的交通情况又有了一些新的变化，限于篇幅与主题，这里不再展开。将小川北路与川东路的历史下限，定在川鄂公路（四川段）与成渝公路的建成，应该没有异议。

鉴于唐宋以来四川东向交通道路的发展情况，笔者在此尝试提出"川楚蜀道"这个概念，广义者包括所有从湖广地区（鄂湘）出入巴蜀的古道，狭义者专指从三峡地区出入巴蜀的主要古道，后者以宜昌与成都作为两端起讫点。其中需要重点关注的是，在客运（人流）、货运（物流）、邮递（信息流、资金流等）上发挥过重要作用的区际干道，也就是狭义上的"川楚蜀道"，主要包括长江水路（含部分岷江、涪江—嘉陵江、沱江）、小川北路、川东路、峡路、施南道等，这样利于把握古代四川东向对外交通的主体面貌。前面只是简单梳理了小川北路、川东路的沿革及在"川楚蜀道"体系中的大致分工，不少内容尚待修正、扩展与深入，而较之"川陕蜀道"所受到的重视，对同样具有重要历史地位的"川楚蜀道"的系统研究与遗产挖掘，还需要我们付出更多的努力。

[①] 北线为峡路驿道，南线为施南道，地图来自《新修中国省别全志》第一卷《四川省上》，东亚同文会刊行，1941年。

梁平蟠龙山"蜀道难"摩崖题刻

目前学界在"蜀道"的概念上有广义与狭义之分,广义的蜀道包括所有从周边地区出入巴蜀的古道,狭义则专指由关中、陕南(包括陇南)地区出入巴蜀的主要古道,即所谓的"川陕蜀道"。对此笔者有一些新的看法,以供大家参考。我们之所以看重"川陕蜀道",是因为关中地区在历史上很长一段时期是中国的政治、经济、文化中心区,巴蜀地区的对外交通,自然是与中心区的联系更为重要。正是从这个角度出发,笔者认为"蜀道"的概念其实只需要一种解释,那就是"历史上巴蜀地区与中国政治、经济、文化中心区交往的重要通道",这样可以更全面准确地概括"蜀道"在促进巴蜀地区与王朝国家的交融上所蕴涵的历史意义。在这个视野下,显而易见,我们对"蜀道"地理的界定就不能仅限于"川陕蜀道"这个方向了,还应当将"川楚蜀道"也纳入。唐宋以来,随着中国政治、经济、文化中心的东移南迁,四川东向对外交通的地位迅速提升,特别是明清后长江流域的经济联系日趋紧密,"川楚蜀道"作为联系长江上游与中下游地区的交通脉络,成为巴蜀地区对外经济文化交流最重要的窗口。一个不容忽视的事实是,在社会经济乃至国家政治层面,四川东向对外交通的地位在明清后已全面超过北向,其影响一直延续到当代。所以,"川楚蜀道"应当像"川陕蜀道"一样受到足够的重视,是我们需要加强研究并挖掘其遗产的重要对象。在笔者所理解的"蜀道"概念下,"川陕蜀道"与"川楚蜀道"只是交通地理上的划分,两者不应当存在带有主次意味暨价值排序的狭义与广义之分,历史上两者的功用与地位在不同时期各有侧重,可以因时因地作出具体分析，而在巴蜀地区与中国政治、经济、文化中心区的交通史上，它们应当是一幅不可分割的全息的历史画卷①。

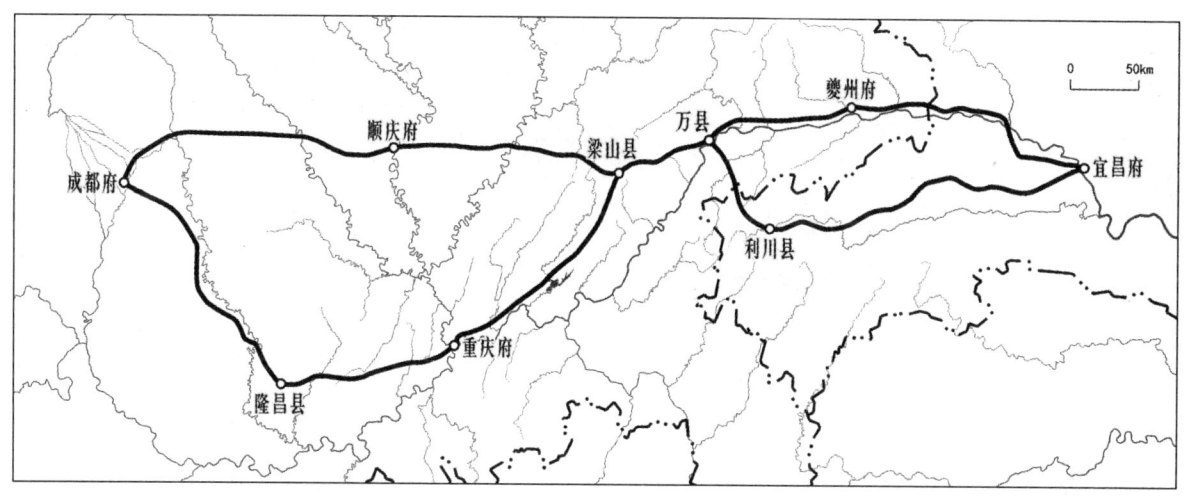

清代川鄂陆路交通干线网简图②

3. 万梁古道的历史定位

历史上无论小川北路的路线怎么变，其东端梁万段始终在路程上。川东路自明代形成以来路线就比较稳定，在梁山县与小川北路交汇后，万梁古道成为两者的叠合段。万梁古道以东，无论三峡水陆两道还是施南道，皆以万梁古道衔接小川北路、川东路，进而贯连川鄂两省。在川鄂陆路交通干线网中，万梁古道处于承前接后的路段，交通流量甚为可观。近代以来，万县也以水陆枢纽的优势，一度发展成为与成、渝并称的四川第三大城市。

"三普"资料称万梁古道为古驿道，而认识它在历史上的驿道身份，需要有长时段的视野。宋元时期，万梁古道作为小川北路的一段，在北宋是"（路）区际驿道"，南宋是"京递驿道"，元代可能是"省际驿道"。在明代，作为小川北路与川东路两条驿道的结合部，万梁古道自然是"省际驿道"。在清代，川东路作为四川唯一的东向驿道，万梁古道依然是"省际驿道"。自宋代以来，万梁古道基本保持了驿道的身份，但不同时期其驿道的等级与功能以及给它带来驿道身份的载体是有区别的，这是万梁古道相对于小川北路、川东路其他路段比较特别的地方。

在具体的交通作用上，我们前面已经分析了历史上小川北路与川东路各自的功能侧重。由于万梁古道的双重身份，自宋代以来，它在三峡入蜀客运与官方邮递上一直发挥着重要作用，其中的历

---

① 对于"历史上巴蜀地区与中国政治、经济、文化中心区交往的重要通道"这个"蜀道"概念，笔者将另拟专文作更详细的阐释。

② 图中所示道路，成-顺-梁-万段为小川北路，成-隆-渝-梁-万-夔交鄂界段为川东路，宜-夔-万段为峡路（四川境内与川东路叠合），宜-利-万段为施南道（制图：张颖、车一）。

万梁交界的分水岭垭口

史内涵差异在于，在宋代（或宋元）它是以小川北路的身份兼顾两者，在明清则是以小川北路与川东路的双重身份合而任之。在川鄂长途货运上，无论小川北路还是川东路，作用肯定不如长江水路，这点毋庸置疑。然而就局部地区的实际情况，因所处的历史与地理环境不同，需要作具体分析。

以万梁古道言之，在近代以万县为中心口岸的下川东地区，它在联系万县与梁山、大竹、垫江、达县等腹地城镇间的经济往来上，发挥着重要作用。如嘉庆《梁山县志》记本县食盐"于产盐之云阳县采配，逆运万县城起埠贮店，听民贩运行销"，乾隆间梁山知县曾奏请在梁万交界之分水场"设立卡隘，招设书巡，盘查私盐，以防侵越梁地"[1]。光绪《万县乡土志》记梁山表纸"由陆运入本境，每箱约售银五钱上下，岁销三十余万箱，多则四五十万箱不等，约可岁售银二百余两之谱，计本境坐销者十之三，由水运入楚省者十之七"。产于外洋与湖北官纱局的棉纱"每大包三百二十斤，价七八十两，每年约销售七八千包，均由水运入（万县）境，可售银五六千万两，除本地坐销外，陆运销梁山、新宁、大竹、绥定一带，水运至重庆分销"[2]。据1937年平汉铁路管理局经济调查组编《万县经济调查》，万县至梁山一线，来货主要有黄皮纸、桐油等，去货则有棉纱、疋头、杂货、烟、纸等；万县至绥定（今达州）一线，来货有桐油、牛羊皮、桴子、麻、土药等，去货则有盐、棉纱、疋头、纸烟、苏货、五金、糖等。当时万县北岸的食盐转销，"以万县本地及梁山为尾闾，至绥、宣一带，原属渠河岸运销，前杨森军队驻绥时，因税捐过重，渠河盐受苛税压迫，难得畅销，梁山之盐，曾侵销绥、宣一带，当时销量大增"[3]。

万梁古道的年限，应以万州与梁平旧城区最早并存建置的时期为上限，以民国万梁马路建成为下限，以宋代（小川北路成型）至民初作为重要使用时段。

---

① 同治《梁山县志》卷五《盐法》，清同治六年刻本。
② 光绪《万县乡土志》卷七《商务录》，万县嘉惠印刷馆，1926年。
③ 平汉铁路管理局经济调查组编：《万县经济调查》，1937年，第14-15、104页。

野外考察与地图：
2018年7-8月新疆考察的思考

刘传飞

作者简介

刘传飞，男，1987年生，中国海洋大学文学与新闻传播学院讲师，主要研究方向为清代新疆历史地理、中国地图史、海洋历史地理。

一、开篇：还是熟悉的味道

很荣幸，从2018年7月23日到8月8日，在我的硕导张莉老师的带领下，我和2017、2018级师弟师妹们在新疆进行了长达17天的野外考察。我参与的考察可以分为三段：第一段是7月23—26日，在吐鲁番市进行的以水磨为中心的调研；第二段是7月27—31日，在呼图壁县进行的以呼图壁河水利建设为中心的考察；第三段是8月1—8日，在南疆进行的以叶尔羌流域水利为中心的考察。

当经过5个小时的飞行，于23日凌晨抵达乌鲁木齐地窝堡机场时，我还没有多少感觉。因为毕竟工作一年来，根据我所供职的中国海洋大学的工作安排，我开始从近十年的新疆研究中逐步进入海洋史地的研究领域。可是，当我第二天从机场宾馆出来，步行出机场区域外坐公交车的时候，看着道路两侧笔直的白杨、清晨房屋上的阳光以及呼吸着空气中的泥土的气息，一一撇掉工作一年以来所逐步熟悉的海洋，突然有一句话从嘴里冒了出来：还是熟悉的配方，还是熟悉的味道！

二、葡萄沟的访谈：如何进行历史地理学的野外考察

历史地理学研究的一大法宝就是野外考察。其实很早之前，我就尝试写过一篇文章，试图回答一个问题：如何进行历史地理学的野外考察。这项工作早在2012年陕西师范大学举行史念海先生百年诞辰纪念会的时候就开始了。但那个时候我所经历的比较大型的野外考察，主要就是张莉老师在2010年夏季率领的奇台—吉木萨尔8天县境考察和9天乌鲁木齐查阅资料，以及我自己在2012年夏末进行的24天东北四省区学术旅行，所以一直也没有写下去。现在又经历了大大小小数次考察，阅读蓝勇老师等学者写的多篇考察文献，对历史地理学的考察认识又深入了许多。

总的来说，我觉得历史地理学的考察，根据考察目的的不同，可以分为两大类：一类是概略性的大区域普查，一类是带着问题对一个很小区域的精耕细作。前一种主要是进入研究区域之初或者进行大的框架研究所必须解决的对本区域"历史感"和"空间感"的获取问题。在这种考察形式下，要求的并非某个具体问题的解决，而主要就是如同侯甬坚老师在2010年奇台—吉木萨尔考察所言的"获得一种感觉"。这样能够保证你在以后阅读本区域文献的时候，对这些文献不再具有陌生感，甚至能够在读文献的时候，闭上眼睛就能想象得到：我曾经站在这个地方，我能把自己代入这个时间和空间中，以这个研究区域的空间站位为中心，想象周边诸地理事物与此地点的相互关系，从而思考问题和解决问题。史念海先生常常带着《水经注》，每到一个地方就高声朗读《水经注》对此地的记载。我想也应是通过诵读的方式，把这种古今变迁、时空交会的感觉永久记录下来。我此前最喜欢的也是这种考察方法。其实严格来说，这种考察称为"学术旅行"可能更合适。它是一种蜻蜓点水式的考察，是为了解决迅速进入区域研究与时间、经费、精力有限性之间矛盾的一种方式。

另外一种考察方式就是精准考察。它要求前期文献阅读准备工作已经有了相当积累，核心是带着问题去考察。这次前往吐鲁番进行关于水磨的访谈，张老师甚至还专门聘请了维吾尔语翻译，这种考察方式对所需要资源的投入可见一斑。在这次考察中，给我印象最深、感触最大的，一是7月24日在吐鲁番葡萄沟苏贝希对三位当地维吾尔族老人的访谈，一是7月29日在玛纳斯包家店镇孟家庄村的访谈。7月24日的访谈让我不知道为何心里一直受到一个以前数次考察也没有过的震撼：进行深入的历史地理学野外考察必须与当地人进行访谈，这些访谈提供给研究者的是第一手的当地知识、当地时空变迁资料；只有通过对当地人士的访谈，才能深入地了解该区域。7月29日的访谈则使我认识到民间群众口述的重要性，书本上的记录永远只是一个经过加工的、概略性的记录，我们所采访的孟家庄村那位孟大爷是湘军后代，没有对他的访谈，对于左宗棠收复新疆后普通留新湘军的生活、当地村落在近百年来的位置变迁、清代著名的塔西河所的具体今地、312国道具体走向与清代官大路的区别根本不会形成清晰的认识。不与当地人访谈交流，只是走一圈，固然有助于迅速获得一种宏观概念，但是却很难深入到区域内部细节，而对历史细节和空间细节的揭示与解释，才是我们历史地理学青年人最应该做的。

由此可见，精准考察实在是实地考察的精髓。它能够真正解决问题，在解决问题中发现新的资料、新的问题。换句话说，它能产生立竿见影的效果。而前一种宏观概略性普查的意义更多的是

提供一种"历史感",很可能成果不会立竿见影。但是我依然坚持这种不能立即产生效果的"学术旅行"方式。因为历史地理学研究比较重要的一种是要素研究,还有一种是区域研究。要素是更大范围区域中的一环,区域也需要以要素作为抓手。在时间、经费、精力都紧张的情况下,以最小的成本,迅速地把自己的学术领地走一圈,还是很有必要的。而且这种浮光掠影的印象,会让自己避免一些想当然,明白一些研究中的"底线"。2015年夏季新疆考察中,借助张莉老师主动提供的资源,我在喀什附近呆了3天,浮光掠影地对喀什市区、伽师县四乡六村和麦盖提的游历,直接促成了我对南疆的总体认识,支撑了我接下来3年对南疆的研究。所以,我认为历史地理学的考察应该是一种多次的、分层的考察。第一次就是概略性地考察,迅速掌控全局,以后就是带着问题的精准考察。

三、葡萄沟的泉与呼图壁的河道:古地图、今地图与绘制历史地图

我在读博期间跟华林甫老师绘制过历史地图,其间又研究了古地图。地图本身是我的个人兴趣,现在又成了我的专业。

1. 古地图的合理性与重新认识:《新疆全省舆地图》中的泉

在古地图研究领域,对于中国古地图"不精确""不科学"的判断一直占据了学界认识的主流。几年前成一农老师开始从中国古地图自身的逻辑出发,认为从"科学与否"的角度来研究中国古地图是不恰当的,应该从中国文化的传统背景来理解中国古地图。他的这种观点上承余定国的《中国地图学史》,把古地图研究的问题从"它科不科学、精不精确"变为了"在传统文化系统中,它到底是什么"。不可否认,这种认识和观点为中国地图史的研究提供了新的范式和学术生长点。但是,这种研究取向似乎只是回避,而没有回应古地图的科学与精确性问题。

通过考察,我的感觉是:小区域的中国古地图反映的地理信息还是比较准确的,只是需要我们了解当地知识,才能读懂这些古地图。

比如,我在绘制《清史地图集·新疆》宣统三年图幅的时候,根据规程以国家清史编委会新修《清史·地理志》新疆部分为纲,结合文字史料与当时的古地图,对上图地物进行编稿,考订出古代地物到底在今天的什么位置。具体到吐鲁番直隶厅,在我2015年三审修订的新修《清史·地理志·新疆》"吐鲁番直隶厅"条下,有一条记录:"沙河源出东北达斯达尔山南麓,南流迳葡萄沟,至厅城南牙尔巴什庄伏于沙。"那么,沙河在哪里?

根据文献,宣统三年《新疆图志》卷七一《水道五》:"沙河。即葡萄沟水……源发厅城东北达斯达尔山,南流为沙河子。折西南流至城南之牙尔巴什庄,伏于沙。"光绪末年《吐鲁番直隶厅乡土志》:"有山曰达斯达尔,其水流经其下,南趋为沙河子,折而西至沙河口入于沙。"宣统元年《新疆全省舆地图·吐鲁番厅图》、光绪末年《吐鲁番直隶厅乡土志》进呈本附图画出水道,但没有标示名称。

根据自己长期以来在华北平原生活的经验、对地图的比例尺观念的根深蒂固，《新疆全省舆地图·吐鲁番厅图》所绘制的沙河河道实在不可理解。一是"达斯达尔山"应该就是天山主脉一线，可是图上所绘沙河源头距离天山主脉实在太遥远了。二是我也实在没有弄明白古地图中沙河河流顶端的貌似湖泊状的地物到底是什么，这与我所理解的水从山上往下走，越汇集水越大的常识不符合。由此，我判定《新疆全省舆地图·吐鲁番厅图》在这里价值不大，所以也就没有过多思考和参考，而是采取了从文献到文献，从今地图反推古代的办法。于是，我实际上主要依据《新疆图志》的文字记载，结合2004年《新疆维吾尔自治区地图集》编纂委员会编纂的《新疆维吾尔自治区地图集》"吐鲁番市图"图幅所示内容，一切都顺利成章，将"沙河"的今地判定为"今吐鲁番市区之煤窑沟河、人民渠"。但是，通过7月24日对葡萄沟苏贝希（维吾尔语的意思即"水源头"）一队

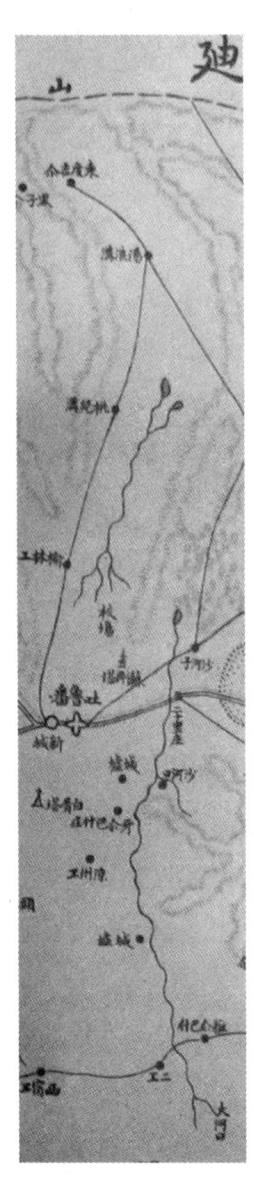

宣统元年《新疆全省舆地图·吐鲁番厅图》所标示的沙河河道

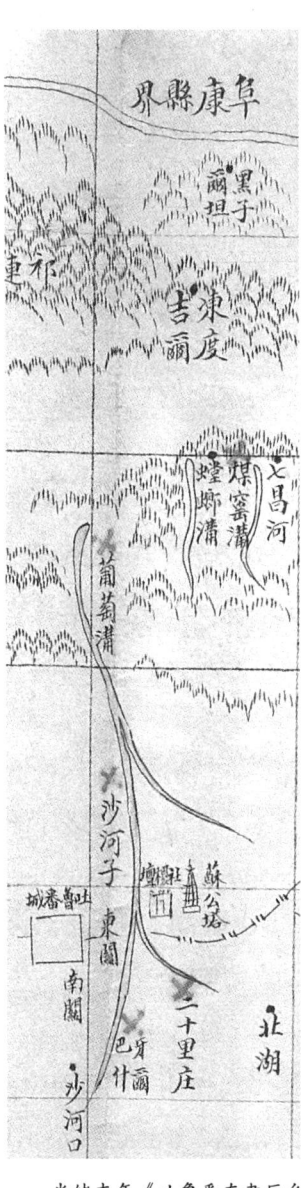

光绪末年《吐鲁番直隶厅乡土志》所标示的沙河河道

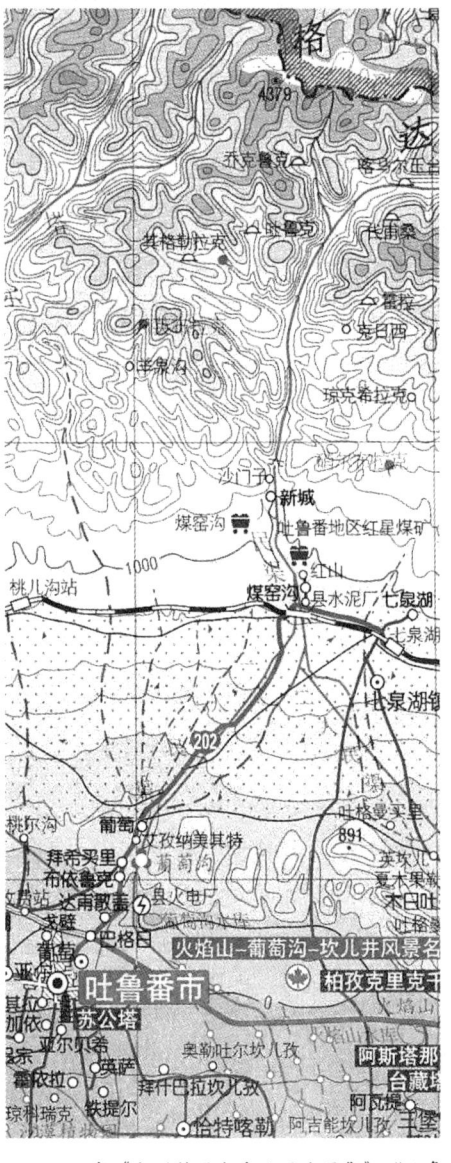

2004年《新疆维吾尔自治区地图集》"吐鲁番市图"（局部）

纳米图拉·艾米都里老人的访谈与实地查看，证实了这条沙河的起源其实就是地下的泉水。此前葡萄沟确实是通过泉水与坎儿井水进行灌溉的，50年代后所修的人民渠渠道与原先当地的水系系统完全不同，所以《新疆全省舆地图·吐鲁番厅图》中沙河的标示是正确的。

其实，这种情况在2015年暑假对鄯善县连木沁进行考察时已经有了认识，但是根深蒂固的观念导致没有落实到实际中来。看来，要进行一个区域的研究，仅仅靠一次大的区域普查是不够的，做一次深入考察也不够，而是要不怕麻烦地经常跑、经常学习，访问当地人，才有可能打破头脑中原先的观念，变为一种"常识"的认知。不过，需要注意的是，古地图中所反映的具体地理位置的绝对坐标还是不精确的，只是相对地理坐标和其他信息较为准确。关键是我们需要当地的知识，才能读懂它们。

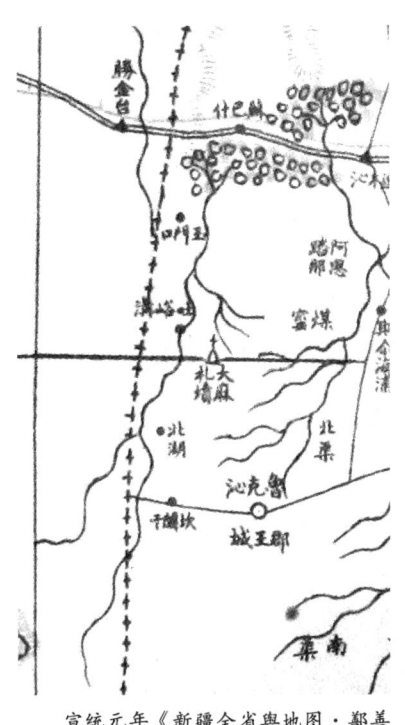

宣统元年《新疆全省舆地图·鄯善县图》所标示的连木沁区域水系

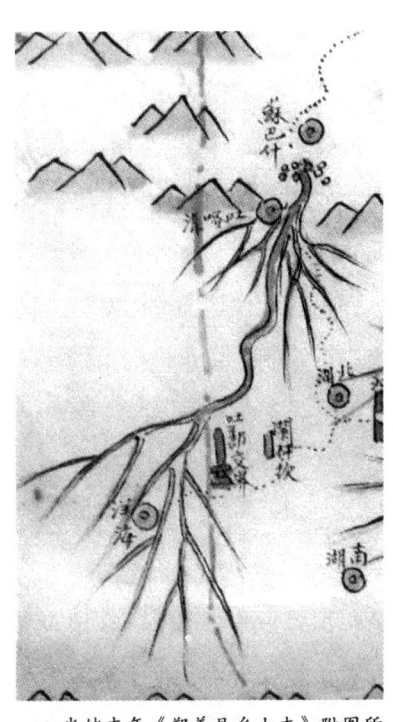

光绪末年《鄯善县乡土志》附图所标示的连木沁区域水系

2. 绘制历史地图：呼图壁河下游问题

对于古地图中地物的今地判定，也特别需要通过实地考察来进行。这次考察中，在张老师的提醒下，我就发现了呼图壁河河道绘制的问题。

在干旱区与半干旱区的新疆，水是最宝贵的资源，人们由此也展开了大规模的修渠等水利建设。1949年以来，新疆大规模进行水利建设的结果造成了今地图中水系的异常复杂，因此，如何绘制清代新疆历史地图中的河道，便也成为一个非常复杂的问题。

呼图壁河是新疆天山北麓西段一条较大的河流，关于清末其下游河道的主要记载，一是《新疆图志》卷七一《水道五》："呼图壁河（《图志》作胡图克拜郭勒）源出松山之阴，北流经呼图壁城西，折西北流，会罗克伦河，又西北注于阿雅尔淖尔。"二是清末《呼图壁乡土志》："呼图壁河源出治南三百里松山之阴（《一统舆图》曰纳林河），北流百里，东有沙枣沟水南来注之。又北流五十里出草达坂，居民引渠溉田，曰昌盛渠。又北东分大渠，曰头工梁渠。又北西分支渠，曰土古里渠、乱山子渠。又北过景化城西，西分大总渠。北流曰西河，至小东沟、大东沟，溉黄草湖，全境参入沙梁经流。又北曰东河，历渭户、牛圈子、东五户地，南二百余里至三家梁西，河身减小，地皆沙漠。又北入洛克伦河，混流而西，注于阿雅尔淖尔。隋裴矩《西域图记》所谓北流河、呼图壁河，殆其一也。"《新疆全省舆地图·呼图壁县丞图》虽然绘出了河道，但是正如上面所述，实际河道位置还需要审定。在最开始，我简单利用对照方式，依据今地图所绘河道判定呼图壁河的位置是"今呼图壁县城西之呼图壁河、小海子水库东干渠"，可以想象得出，又错了！

一个最基本的原理，是人们修建水利渠道往往并非在原有河道上进行，而是在原有河流的阶地上，这样才能便于有控制地引水，所以渠道与河道从来都不是在一块儿的。在这种情况下，复原一条河流的走向，除了结合大比例尺地形图、六七十年代的老地图外，还必须结合卫星影像地图，来具体判定古河道的走向。所以呼图壁河的流向应该是旧有东涝坝一线。

其实也可以由此发现，卫星影像地图在干旱区半干旱区应用的价值是远远大于大比例尺地形图的。因为地形图无法清晰地反映作为这个区域最重要的资源"水"在哪里，而通过卫星影像地图则一目了然。由此，以卫星影像地图等为基础，建设历史地理信息系统的价值巨大。当然，如果放到历史地理信息系统进行绘制，由于理论上的比例尺可以近似等大，必然导致绘制任务量更为繁重，或者说如果想要做得更好，就真得逐段逐段地去考证了。

四、结语

17天的暑假新疆田野考察结束了。在田野考察中，我不仅对吐鲁番、呼图壁、南疆地区有了更多"感觉"，而且对于地处干旱区半干旱区的当地水系变迁有了更加精确的认识，对我绘制《清史地图集·新疆》其他部分有重要意义。田野考察不仅仅是解决旧有问题的过程，也是发现新问题的过程，在这次考察中我就注意到，清代官大路与今天国道具体走向不一的问题，还需要进一步下功夫去研究。

野外考察辅助确定影响历史时期耕地分布的因子
——新疆玛纳斯河流域考察纪要

刘建杰

作者简介

刘建杰，男，1992年生，陕西师范大学西北历史环境与经济社会发展研究院2017级硕士研究生，主要从事历史时期土地利用变化研究。

　　历史时期环境变迁研究是全球变化研究的一个重要组成部分，国内学者也较早涉猎。20世纪90年代，IGBP与IHDP（全球变化人文计划）两大国际项目合作开展LUCC（Land-Use and Land-Cover Change土地利用/土地覆盖变化）研究课题，其目的在于提示人类赖以生存的地球环境系统与人类日益发展的生产系统（农业化、工业化/城市化等）之间相互作用的基本过程。而近三百年来人类土地利用方式对土地覆被的影响，是LUCC研究计划的中心主题之一[1]。针对这一研究计划，中国历史地理学界也出现了历史时期土地利用的研究。而在历史时期，中国以传统农业为主，对土地的主要利

---

① 葛全胜、戴君虎、何凡能等：《过去三百年中国土地利用变化与陆地碳收支》，科学出版社，2008年。

用方式就是耕地的开发，而对历史时期耕地空间分布格局重建于区域环境变化研究有重要意义[①]。但是，由于中国古代的耕地统计大多是以一个行政区划为单位进行的，为了更清楚地了解耕地在该行政区划范围内的具体分布状况，学者们提出了很多重建方法，以期探究耕地的时空分布变化，进而探究其影响因子与影响机制。历史时期耕地重建方法有很多种，逐渐兴起的是利用数学模型对耕地数字重新进行空间上的分配，而模型建立的重要一环则是对影响耕地分布因子及其影响程度的判别和选取。本次考察的目的在于对研究区地理环境的认识，并通过访谈，对可能影响历史时期玛纳斯河流域耕地分布的因子做出一定的判断，为耕地空间格局的重建提供参考。

在张莉老师的指导下，本次针对新疆玛纳斯河流域的考察在2018年7月31日至8月2日进行，考察人员有陕西师范大学西北历史环境与经济社会发展研究院研究生刘建杰、鲁思敏、贾丝婷。考察区域基本覆盖整个玛纳斯河流域，包括今玛纳斯县、沙湾县、石河子市等区域。考察地点是依据当地的地名图志，选取具有代表性的表示自然环境、景观特点、屯垦点等地名，如图所示。

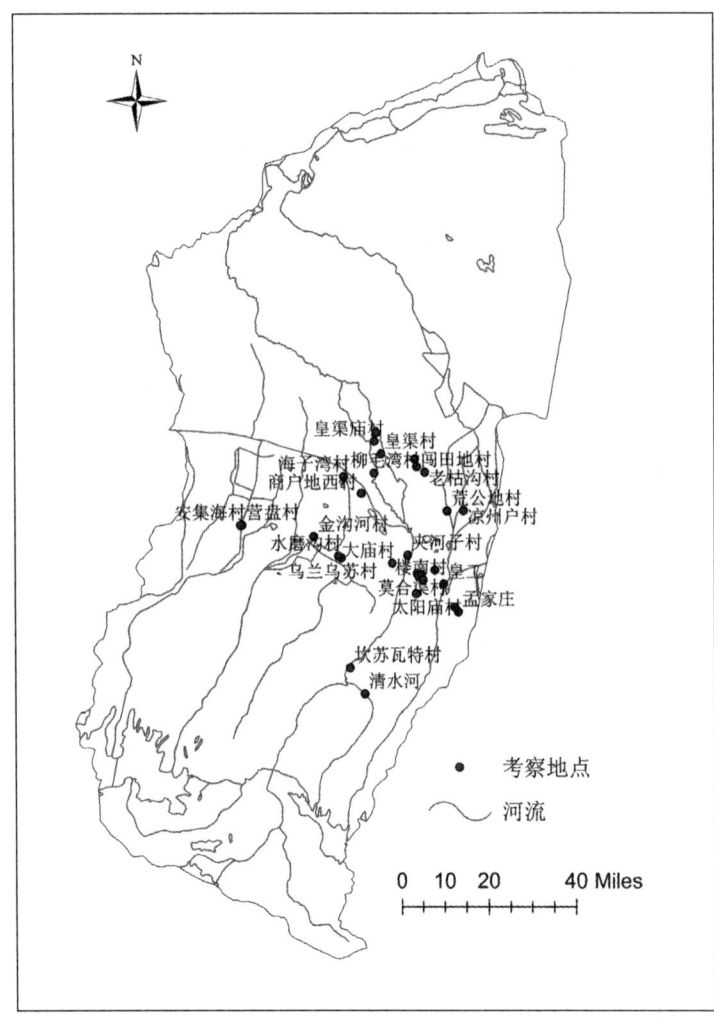

玛纳斯河流域考察地点

本次研究和调查区域玛纳斯县、沙湾县、石河子等地在清代属绥来县境，历史上有"金奇台，银绥来"之称，因此在开垦规模和开垦强度上均有一定的代表性，在区域开发对区域环境影响研究中也具有一定代表性。清政府平定准噶尔部之后，于乾隆二十八年（1763年）设绥来堡，绥来之名由此而来。随着屯垦的进行、人口规模的扩大，乾隆四十二年（1777年）之后，在此筑城建县，直到中华人民共和国成立后的1954年才更名为玛纳斯县。

---

① Ramankutty N, Foley J A. *Estimating historical changes in global land cover: Croplands from 1700 to 1992*. Global Biogeochemical Cycles, 1999, 13(4): 997-1027.

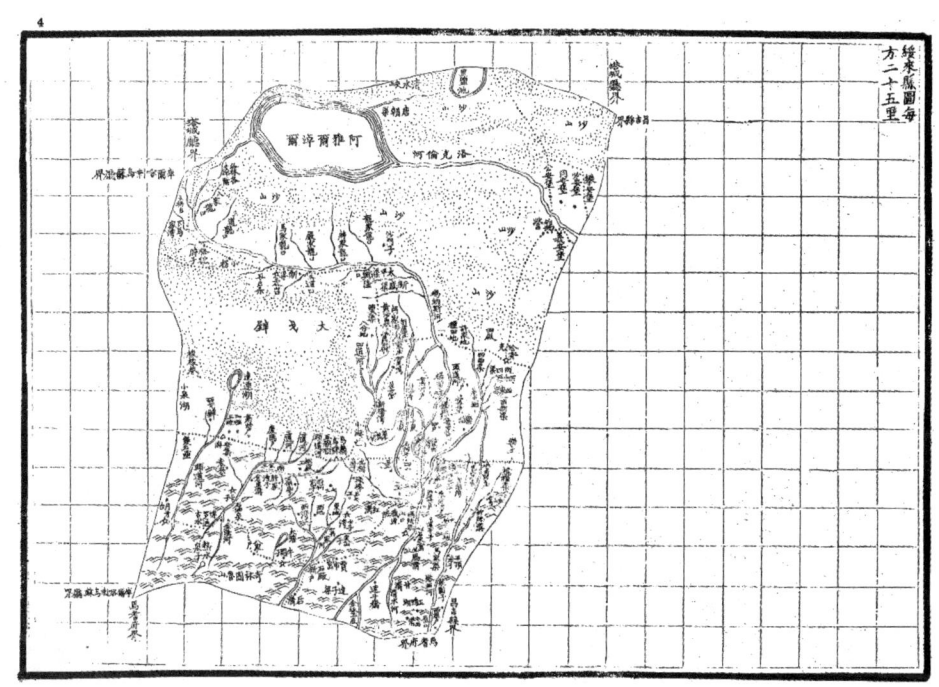

《旧刊新疆舆图》绥来县地图①

影响耕地分布的因子有很多，主要包括自然因子和人文因子两种。自然因子包括地形中的坡度和坡向，气候中的气温（主要为积温）和降水，土壤中的土壤肥力、土层厚度和土壤质地，以及作为耕地灌溉水源的河流和沟渠，同时还应考虑湖沼分布，地下水位过高引起的土壤盐碱化，土质疏松对灌溉造成的不便等因素对耕地分布的限制性作用等。人文因子包括人口流动、人口规模变化、政策以及社会背景等因素。

耕地的开垦过程受自然因素和人为因素的影响。人们在进行农业生产活动时，自然环境条件相对较好的地区会被优先开垦，这些区域往往具有海拔较低、坡度较小、土壤较肥沃、水热条件较为优越等特点，随着人口规模的扩大，耕地需求量也逐渐增加，迫于生计，人们会向条件较差的地方开垦土地。随着耕地资源的不断被开发，耕作条件变差，人们逐渐开展人工改良的方法，改善土地自然条件，改善耕作条件，但海拔、坡度、土壤、水热等条件仍是影响耕地分布的最重要的因素。

考察区域位于天山北麓准噶尔盆地南缘，南抵依连哈比尔尕山，北接古尔班通古特沙漠，南北地形地貌、气候、水资源、土壤等自然条件差异较大。因该区域独特的地势特点，河流多为南北向流动，考察范围则将河流全流域涵盖，考察重点在于流域内土地利用方式、植被、地形、水资源利用方式、水利设施建设、土壤条件等，并通过访问有经验的农民，对该区域内耕作条件进行了解，对中华人民共和国成立前和成立初期该区域大面积开发时的自然条件，以及开发过程中耕地选择的依据等内容进行了解。

---

① 《旧刊新疆舆图》，成文出版社，1968年。

1. 地形因子

从地形上来看，耕地主要分布在河流中下游的冲积平原上，在南部山区，河谷和山前平地有零散耕地分布，可见大的地形地貌单元对耕地分布具有一定的影响，而这种影响主要体现在坡度上。

通过访谈可以得知，20世纪六七十年代该地大规模的开发活动，对区域微地貌的影响较大，沟谷、土岗在现代化机械面前，被夷为平地（玛纳斯县六户地镇老枯沟村访谈）。现代的DEM图像已经无法复原百年前的微地貌，因此在利用DEM影像作为耕地分布影响因子上，还应结合其他因子。

玛纳斯河上游土地

玛纳斯河下游土地

2. 气候因子

气候是一种长时间、大区域尺度的指标，而在小区域、短时间尺度的研究中发挥的作用不是很大。尽管在清代以来出现气候的波动，但从文献中可以看出，气候的波动对农作物品种有一定的影响，而对耕地分布没有影响，从已阅读的文献中还未发现由于气候波动而无法耕种的记载。

通过实地考察可以发现，该区域南部山区、中部平原区、北部盆地边缘区在气温、降水上均有所差异，加上下垫面的差异，对局部气候条件有一定的影响，因此气候因子对耕地分布整体趋势的影响是很明显的。而这种影响的形成与地形因素是紧密相关的，由于南北地形、地势变化较大，造成南北气候的差异，由北向南分为北部戈壁沙漠区、中下游冲积平原区、中游冲积洪积扇区、南部山区山间谷地、南部天山山区，各区气候有明显差异。

3. 土壤因子

气候、生物、地形、岩石、成土母质与降水、地表水、地下水等水资源条件，以及人为的改良互动，都对土壤肥力、土壤质地、土层厚度等有一定的影响。通过在包家店镇的访谈可以得知，沿乐土驿、凉州户、乌兰乌苏、安集海一线以南，土层较薄，石头多，地表水下渗快，因此不适宜耕种。在20世纪六七十年代，该线以南大部分为供放牧用的荒地，以北被逐渐开垦为农田。在中华人民共和国成立前，农田存在撂荒歇地和轮作晒地等情况，其原因是土壤肥力不足，晒地歇地是为了恢复土壤肥力，以待他年耕种。而这也就说明，在清代，耕地是否长久耕种是视土壤肥力而定的，清代官方地亩统计数字是否包括荒歇土地，还应另做判断。据包家店镇孟家庄村民说，中华人民共和国成立前荒歇土地可达总数的三分之一。另外，村民还提到，六七十年代村民们将村子附近的"破城子"遗址的土用来铺在荒地上，再进行耕种，由此可见土壤层厚度和土壤肥力的大小对耕地分布有很大影响。（玛纳斯县包家店镇孟家庄、塔西河村访谈）

通过在凉州户镇太阳庙的访谈了解到，20世纪五六十年代太阳庙村以北为耕地，而东面、南面则为荒地，当时由于交公粮的压力，耕地近一半荒废。接受访谈的老人还提到，在当时耕地是以不同标准分到各家各户的，而判断耕地好坏的依据则是看庄稼长势，其中最主要的还是土层的厚薄。（玛纳斯县凉州户镇太阳庙村访谈）

从该地区地理特征上看，乐土驿、凉州户、乌兰乌苏、安集海一线海拔在600-1000米左右，其以南地区以低山丘陵和山前冲积洪积扇为主，地表覆盖第四系黄土及砾石层，表土宜耕土壤层较薄，土壤保水性能差，不适合农作物生长。

由此可以判断，土壤因素是耕地分布的重要影响因素之一。

4. 河流沟渠

对于干旱区来说，灌溉水源是耕地存在的一个最重要的因素。干旱区降水稀少的特点，使得该区域内灌溉水源主要依靠南部天山冰雪融水补给的河流水和地下水。该区域内较大河流自西向东为巴音沟河、金沟河、清水河、玛纳斯河、塔西河，受地势影响，河流均自南向北流去。独特的地势和河流走向，为中下游耕地提供了灌溉用水。

对于距离河流较近的耕地，则可直接引河水灌溉，对

膜下滴灌改善了下游耕地用水条件

于距离河流较远的耕地，则主要依靠沟渠。《新疆图志·沟渠志》中记载了宣统之前新疆兴修的沟渠，并记载了每条沟渠的名称、长度、位置、灌溉亩数等信息，从地名图志中可以看出，现今地名多取自沟渠名称。因此，可以根据文献中沟渠的记载，结合地名图志，对沟渠分布进行还原，从而为重建历史时期耕地的空间分布格局提供重要依据。

但仅凭借地名图志，无法还原沟渠河流走向。通过在太阳庙村的访问，了解到开挖引水渠要循其地势，称为自然渠，因此还需借助DEM影像，根据地形条件提取沟渠河流位置信息。随着20世纪六七十年代条田规划的兴起，废弃的沟渠被推平耕种，因此沟渠还原还有一定的难度。

除了河流和沟渠提供大量灌溉水源之外，地下水、泉水也是河流和灌溉水源的重要补给。位于玛纳斯县城以北的广东地镇位于平原下潮地带，地下水丰富，直至20世纪50年代，该地还是一片沼泽地，但土壤潮湿，土壤腐殖质较高，适合农作物的生长。位于沙湾东北部的商户地镇，地处玛纳斯河、宁家河冲积扇缘泉水溢出带之下，耕作条件优越。较高的地下水位，除了提供较为优越的耕作条件之外，还是造成土壤盐渍化的根本原因，从而影响农业发展，两地均存在不同程度的土壤盐碱化。因此，地下水位对耕地分布也有着一定的影响。

在玛纳斯县西北的六户地镇，有一个闯田村，地名图志中记载村子由来是清朝同治年间，该地有新庙渠人来此耕种，哪里有水就种到哪里。后来，人们逐渐定居下来，而这种随水种地的方法称为"撞田"，村名由此而来，《新疆图志·沟渠志》中称为"撞田地"。在清代奏折中还提到，由于沟渠下渗严重，无法修建水渠，致使耕地荒废。由此可见水在土地耕作中的重要性。因此，河流沟渠的复原，对耕地空间分布格局重建是极为重要的。地下水位则间接影响土壤肥力，甚至决定耕地的分布。

5. 人口因子

人口是耕地开垦的重要因素，耕地的分布受人口的分布、人口的流动制约，有人的地方才有耕地，居民点分布是耕地分布的重要依据。但并非决定性因素，起决定作用的还是自然条件。从清代开发前期到开发后期，随着人口规模的扩大，耕地不断扩展，但这种扩展仍受自然条件的制约。由此可见，人口影响耕地规模的大小，但对耕地空间分布影响不大。只是在开发前期，居民点也可反映耕地的空间分布。

6. 政策因素

在清代的屯垦活动中，前期主要为兵屯，逐渐增加民屯、商屯、犯屯等形式，而屯垦人员的安置也是影响耕地空间分布的一个原因。在安置位置的选择上是随机还是指定地点，若指定地点，则如何指定，仍需进一步考证。应借助地名信息，对兵屯人员驻扎、移民安置地点进行考证。

上述因素都直接或间接影响着耕地的空间分布，但对其影响程度和相关性程度的判定，仍需参考定量化的相关性标准，从而保证因子选取的合理性和科学性，有助于模型的建立。而这种定性的判断，对因子影响程度赋值，具有一定意义。

通过对研究区域的考察，对区域内地形地貌、土地利用方式、土壤条件、水资源利用方式等的了解，可以得出，海拔、坡度、土壤条件、水热条件是影响该区域耕地分布的主要限制性因子，而坡向、人口、政策等对耕地分布的影响仍需进一步做出判断。实地考察只能得出感性的认识，而结合各因子影响程度的宜垦模型的建立，需要定量化指标表示，因此需要进一步对各因子与耕地之间相关性进行定量，进一步深化因子选取。通过实地考察还发现，在技术飞速发展的现代，土壤改良盐碱化治理，膜下滴灌等节水技术的发明与应用，水库修建、水渠河流改道加固等，对复原历史时期环境带来了一定的难度，重建结果在一定程度上缺乏精确性。模型的缺陷性，也就需要结合其他方法进行改善，通过考察，发现地名、遗址等信息反映了清代屯垦的历史，因此可以借助地名信息对清代屯垦点、沟渠等信息进行重建，从而反映区域耕地的分布情况。

湖北襄阳城市历史地理考察报告（上）

武汉大学历史学院历史地理研究所

作者简介

考察指导教师：鲁西奇教授。考察组成员：赵尔阳、罗丹、但昌武、梁振涛、陈阳、代鹏芳、高欣媛、冀昌、刘聪、李红扬、李兆宇、王鑫、於莹楠、苏占旗。本文由但昌武、梁振涛负责统稿，各章节分撰者注于文中。

湖北襄阳地区有着悠久而发达的建城史。襄宜平原的城市起源可以追述至两周时期，这从邓城遗址与楚皇城遗址中足以窥其盛况。此后的襄阳城，在两千余年的战争洗礼中，不断地变化其面貌，丰富其内容：从土筑到砖砌，从简单的城墙样式到复杂的城池体系，墙体的移动与变形，双城隔水相峙的格局……这里有足够多的关于城市的历史内容与历史意义值得我们探寻与阐释。为此，在鲁西奇老师指导下，我们展开了为期三天（从2018年5月12—14日）的襄阳城市地理考察。在获得一手的田野考察资料的基础上，我们又翻检了历史文献与今人的研究，不断思索与讨论，形成以下认识。

一、邓城与楚皇城

要认识今天的襄阳城,探索其之前的发展十分重要,邓城与楚皇城,沿汉江一南一北,可以说是襄阳城的肇始形态,对探讨此城之历史具有特殊的意义。2018年5月12日下午与5月14日上午,我们考察了这两处巨大而荒芜的遗址,它们的物质形态给我们留下了深刻的印象,历史时期是如何叙述它们的呢?今天的考古报告又是如何来描述它们的样貌、结构与变化过程的?这是我们十分好奇的问题。

(一)邓城考察[①]

2018年5月14日清晨,我们一行15人由襄阳考古与文物研究所梁超队长引领,到达樊城区北部团山镇邓城村的邓城遗址。下车后只见一大片农田,一块石碑立在旁边,上有"邓国故址"的标识,由襄樊市政府2007年3月28日制作。虽然邓城遗址这一带原来较为荒凉,但现在已被规划为高新技术开发区,遗址周边盖起商品房,南部壕沟外是当地村民自家盖的楼房,外表为水泥灰墙,多数在五层左右。据说邓城遗址被政府计划修建为遗址公园,因涉及周边拆迁事宜,故一直没有动工。我们在荒草地沿着城垣一路步行,留意地面,并没有发现器物残片留存。放眼望去,邓城遗址中心保存完好,整个区域呈方形,大部分现为耕地。听梁队长介绍,邓城遗址周边还有多处墓葬,其中周岗一带有新石器时代遗存,梁队长认为早期邓国国都可能就在附近,邓城遗址或许也只是西周晚期的遗存。通过了解邓城遗址及其周边墓葬的分布可知,樊城区的早期历史遗址一般都分布在汉江附近的支流边上,不会紧临汉江,东北部存在不少周代墓葬,秦汉及以后的墓葬级别不高。不同时期的墓葬分布地点,为当地城市在历史时期的重心迁移提供了一些地理线索。

实地观察之后,我们对邓城遗址及周边墓葬分布的情形有了更为直观的认识。然后,我们从邓城遗址到考古队工作站,参观了考古发掘的各种器物,从史前的陶器一直到汉唐时期的陶器、瓷器,造型各异,其中有在其他地区墓葬中较少见到的陶鸭等动物。另有三层高的东汉陶楼引起大家的注意。鲁老师对陶楼的造型、格局结合文献记载一一分析,并指出这座陶楼既可折射出当时居民观念及日常生活中房屋建筑形态与院落格局,同时也反映了时人随葬礼仪中的升天概念。

1. 周代邓国的地望与范围

关于古邓国的地望,传世文献中有多种说法:一说在今河南邓县;其二认为邓国在汉水以北襄阳市附近,但具体记述又不一致,据石泉先生梳理,可知文献中大致存在襄樊西北、东北、北面三说;三是襄樊北面说。

文献所见前人诸说均以古邓国、楚邓县在同一处,认为楚文王灭邓并因之设县,所论述的地望多指向楚邓县。经石泉先生考证,楚邓县以襄樊西北说最为可信,结合实地考察所见的邓城遗址,

---

[①] 由罗丹撰文。

楚邓县地望即今邓城遗址。而古邓国国都及其势力范围并无详述，据考古报告可知襄阳城西真武山北麓今檀溪政法路南段有一处真武山遗址，是较大规模的两周时期古文化遗址，考古发掘出房屋基址、灰坑、水沟等遗迹多处，出土了十分丰富的文化遗物，时代自西周中期延续至战国中期。综合分析其文化面貌，春秋早期以前属中原姬周文化体系，而且时代愈早，中原文化风格愈浓，而到春秋早期晚段以后为楚文化所取代[1]。王先福先生认为：

> 邓国文化面貌虽与真武山西周中期至春秋早期遗存文化面貌一致，不过有汉水阻隔，邓国的势力范围是否可及还存在疑问，但从2002年在汉水以西的谷城庙滩曾发现一座春秋早期"邓子孙白"墓分析，邓国国土跨过汉水也是有可能的……而《史记》卷二三礼书第一载："阻之以邓林"，《索隐》按："襄州南凤林山是古邓祁侯之国，在楚之北境。"若此，则真武山遗址区在楚人占领前很可能为邓国聚落，过汉水也只能通过渡口往返[2]。

因此，周代古邓国势力范围不排除涉及汉水两岸的可能。

2. 考古学视野下的楚邓县

据实地考察，邓城遗址位于樊城西北的邓城村，呈长方形，系夯土所筑，方向北稍偏西。东、西、南、北分别长766米、713米、896米和858米，城垣底宽约10-15米，残高2-5米，面积0.64平方千米。每面城墙正中各有一个缺口，当为城门遗迹。北城门外侧尚存向外突出数百米的土坡，属瓮城的设施。城外四周有护城河环绕，河宽18-35米。东、西河段分别利用黄龙沟和普陀沟而修。城址的始建年代不详，单从城墙暴露的遗物来看，该城至少从春秋一直沿用至南北朝时期[3]。

《左传》隐公元年记："祭仲曰：'都城过百雉，国之害也。先王之制：大都，不过三国之一；中，五之一；小，九之一。'"[4]依祭仲所言，邓城遗址的规模应在中都等级，达不到"国"的规模。考虑到文献记载中邓国是西周王室分封的南方重要诸侯国，等级较楚国更高，邓城遗址面积似不符合古邓国国都规格。对比其他为楚国所灭的诸侯国城址面积，例如南阳宛城面积约4平方千米，可能是古申国所在[5]；河南潢川隆古乡古城，面积约2.5平方千米，城内发现宫殿遗址和多处铸铜遗址，古城西南20千米的光山宝相寺一带是春秋早期黄国王室墓地，可能是春秋黄国都城；邓国被周室封为侯国，其等级不当低于申、黄等国，从城址面积角度考虑，邓城遗址更像是楚国灭邓

---

[1] 湖北省文物考古研究所、襄樊市博物馆：《湖北襄樊真武山周代遗址》，《考古学集刊》第9辑，科学出版社，1995年；王先福：《从考古发现看襄阳古城的历史变迁》，《襄樊学院学报》2007年第9期。

[2] 王先福：《从考古发现看襄阳古城的历史变迁》，《襄樊学院学报》2007年第9期。

[3] 徐少华：《邓国铜器及其历史地理与文化》，《华夏考古》1996年第1期；崔新社：《试论邓国故址的空间形态和历史价值》，《文物世界》2009年第1期。

[4] 杨伯峻：《春秋左传注》，中华书局，1990年，第11页。

[5] 王建中：《南阳宛城建置考》，《楚文化研究论集》第4集，河南人民出版社，1994年。

之后所设县城①。再对比楚国封君、其他楚县面积，则多与邓城遗址规模类似。比较之下，现今所见的邓城遗址更可能是文献所说的楚邓县遗址。

（二）楚皇城考察②

楚皇城位于湖北省襄阳市宜城县郑集镇皇城村内，距宜城城南7.5千米，在郑集镇一个较高的岗上，东距汉水约6千米，南至赤湖约4千米。城址四周是一片辽阔的平原，在离城址东北不远处，还有一条从北向东南流的古河道迹象。楚皇城遗址区内原有的大营子、小营子所在地现为村落；遗址区内而今已布满水稻与小麦。中华人民共和国成立后修建的九支渠由西向东横贯楚皇城。我们于5月12日下午4时15分到达楚皇城遗址。

由西北门附近进入楚皇城遗址区，我们一路东向步行，沿途观察遗存的城墙遗址。城墙虽经历千年风霜侵蚀，隐匿在农田之中，但仍具有相当高度，不难辨认。根据相关资料，在GIS的矢量图上量出东、南、西、北墙的长度分别为1952.6米、1323.1米、1737.7米、1031.8米，总长6045.2米（不包括各城门缺口）。北墙比南墙短，城市外形似楔形状，总面积2.63平方千米（包括城墙）。墙底宽处44米，窄处26米，平均宽度为34米。残墙高2-4米不等，由灰褐和黄褐色土夯筑。各侧的两个缺口称为大、小东（南、西、北）门，东墙南端有一段缺口。楚皇城西墙的走向相对坐标北西倾15°左右。城墙目前的海拔高在60米上下。楚皇城内东南和中西部分布有称大皇城和小皇城的建筑区③。

楚皇城考察路线图

考察队在登上位于一片台地上的紫金城眺望楚皇城遗址后，在大东门附近向南折行，到达中华人民共和国成立后修建的人工排水渠九支渠后，复向西行，穿越郑集镇下辖的一个村庄，眺望位于楚皇城遗址南部的金银冢。金银冢耸立于一片麦田中，杂草丛生，在周围环境的衬托下仍显得十分巨大。据相关资料，在城址的南部，有一座较大的封土堆，世称为金银冢。据乾隆《襄阳府志》，清代封土堆前尚有残碑，字迹为篆体，只是残剥太甚，已不能辨认。乾隆《襄阳府志》认为封土堆应该是楚昭王墓，墓左数十步有井，号为昭王井。这可以代表民间的一些普遍看法④。井与残碑都已不存，不过据勘查报告，金银冢高6.5米，直径40余米，经过钻探为青砖墓，楚皇城考查队推测是

---

① 梁云：《战国时代的东西差别——考古学的视野》，文物出版社，2008年，第241-242页。
② 由王鑫撰文。
③ 孙朝晖、李福新：《基于RS和GIS的楚皇城考古调查》，《遥感信息》2001年第4期。
④ 乾隆《襄阳府志》卷五《陵墓》，湖北人民出版社，2009年，第103页。

汉季大城荒废之后才有的墓葬①。

在进行了远距离观察拍照后，我们向北行至散金坡。据勘查报告，在金城南部偏东，有一高坡，称为散金坡，暴雨过后常能在此捡到金屑。且楚皇城考查队还于1977年见到了一些类似于郢爰的金块。他们认为传闻中中华人民共和国成立前这个地区曾出土的一些金块可能是"郢爰"或者"鄢爰"②。我们在考察过程中观察到散金坡现今为一处明显的坡地，至于是否存在金块则无从稽考。在新建成的楚皇城遗址展览馆，见到了据传是出土于楚皇城的金块。上部显然加盖有某种印记，与目前已知的一些郢爰形制相仿。且据通例，印记上的文字很可能是地名③。但考虑到目前尚未发现刻有"鄢"字样的楚国金板，是否如楚皇城考查队所推测是"鄢爰"则尚难以确认。

随后，我们西行穿越郑集镇的村庄，在楚皇城遗址西门附近参观了新近落成的楚皇城遗址展览馆。下午6时10分左右由西门离开，结束历时两个小时的步行考察。

1. 楚皇城遗址概况与学术史争论：物质与文本

关于楚皇城的性质问题在学术界有过较长时期的争论，发现之初，石泉先生通过对古代文献的梳理，从吴师入郢的军行路线、相关战场的地望、楚昭王奔随、秦师救楚、吴人东归路线，到郢都附近的水系、相关地名的地望和移动，再结合考古材料，指出楚始都之郢即今宜城楚皇城遗址④。黄盛璋先生却指出楚皇城遗址绝非楚郢都，而应该是楚国的别都鄢都，后来成为汉的宜城县⑤。

随着之后考古遗存的不断发现，此问题的面貌可以说是日渐清晰。考古工作者对宜城楚皇城的不同地点进行了多次发掘，确认楚皇城的始建年代为战国时期，与楚人始都郢的年代不合⑥。要确定宜城楚皇城就是楚始都之郢，似乎证据不足。

新出北大水陆里程简为探讨楚皇城是否为楚鄢地提供了新的证据。首先，从楚皇城的地理位置来看，该遗址位于宜城东南的郑集镇一带，其地东临汉江，又处于宜城、荆门之间的狭长平原地带，水、陆路交通区位优势均十分明显。赵庆淼结合《左传》昭公十三年记载楚灵王面临国中政变时欲"沿夏，将入于鄢"，认为这不仅反映出春秋时期楚人已开始利用汉水航道⑦，亦可证明鄢地的位置必然临汉⑧。据北大秦简所载信息可知，箬乡到鄢的陆路里程为秦里80里，秦里1里大约合今天的415米左右，80里大约合今天的33千米左右。据陈伟先生的考证，箬乡在今胡集镇丽阳村

---

① 楚皇城考古发掘队：《湖北宜城楚皇城勘查简报》，《考古》1980年第2期。
② 楚皇城考古发掘队：《湖北宜城楚皇城勘查简报》，《考古》1980年第2期。
③ 目前在楚国金板上发现的地名已经超过十个，如：陈、少贞、鄢等。参见吴良宝：《战国楚金币新考》，《江苏钱币》2010年第1期。
④ 石泉：《湖北宜城楚皇城遗址初考》，《江汉论坛》1963年第2期；《故鄢、维、涑及宜城、中庐、邔县故址新探——兼论楚皇城遗址不是楚郢都、汉宜城县》，载《石泉文集》，武汉大学出版社，2006年，第114-191页；《从春秋吴师入郢之役看古代荆楚地理》，载《石泉文集》，第192-245页。
⑤ 黄盛璋：《关于湖北宜城楚皇城遗址及其相关问题》，《江汉学报》1963年第9期。
⑥ 湖北省文物考古研究所：《宜城市楚皇城遗址文物保护管理总体规划》。
⑦ 夏水即汉水别称。
⑧ 赵庆淼：《〈楚居〉"为郢"考》，《古籍整理研究学刊》2015年第3期。

一带①,该地到楚皇城遗址的直线距离约为26千米。古代驿路的走向不可能保持绝对直线状态,故其实际里程当略多于这一数据。由是观之,将楚鄢都、鄢县比定在楚皇城遗址,可满足鄢县到箬乡之间的陆路里程要求。且在北大所藏秦代水陆里程简册中,鄢县境内有鱻水口、离津、瓯津、路卢津等众多渡口②。与此同时,鄢县还处于秦南郡内江陵到襄阳间的南北干道之上。以上信息反映出鄢具有的交通优势和战略地位,与楚皇城遗址所处的特殊地理位置是相符的③。

鄢爰

但宜城楚皇城遗址及其周邻（襄宜平原）确实存在一个巨大的东周聚落群,计有东周遗址和墓地80余处,其中面积超过10万平方米的有14处之多,相当多的遗址有西周和春秋时期的文化堆积④。其中的楚文化遗址堪称丰富⑤。如1979年,曾在骆家山遗址发现春秋晚期铜器⑥；1990年,武汉大学考古专业发掘了楚皇城以西12千米的郭家岗遗址,该遗址面积达120万平方米,有西周晚期和春秋早、中、晚期,战国早、中、晚期的堆积⑦。与宜城县紧邻的南漳县武安镇安乐堰东周高级贵族墓地,面积约1.5千米,在约3千米长的山岗上分布有近百座封土堆,据王红星先生现场考察,其中

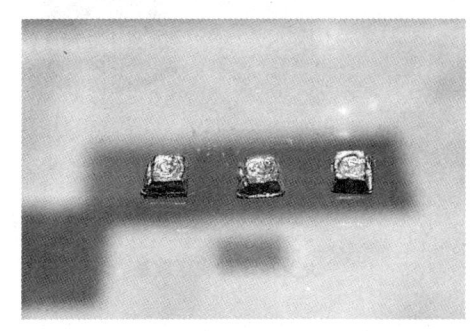

楚皇城遗址展览馆藏鄢爰

底径在30米以上的封土堆就有数十座,暗示附近很可能有重要城邑⑧。徐少华先生根据楚皇城以西南漳县武东乡东的安乐堰出土的蔡侯朱之缶、宜城朱市乡出土的蔡大膳夫簠和鼎,认为春秋楚郢都可能就在附近⑨。尹宏兵先生根据宜城楚皇城附近蛮河流域的文物普查资料,指出春秋楚郢都可能没有城墙,认为蛮河流域很有可能是春秋楚都所在⑩。

综上,虽然有可能楚皇城遗址并非楚国所都之郢,但春秋楚都有很大的可能性在楚皇城附近的宜城平原蛮河流域上。

---

① 陈伟：《岳麓秦简〈三十五年质日〉地名小考》,《历史地理》第26辑,上海人民出版社,2012年,第442-445页。
② 辛德勇：《北京大学藏秦水陆里程简册初步研究》,《出土文献》第4辑,中西书局,2013年,第177-279页。
③ 以上论述多参考赵庆淼：《〈楚居〉"为郢"考》,《古籍整理研究学刊》2015年第3期。
④ 国家文物局主编：《中国文物地图集·湖北分册》,西安地图出版社,2002年,第127-138页。
⑤ 王先福：《楚文化在宜城平原发展的考古学观察》,载襄樊市文物考古研究所编：《襄樊考古文集》第1辑,科学出版社,2007年,第513-518页。
⑥ 张吟午、李福新：《湖北宜城骆家山一号墓出土青铜器》,《江汉考古》1983年第1期。
⑦ 武汉大学历史系考古教研室等：《湖北宜城郭家岗遗址发掘》,《考古学报》1997年第4期。
⑧ 王红星：《楚郢都探索的新线索》,《江汉考古》2011年第3期。
⑨ 徐少华：《从南漳宜城出土的几批蔡器谈春秋楚郢都地望》,《楚文化研究论集》第6集,湖北教育出版社,2005年,第157-167页。
⑩ 尹宏兵：《蛮河流域文物普查资料分析与楚都探索》,《江汉考古》2007年第1期。

2. 楚皇城的重要性起落：以几枚印章为例

2018年5月12日下午，我们在参观楚皇城遗址展览馆时关注到了一枚名为"汉夷邑君"的小型印章，据标牌为楚皇城所在的郑集镇征集，有相当大的可能性这枚印章出土于楚皇城。13日下午，在参观襄阳市博物馆时又注意到一枚楚国印章，印章中的"王"字依稀可见，在博物馆标牌上显示，这枚印章为楚皇城遗址出土。

楚皇城遗址展览馆藏"汉夷邑君"印

襄阳博物馆藏"王"字画印

以上两方印章已见王少泉先生的《襄樊地区出土的几方铜印》，王先生将带有"王"字的印章命名为"王"字画印，指出该印出土于楚皇城遗址的东南角，并描述道："印面的文字和图画皆阴刻，画面正中竖一建鼓，右下角一人半跪击鼓，姿态生动而欢快。左边一人翩翩起舞，手舞足蹈，袖拂带飘，轻快而优美。右上角刻一'王'字，左上角刻一物，侧看似卧羊。画面布置疏密有致。外有边框，但已斑驳。其钮饰为：在四层台上踞跪一人，圆脸束发、双臂前伸、手置膝上、上身赤膊、肋骨根根凸起。两臂左右相通，其孔可以系绳。"①关于汉邑夷君印，王先生指出该印"方座羊纽"，"出土于宜城县"②。

在文章中，王先生还披露宜城县征集了一枚"晋蛮夷率善邑长"印，为铜质方形，方座驼纽，通高2.2厘米，边长2.2厘米，驼腹下有系绳小孔。印文白文篆书"晋蛮夷率善邑长"七个字，分为三行排列。

从第一枚"王"字画印可以看出，楚皇城这时应该地位较高，"王"字画印可能是楚王或者其他与楚王关系密切的大贵族的随身之印，其出土的东南角正是楚皇城遗址的大皇城，这点颇堪玩味，对于研究大皇城的性质应该有相当价值。且与楚皇城周围规模众多的楚文化遗存相比对，可以看出在战国时期楚皇城对于楚国而言地位非同一般。

而从第二枚印章"汉夷邑君"则可以看出此时（两汉时期）楚皇城的地位已经有明显下降，如果结合勘查报告中金城城墙可能修筑于汉代和大城内的金银冢可能是汉或者汉季以后墓葬这两点，则更为有趣。楚皇城的大城可能在那时已经成为"蛮夷酋长"的居地，而汉的势力范围则退缩到了金城之内。

第三枚印章"晋蛮夷率善邑长"为宜城县征集，同样反映出在晋时，"蛮夷酋长"依旧可能是这一地区的人群主体。

这三枚印章结合恰可以呈现出楚皇城地位起落的图景，同时也为华夏边界的伸缩作了一个小小的注脚。

（三）邓城与楚皇城的关系③

邓城与楚皇城作为东周时期重要的古城遗址，一个位于汉水北面，一个位于汉水南面，两城之间距离不远，且十分明显的区别是楚皇城的面积较邓城要大得多，这当然可以看出一些邓城与楚皇城的关系，但并不太明显。前已介绍了邓城周围的一些遗址及其特点，并说明了楚皇城周围的襄宜平原上分布着丰富的东周遗存，下面将在具体分析这些遗址特点的基础上说明邓城与楚皇城的关系。

楚皇城兴建于战国时期，距离楚皇城不远的地方曾发现两座大墓，枣阳九连墩和襄阳陈坡M10④。九连墩一号墓二椁二棺，外椁长8米，宽6.82米，随葬器物初步整理有600余件套，青铜器种类较全，并有成组的铜礼器。九连墩二号墓二椁二棺，外椁长7.45米，宽6.8米，随葬器物初步整理为587件套，并随葬有成组的青铜礼器⑤。根据已经发掘楚国墓葬等级的相关资料，该墓等级可能

---

① 王少泉：《襄樊地区出土的几方铜印》，《江汉考古》1990年第1期。
② 王少泉：《襄樊地区出土的几方铜印》，《江汉考古》1990年第1期。
③ 由王鑫撰文。
④ 湖北省文物考古研究所：《湖北枣阳市九连墩楚墓》，《考古》2003年第7期；湖北省博物馆：《九连墩——长江中游的楚国贵族大墓》，文物出版社，2007年；山西博物院、湖北省博物馆：《荆楚长歌：九连墩楚墓出土文物精华》，山西人民出版社，2011年；湖北省文物考古研究所：《襄阳陈坡》，科学出版社，2013年。
⑤ 湖北省文物考古研究所：《湖北枣阳市九连墩楚墓》，《考古》2003年第7期。

为卿一级。襄阳陈坡M10出土一件器型比较大的虎纽铜鼎，鼎铸有铭文"大司马"，大司马为楚国高级军事职官，包山简与鄂君启节皆有"大司马昭阳败晋师于襄陵之岁"的记载。同样的事件，在《史记》中的记载为："（怀王六年）楚使柱国昭阳将兵而攻魏，破之于襄陵，得八邑。"[1]结合陈坡M10的形制，其下葬年代可能在公元前300年左右的楚怀王时期。但由于M10楚墓出土1件有铭铜戈，该戈援长14.6厘米、宽3.1厘米、胡长10.2厘米，援部上扬较甚，隆脊，两刃前聚成锋，锋较圆钝，长胡，胡下圆角，内末下角有缺，栏侧四穿，内上一穿。铭文11字，分两行铸于援上。发掘者对戈铭的释文如下：卲王之□□□吉金□戟戈。根据刘钊先生考释，戈铭中第四字为"信"字，应该是器主的私名[2]。所以该墓可能并非楚大司马昭阳之墓，而是与其属于同族，具有较为密切的关系。根据报告整理者将这些礼器与天星观二号墓，包山二、四号墓，望山一、二号墓，随州擂鼓墩二号墓，江陵张家山M201等7座楚墓出土的器物进行比较，推测陈坡M10的下葬年代约当楚怀王之末年（公元前300年前后），该墓主人可能为中大夫一级[3]。距离楚皇城不远的娃子坟遗址，总面积大约有20多万平方米，时代大约从春秋中期一直延续到战国晚期，遗址部分基址高于地表1米左右，据宜城市博物馆钻探，推测可能属于一个大型的宫殿基址[4]。这样，楚皇城周围应该聚集着为数较多的等级不低的楚国贵族。

相较而言，汉水北岸的邓城遗址规模则较小。据上文分析，山湾、蔡坡墓地是邓城周围墓葬中等级最高的两个。春秋楚墓中规模最大的墓圹开口长5.8米，宽4.2米（山湾M27），战国楚墓中规模最大的墓圹开口为长17米，宽14.8米（蔡坡M12）。九连墩M1的坑口长38.1米，宽34.8米，九连墩M2的坑口长34.7米，宽32米。[5]九连墩M1、M2的葬具同为两椁两棺，襄阳陈坡M1的长为20.2米，宽处为17.7米[6]，仍较蔡坡M12大得多。且蔡坡墓地M12的葬具仍为单椁重棺[7]，这与两椁两棺的楚国卿一级墓葬仍有相当差距。考虑到该墓被盗，但仍出土有一把吴王夫差剑，其墓主人可能为大夫级别，且有很大可能性为武官。

另一个值得注意的现象是邓城周围的低级贵族和平民墓中居然常常出土别国之物。如上文介绍蔡坡M12出土的吴王夫差剑。而在蔡坡M4出土了一把徐王义楚元子剑[8]，团山墓地M1出土的两件尊缶上都有"郑庄公之孙"的字样[9]。在邓城周围开展多年的文物征集活动中，也征集到侯氏簠和上鄀府簠等器物[10]。徐王义楚，应即仪楚，为淮域徐人之主，《左传·昭公六年》云："徐仪楚聘于

---

[1] 司马迁：《史记》卷四〇《楚世家》，中华书局，1962年，第1721页。
[2] 刘钊：《襄阳陈坡"昭王之信戈"铭文补释》，《考古》2016年第6期。
[3] 湖北省文物考古研究所：《襄阳陈坡》，科学出版社，2013年。
[4] 武汉大学历史地理研究所等：《宜城市几处东周文化遗址调查简报》，《江汉考古》2007年第4期。
[5] 湖北省文物考古研究所：《湖北枣阳市九连墩楚墓》，《考古》2003年第7期。
[6] 湖北省文物考古研究所：《襄阳陈坡》，第150页。
[7] 王先福：《襄樊邓城区域楚墓地考析》，《江汉考古》2006年第4期。
[8] 沈湘芳：《襄阳出土徐王义楚元子剑》，《江汉考古》1982年第1期。
[9] 黄锡全等：《郑藏公之孙鼎铭文考释》，《考古》1991年第3期。
[10] 襄阳市文物处：《湖北襄樊市拣选的商周青铜器》，《文物》1982年第9期；杨权喜：《襄阳山湾出土的鄀国和邓国铜器》，《江汉考古》1983年第1期。

楚。楚子执之，逃归。惧其叛也，使薳泄伐徐。吴人救之。令尹子荡帅师伐吴，师于豫章，而次于乾溪。吴人败其师于房钟，获宫厩尹弃疾。子荡归罪于薳泄而杀之。"因此，楚墓中出土的徐王义楚剑，很可能是楚与徐发生军事冲突时所得。而出土郑庄公之孙器的团山M1，风格显然是一座楚墓。墓主人可能是早已入楚的郑公室后裔[1]。

楚皇城周围也曾出土一些异国铜器，如1958年在安乐堰出土的蔡侯朱之缶和1987年距离蔡侯朱之缶出土地仅仅四五千米的朱乡出土的蔡大膳夫簠。《左传·昭公二十一年》云："朱出奔楚。费无极取货于东国，而谓蔡人曰：'朱不用命于楚，君王将立东国。若不先从王欲，楚必围蔡。'蔡人惧，出朱而立东国。朱诉于楚，楚子将讨蔡。无极曰：'平侯与楚有盟，故封。其子有二心，故废之。灵王杀隐大子，其子与君同恶，德君必甚。又使立之，不亦可乎？且废置在君，蔡无他矣。'公如晋，及河，鼓叛晋。晋将伐鲜虞，故辞公。"可见蔡侯朱之缶的主人蔡侯朱为一代蔡侯，之所以会出现在楚皇城附近则是由于其"奔楚"之举，而膳夫则是管理王室饮食的官吏，考虑到出土地和铜器时代，这位膳夫应该是和蔡侯朱一起出奔楚地的。正是考虑到此点，徐少华先生认为春秋时期，楚皇城附近的蛮河流域应该是楚都所在，而如果保守一点考虑，楚皇城附近在春秋时期也应该存在一个大型的聚落。

通过对比楚皇城与邓城的城邑遗址面积、周围墓葬的大小形态、所出异国青铜器，不难看出，楚皇城与邓城曾有一段并立的时期，而且楚皇城的级别要比邓高很多，聚集着一批大贵族，从城内曾出土的"王"字画印可以推测，楚王或者与楚王关系密切的王室重臣曾经驻在楚皇城。邓城周围少有贵族聚集，墓葬中只是偶能见到大夫级别的，从周围所出的异国铜器看，邓可能接纳异国等级较低的移民，或是承担一些军事方面的职能。

二、一水扼双城：襄阳城、樊城的历史层累与空间形态

对襄阳古城的考察从5月13日早上8点开始。我们在襄阳城东的滨江大道紧邻汉江的一片空地聚集，从这里远眺樊城。鲁老师为我们介绍汉江在这里的滩堤和码头、航运分布等。讲解交流之中，我们不禁遥想，千年以来这两座城市有着怎样的关系，又是如何交流的？

（一）"双子城"：襄阳城和樊城的区位分析[2]

襄阳市是由襄阳、樊城组成的一座典型的"双子城"复合城市。所谓"双子城"，即将两个或两个以上筑有城墙的独立部分组成的城市称作"复式城市"，而最常见的由相对两个独立部分组成的复式城市即"双子城"[3]。

---

[1] 冯峰：《郑庄公之孙器新析——兼谈襄阳团山M1的墓主》，《江汉考古》2014年第3期。
[2] 由於莹楠撰文。
[3] 鲁西奇：《城墙内外——古代汉水流域城市的形态与空间结构》，中华书局，2011年，第413-414页。

1. "唇齿相依"：襄阳城和樊城的军事区位

襄阳和樊城，地处我国南北方地理分界线附近，地势地貌属于第二阶梯向第三阶梯的过渡地带，位居东西南北交通要冲。此地"北通汝洛，西带秦蜀，南遮湖广，东瞰吴越"，进之可以图西北，退之可以固东南，被顾祖禹称为"天下之腰膂"。因为地理位置特殊，襄阳和樊城的军事战略地位十分重要，历来为兵家必争之地。《读史方舆纪要》称："（襄阳）府跨连荆、豫，控扼南北，三国以来，尝为天下重地。"① 同治《襄阳县志》云："往者常筑樊城以为守襄计，夫襄阳与樊城南北对峙，一水卫之，固犄角之势。樊城固则襄城自坚，襄城坚，则州邑皆安然。则襄阳者，天下之咽喉，而樊城者，又襄阳之屏蔽也。""湖广之形势，以东南言之则重在武昌，以湖广言之则重在荆州，以天下言之则重在襄阳。"②

襄、樊二城虽隔江相望，然唇齿相依，相互间联系不断加强，二者所形成的微观军事地理形势不容忽视。汉水南岸的襄阳是政治军事重心，汉水北岸的樊城则是经济重心，两城依山傍水，联结为一个有机整体。除了地理位置之外，军事战略资源的分布、重要经济区域的位置及其变迁、区域的经济自给能力等方面也都对战争产生重大影响③。襄阳和樊城所在的襄宜平原本身就是一个重要经济区，往南紧接江汉平原，千里沃野，物产丰饶，这些都给襄阳和樊城提供了充足的军用物资。正是在这样的区位条件下，襄、樊在历代军事争夺战中都能成为据守一时之要地。

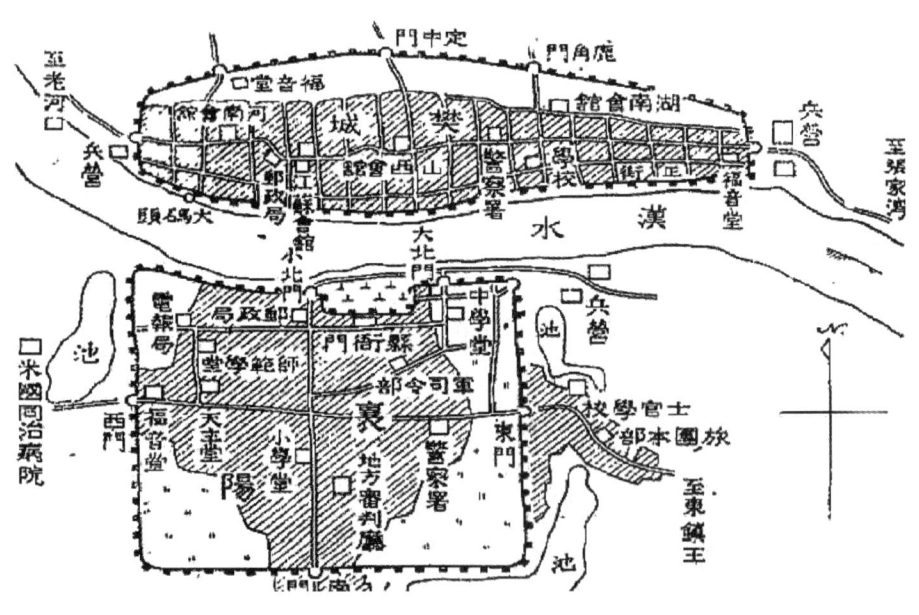

一条汉江，两座古城：襄阳城与樊城的相对区位④

---

① （清）顾祖禹：《读史方舆纪要》卷七九《湖广五》，中华书局，2005年，第3698页。
② 同治《襄阳县志》卷一《地理志·形势》，第23页。
③ 胡阿祥：《兵家必争之地》，海南出版社，2007年，第13页。
④ 图源自朱亚澜：《古襄阳城风貌复兴研究》，《湖北文理学院学报》2017年第3期。

2. "南船北马"：明清时期襄阳城和樊城的经济区位

襄、樊主要城市职能的转变，与明清时期商品经济的发展以及武汉镇的兴起息息相关。随着两湖平原的不断开发，逐渐成为京城所需粮食的主要产地之一，自唐宋之后的大运河时代，两湖粮食改从长江往东，经由今苏州、扬州北运，这一运粮路线直接促成了武汉镇的兴起，到明代时已可与江陵并列同为两湖地区的重要商业城市；到清代尤其是近代汉口开埠后，更加促进了武汉镇的繁荣发展。武汉商业地位的兴起，直接刺激了其与西北关陇各省及西南各省的商业、交通往来的需求，但在京汉铁路开通前，由武汉北上信阳道路险阻，行者畏之。而襄、樊则南下荆沙，北至宛洛，一片平原坦途，车马无阻；且其滨临汉水，水运便利，甚至可联通西北、西南内陆直通长江至江浙、上海一带。因此，得益于武汉商业地位的日益突出，襄、樊也逐渐成为了"七省通衢"、"南船北马"之地。便利的交通条件，促使了襄、樊商业活动的发展繁荣，不仅荆襄地区和豫南各县皆以此地作为商贸场所，山陕各地与汉口及长江沿线城市间的贸易往来也均以襄、樊为中心。同治《襄阳县志》云："襄阳居楚、蜀上游，其险足固，其土足食，东瞰吴越，西控川陕，南跨汉沔，北接京洛，水陆冲辏，转输无滞，与江陵势同唇齿。"① 码头上商船往来频繁，市中心各种商业行会层出汇集，一时间各地纷纷在襄、樊各处设立会馆。明清时期，鄂、川、豫、赣、陕、晋、皖、湘、苏、浙、闽等11省的商帮在襄、樊建立了大大小小130多座会馆，其中仅樊城一区就有20多座②，商贸经济的繁荣可见一斑。

（二）历史中变动的襄阳城——以襄阳城和襄阳城墙为例③

从汉江南岸滩堤步行向西，便可看到城墙。现在所能见到的襄阳城墙，主要是明清时期遗留下来的④。由于元代奉行毁城与不筑城的政策，襄阳城没有经过较好修缮，所以至元末颓圮，不足守，以致守将不战而"弃城遁"⑤。故而明军占领襄阳以后便着手对襄阳城进行重修。该年七月，

---

① 同治《襄阳县志》卷一《地理志·形势》，第23页。
② 张平乐、贵襄军：《襄阳会馆的特点及保护价值》，《湖北文理学院学报》2017年第4期。
③ 由代鹏芳撰文。
④ 襄阳城并不是平面式发展的，即从长时段来看，襄阳城一直处于不断迁移、变化当中，它的位置、面积都在不断变化着。最早起源于楚之北津戍，两汉在此基础上立县，至少在东汉末刘表之时，襄阳城就从北津戍迁至今城址所在位置，不过范围大概只在西半部分，东界在今荆州街附近，南垣在今东、西街或稍南，这种格局一直持续到六朝末。至唐代，继承六朝形制，又有所扩展。唐末杨师厚所筑襄阳城主要在罗城，且在东、南二面，其北面城垣有一部分与子城城垣重合。宋代继承了唐末杨师厚所修襄阳城，但对襄阳城墙作了以下的改造：城墙由土墙变成砖墙，重要部位外侧包砖，同时各城门处增设瓮城，在城东北角与西北角增设雁翅城，襄阳城的范围有了进一步扩大，北界已推进至汉水边，东界护城河的边缘大概在今东城墙附近。关于襄阳城的变迁，可参考庄德林：《襄樊城市历史发展研究》（《城市规划》1990年第6期）、王先福：《从考古发现看襄阳古城的历史变迁》（《襄樊学院学报》2007年第9期）、王先福：《古代襄樊城市变迁进程的初步研究》（《中国历史地理论丛》2010年第1期）、鲁西奇：《城墙内外：古代汉水流域城市的形态与空间结构》（中华书局，2011年）、叶植：《襄水释名》（中国地理学会历史地理委员会：《历史地理》第26辑，上海人民出版社，2012年，第293-301页）等。
⑤ "常遇春至襄阳，守将弃城遁，遇春追击之，俘其众五千，获马一千八百余匹，粮八百石。"台湾"中央研究院"历史语言研究所校：《明太祖实录》卷一七，乙巳年五月乙卯，1968年影印本，第228页。

朱元璋令邓愈守襄阳,并谕令"修城池"①,明天顺《襄阳郡志》有详细记载:

>国初乙巳年,卫国公邓愈因旧址修筑,有正城,有新城。新城附正城旧基大北圈门,绕东北角接正城。通周回二千二百一十一丈七尺,通计一十二里一百三步二尺,高二丈五尺,上阔一丈五尺,脚阔三丈。朵头四千二百一十个,窝铺七十座。城壕除北一面临江四百丈,东、西、南三面通二千一百一十二丈三尺,阔三十九丈,深二丈五尺。门禁六座,俱有月城。东、南、西、大北、小北、东长六门角楼各一座……②

实地考察发现,现有襄阳城只保留了正城的部分,新城已经被拆除,原长门瓮城所在被改造成长门遗址公园,仅留有一座长门城楼,但从城楼的保存现状看,应当是在晚近时期重修的。不过,我们在该遗址公园一处建筑背后发现了一段包砖城墙,内侧砖石堆垒,以泥土糊之,外侧包有青砖,墙边树有一座石碑,刻有"湖北省重点文物保护单位襄阳城遗址"等字。这段城墙有弯折,推测是曾经新城湾的瓮城一角。我们还注意到该段城墙用砖大小不一,且错杂混乱,说明该段城墙可能经过了两次或以上的维修。据鲁西奇先生的统计,明清时期涉及襄阳城东北城门维修的主要有:明弘治(1488—1505年)中,副使毛宪重修东、西、大北、东长四门门楼;明正德十一年(1516年)夏,檄照磨徐矩自大北门起至长门修砌泊岸;明崇祯十四年(1641年),因张献忠毁城,重修六城门楼暨西南城上狮子楼,但旋被李自成毁;清顺治二年(1645年),檄知县董上治重建东城大楼一座;道光六年(1826年),重修六门城楼;咸丰十一年(1861年),因太平军迫近襄阳,于东、南、西三门外二道桥之内围以砖墙,如营垒状,皆有垛堞门楼,可安炮位;长门外及西门角各就地势营建,如三门式③。从城砖形制上看,此段城墙当为明城墙④,但具体是哪几次维修不得而知,也暂未发现带字城砖。

仅存的长门(震华门)城楼

发现的一段明代城墙残迹

---

① "设施政治,当参酌事宜,修城池,练甲兵,撙节财用,抚绥人民。"台湾"中央研究院"历史语言研究所校:《明太祖实录》卷一七,乙巳年七月辛酉,1968年影印本,第235页。
② 天顺《襄阳郡志》卷一《城池》,《陕西省图书馆藏稀见方志丛刊》本,北京图书馆出版社,2006年,第14页。
③ 鲁西奇:《城墙内外:古代汉水流域城市的形态与空间结构》,第415页注释一。
④ 陈洋波:《原护桥部队营房发现大段明城墙》,http://www.xf.gov.cn/news/xyxw/xyyw/201511/t20151123_670309.shtml。

从长门沿江往西，沿途可见正在复古建设中的襄阳城墙。步行片刻就到了大北门（拱宸门），城楼早已不在，还保留着瓮城，木质包铁城门厚重而锈迹斑斑。如今大北门的格局，还是一如明初模样，从此凹陷处转折，连接新城。可见，此城虽经历了明清多次维修，但"于城垣则并无改变，因而也就不会改变城垣外廓形态"②。正对大北门是荆州街，这是襄阳城内的主要街道之一，即守备司街，这条街依旧在明清原址上。沿着荆州街南行，就到了荆州古治。现在的古治只剩下一座门洞，门洞内辟出的两处窗口可以看见原有城砖，展示了这里的本来面貌。我们观察发现，此处城墙内侧砖较大，外侧砖较小，当不是一个时期修建。

城墙残迹一角①

荆州古治是六朝隋唐时期襄阳城的东北角，在明清时期依旧作为城墙连接的节点，将整个襄阳城划分为正城和新城。从荆州古治延伸出两条城墙：一条向东与东城墙连接；一条往北，至大北门，再与东北长门连成一体，构成新城。不过，如今荆州古治向东延伸的那段区分新城与正城的城墙早已不见，留下一条名叫"新城湾"的马路记录着这一历史痕迹，这也许就是为何如今荆州古治段除了往北折转的城墙外，还有一小段城墙往东延伸的原因。但从所能见到的清代方志图上看，此处并无城墙，可能邓愈筑正城、新城时，尚有城墙在此，以作内外区别，后城墙颓圮；此后虽多次修城，却只筑外城墙，城内此段城墙并未再筑，只留残垣一段。

在考察中我们注意到，南城墙中部一段更靠南，向外凸出。承蒙湖北文理学院叶植教授介绍，该处城墙原址并不在此处，原有城墙是笔直的，并无向南凸出。然因原城墙基址上已兴建民居，拆迁难度较大，所以在后来重修城墙时，采用了折中的办法，这一部分城墙便偏离原址，向南移动了数十米。不过叶教授说，在后期襄阳城墙修复规划中，这段城墙将恢复原貌。此外，虽然东门、西门和南门的城门均已被拆除，但是从原有三门的故址依然存在凸出空地可以看出，很明显是曾经瓮城的所在。

此次考察，我们还特意关注了城墙上的角楼。襄阳城的西北、东南、西南城角上均有角楼：西北角夫人城，东南角仲宣楼、奎星楼，西南角狮子楼。如今有仲宣楼和夫人城存，魁星楼、狮子楼仅有遗址，不过这几处角楼并不是同一时期修建的。

（1）仲宣楼

俗称会仙楼，在襄阳城东南角，为纪念东汉"建安七子"之一的王粲（字仲宣）而建。乾隆《襄阳府志》："在郡城东南角。汉王粲依刘表于襄阳，尝登楼作赋，后人因以名之。"③仲宣楼

---

① 可见左下角城砖与右侧城砖形制明显不一。
② 鲁西奇：《城墙内外：古代汉水流域城市的形态与空间结构》，第415页注释一。
③ 乾隆《襄阳府志》卷五《古迹》，第85页。

始建年代今已无考，光绪《襄阳府志》载"明襄王重修"①。按：根据《明史·诸王世系表》记载，明代在襄阳封王始于襄宪王朱瞻墡，于正统元年（1436年）由长沙府移藩襄阳府，此后分别有定王朱祁镛、简王朱见淑、怀王朱祐材、庄王朱厚颖、靖王朱载尧、忠王朱翊铭、襄王朱常澄②。光绪《襄阳府志》中"襄王"并没有确指是哪一位，但至少在此之前仲宣楼就已存在，推测可能在明初邓愈所筑襄阳城时。史载王粲"登楼作赋，后人因以名之"，则仲宣楼或可追溯到汉末魏晋，但限于材料，无法证实王粲所登之楼就是襄阳城墙角楼。王象之《舆地纪胜》中《京西南路》"襄阳府"下有王粲楼③，所指应当就是仲宣楼。

仲宣楼

就已知的材料看，仲宣楼在"明襄王重修"之后又经历了数次维修，光绪《襄阳府志·古迹》记载："国朝雍正中，副使赵宏恩重建。乾隆二十五年，知府胡翼重修，后废。光绪二年修城，得赵兆麟书'先生之风'四字于楼下，因置小楼，嵌赵刻焉。"此楼毁于民国初年。今所见仲宣楼是1993年襄阳市政府依据其附近的魁星楼形制修建而成，分为城墙、城台和主体楼三大部分。如今仲宣楼是否保留了其原有模样，我们不得而知，这些也并不重要，我们所关注的则是仲宣楼从魏晋到现代如何保存下来的。在这长时段中，襄阳城本身就经历了数次迁移、扩张，更无论仲宣楼本身经历了多少次毁修。仲宣楼的每一次重修，都会加上前人或时人关于王粲、仲宣楼本身的反复追忆、艺术加工，如王世贞的《仲宣楼记》、赵兆麟所书文字等等，通过不断的文化累积，仲宣楼的存在不仅仅作为角楼所具有的军事或政治含义，更多的则成为一种地方文化符号和文化认同，楼体本身已不再重要，更重要的是襄阳人对王粲、对仲宣楼已经符号化。正是这种强烈的文化归属感，才使得仲宣楼不致楼毁名灭，得以保存至今，已然成为襄阳城墙文化不可或缺的部分。

（2）魁星楼

魁星楼的记载不多，乾隆《襄阳府志·坛庙寺院》"文昌祠"下记："祠之前有魁星楼，在城南，知府杜养性建，尹会一修。今署襄令陈文枢重修。"同治《襄阳县志·古迹》记载："奎星楼在东南城上，顺治间，知府杜养性建。雍正间，知府尹会一重修，乾隆间再修。"此"奎星楼"即"魁星楼"。光绪《襄阳府志·古迹》载："魁星楼即□元峰，在文昌宫前城上。"魁星楼的修筑与民间对魁星的崇拜有关，是科举制度下的产物，常与文昌祠相近，此二者与文庙构成读书人的崇拜系统，这在全国都普遍存在。襄阳魁星楼毁于抗日战争时期。根据襄阳市档案馆的影像资料，魁

---

① 光绪《襄阳府志》卷五《古迹》，《中国地方志集成·湖北府县志辑》第62册，江苏古籍出版社，2001年，第94页。
② 《明史》卷一〇三《诸王世系表四》"襄王"，中华书局，1974年，第2868-2869页。
③ （宋）王象之《舆地纪胜》卷八二《京西南路》"襄阳府"，中华书局，1992年影印本，第2663页。

星楼呈八角形，共三层，八角攒尖式顶，前有台阶可登。由于襄阳魁星楼没有留下更多的资料，所以对其形制、内景和格局等未得其详。魁星楼已然成为襄阳士人心中的圣地，代表襄阳源远流长的文脉。据悉，襄阳市政府已将魁星楼纳入到古城修复规划当中。

右下角即为魁星楼遗址处

（3）狮子楼

天顺《襄阳郡志·古迹》载："狮子楼，在县西南城角之上。洪武云阳侠创建，绘狮子于上，以镇楚山，故名。后楼毁。今作石狮子于其处，而作亭盖之。"①乾隆《襄阳府志·古迹》："在郡城西南角。洪武初建，绘狮子于楼，以镇望楚、虎头诸山，后改建石狮三，雄峙城角，各高丈许，今楼圮，而三石狮俱存楼址外，旁有碑亦仆。"②光绪《襄阳府志·古迹》："狮子楼在西南城上。明洪武初建，绘狮子于壁，后易以石三狮，高各丈许，相传以镇望楚、虎头诸山，后圮。光绪二年修城，乃瓦覆焉。"③从这些记载中大致可以看出狮子楼的变化过程：最开始修建的当是楼宇，绘以狮像，大概在天顺以前颓圮，天顺年间改建三座石狮，并作亭盖之，至明末焚毁，后重建楼宇，石狮置于楼外；至少在乾隆时楼已倒塌，石狮尤存，至光绪二年修城，作亭覆狮上。是楼到民国还一直存在，朱抚松《闲话襄阳》中说到："西南上有一座狮子楼，里面有石狮子三个……"④此文大概写于20世纪三四十年代，可见民国时期的狮子楼依然有楼或亭存在，三座石狮也尚存，而且石狮子被转置到室内。此楼现仅存八角式建筑基址，石狮已不知所踪。尽管狮子楼今已无存，但我们从其变化的历史中可以看出，从明洪武初建始，狮子楼就已经和襄阳不可分割，虽楼圮，作亭盖瓦覆亦名之曰"狮子楼"，成为襄阳士人的共同记忆。

（4）夫人城

夫人城是襄阳城较早的附属建筑，创始于东晋，并一直延续至今。天顺《襄阳郡志·古迹》："夫人城在县西。晋朱序镇襄阳，苻坚遣将围城，序母韩氏自登城行，谓曰西北角不无受攻，领百余婢并城中女丁于其角筑城二十丈。贼寻攻西北角，果溃，即退守新城。贼遂引去。人谓此城为夫人城。"⑤此后方志皆有类似记载。夫人城的大小，可能并不足以称之为城，现其规模只当角楼大小，之所以名之曰"夫人城"，可能在初建时确为小城，后世沿用此称，但规模小了。尽管襄阳城自东晋以来经历了数次迁移、扩张，但夫人城却一直矗立在襄阳城的西北角。形制上可能发生了变

---

① 天顺《襄阳郡志》卷二《古迹》，第36页。
② 乾隆《襄阳府志》卷五《古迹》，第85页。
③ 光绪《襄阳府志》卷五《古迹》，第95页。
④ 朱抚松：《闲话襄阳》，《民国大家美文丛书·读城记》，天津人民出版社，2013年，第59-63页。
⑤ 天顺《襄阳郡志》卷二《古迹》，第36-37页。

遥看夫人城

化,但作为历史记忆,夫人城衍化出了一系列的故事和传说,成为襄阳的一张名片。此次考察,夫人城尚在维修而未能进入。但遥观其上已立有小亭,亭内有韩夫人汉白玉立像。经检索资料,得知此亭和立像是1982年修缮夫人城城墙和垛堞时所立,这也是现代人对历史记忆的追溯和塑造。

(三)不同因素影响下的樊城镇空间形态——以几处古迹为例①

走在樊城街头,可以通过几处古迹大致勾勒出老樊城的轮廓,屏襄门、定中门、水星台一线是北城墙,屏襄门向汉江方向延伸,直到汉江边是东城墙,而米公祠旁的柜子城遗址则是西城墙的一部分,沿汉江延伸呈扁长形态。南宋以来,樊城城墙的修筑有两次。一次是在嘉靖三十九年(1560年),乾隆《襄阳府志·古迹》云:"宋咸淳间,……嗣是以后,以修城书者,惟嘉靖三十九年一见耳。"另一次是在清朝中后期,工程陆陆续续进行,直至光绪五年(1879年)还在修筑②。

1. 水运贸易影响下的樊城镇城市空间形态

明清时期樊城镇是"商贾连樯,列肆殷盛,客至如林"的景象,至今樊城还坐落着五处会馆——山陕会馆、抚州会馆、黄州会馆、江西会馆、江苏会馆,繁荣的水运贸易对樊城镇的城市空间形态的影响体现在以下几点:

(1)鱼骨状街巷格局。樊城镇的街巷"西河街、华严寺街、上中正街、中正街、下中正街五条街是自西南向东北连接、与汉江河岸相平行的一条主街,即后来的前街(今中山前街为其东半段);晏公庙街大致与西河街-华严寺街-中正街平行,即后来的教门街(今友谊街)、磁器街(今中山后街西段);丰乐街则已在东门迎旭门外(同治间修城,将迎旭门略向东移,遂将丰乐街包括在城内,与下中正街相接)"③。而22座沿汉江河岸分布的码头是樊城镇商业贸易发达的根本,码头一线、今中山前街东段、中山后街西段几条平行线由若干支巷相联系,形成层次分明、脉络清晰的鱼骨状街巷格局,这种格局能够灵活适应地形地貌的复杂变化,是汉江流域的滨水商业市镇街区常见的构成形态。21座会馆就坐落在鱼骨状的街巷之中,或位于主要干道,或近码头,交通便利。如樊城山陕会馆建于"樊之官街"皮坊街和磁器街交叉口,又靠近汉江,距离官码头、晏公庙码头仅百米之遥;抚州会馆和小江西会馆北临樊城最繁华的前街,又靠近官码头。

(2)不断向东发展的商业街区。"樊城西北隅,皆附城,囤内可容兵……今囤址犹存。相其

---

① 由冀昌撰文。
② 鲁西奇:《城墙内外——古代汉水流域城市的形态与空间结构》,第425页。
③ 鲁西奇:《城墙内外——古代汉水流域城市的形态与空间结构》,第425-426页。

形势，乃守樊屯军处耳。囤内今为里民田亩。"①清代乾隆之前，樊城西北是一片民田，道光年间，樊城镇西端西敌台曾沦入江中，可知樊城西端水文条件较为恶劣，不宜为水运，在当时大概是比较空旷的。而樊城东端，同治间修城，将迎旭门略向东移，遂将丰乐街包括在城内，与下中正街相接，可见此时商业街区正在向东延伸。樊城镇东西两端出现两种不同的景象，是因为樊城西端水文条件较为恶劣不适于用作码头，樊城东端更靠近唐白河，水运贸易条件更优越。明清时期，樊城东侧出现新打洪、张湾、双沟几处市镇与樊城镇商业街区向东趋势不谋而合，都是樊城镇东端商业贸易条件优于西端的体现。

2. 水星台与明清时期樊城镇的天际线

水星台始建于东晋，水星台乾隆四年碑记："晋郭璞建，以镇樊城火灾。"明嘉靖十九年（1540年）重建，清雍正十三年（1735年）题匾"水星台"，乾隆四年（1739年）至光绪十年（1884年）曾5次扩建整修，光绪二十七年（1901年）为最后一次整修。水星台坐北朝南，筑于砖石围砌的梯形夯土台基之上，整个建筑占地约750平方米，台基高8米，底长30米，宽约23.5米，台顶长28米，宽22米。中轴线上建有前、后殿，形制基本相同，均面阔三间共9.85米，进深分别为8.92米、9.32米，单檐硬山青瓦顶，两山穿斗式构架，中部抬梁式构架，前殿正面设砖砌仿木四柱三间牌楼坊墙门。东、西厢院内建筑亦分前后两部分，前大殿建筑内部壁嵌记事、功德碑8通。

当地老人告诉我们，水星台在20世纪70年代以前，一直是樊城最高的建筑，远在郊区都可以看见。乾隆《襄阳府志》中《古迹》"水星台"条：

> 在樊城朝圣门，台负城而筑。相传为晋郭璞建。樊故有文昌祠，雍正初，郡司马移驻樊城建署，适当祠前。今同知王正功莅任，心窃未安，继以樊城士风不振，周城相度，惟是台地居高爽，把山川之秀美，乃率绅士迁文昌像于台上，而崇祀焉。迁未匝月，士果奋兴，传为胜事。

襄阳城考察路线图

---

① 乾隆《襄阳府志》卷五《古迹》"樊城"。

"惟是台地居高爽，挹山川之秀美"印证了当地人的说法。值得注意的是，水星台不仅是樊城镇的最高处，还是樊城镇建筑的限高标准。水星台的功能之一就是"镇樊城火灾"，作为消防瞭望台，当樊城镇出现高于水星台的建筑，势必会影响观察，不利于城市消防。因此，以水星台为限高标准是必要的。

新疆吐鲁番盆地水系、城址历史变迁考察报告[①]

王嗣、张亮

作者简介

王嗣,男,1990年生,复旦大学历史地理研究中心博士生,复旦大学第十六批人才工程(二期)队员。

张亮,男,1991年生,复旦大学历史地理研究中心在站博士后。

沙漠化是人类活动作用于脆弱的生态环境所产生的土地退化,其研究主要侧重在人地关系及其相互作用等方面[②]。绿洲的荒废反映出历史时期荒漠的变迁,而这种变迁的一个突出证据即是荒漠中城址的兴废。复旦大学中国历史地理研究所张晓虹教授承担的"中国沙漠变迁历史地理调查"项目是科技部重大基础调查项目"中国沙漠变迁的地质记录与人类活动遗址调查"的重要组成部分。2019年10月26—28日,课题组一行4人赴吐鲁番开展历史地理考察活动,探究我国西部沙漠地区的水系变迁与城市聚落演变。

吐鲁番盆地背靠博格达山,南接库鲁塔格山,西达喀拉乌成山,地势北高南低。深处内陆的环状封闭地形、垂直演递的地貌,造就了吐鲁番"一高(气温为全国最高)、一低(海拔最低点-154米)、一大(蒸发量大)、一小(降水量小)、一强(风力强劲)、一弱(植被生态脆弱)"的地

[①] 本文受科技部重大基础调查项目"中国沙漠变迁的地质记录与人类活动遗址调查"子课题"中国沙漠变迁历史地理调查"项目(2017FY101002)与复旦大学"卓越博士生科研促进计划(第二批)"资助项目(2019-32)资助。

[②] 王涛、朱震达:《我国沙漠化研究的若干问题》,《中国沙漠》2003年第3期,第209-214页。

理特征[1]。吐鲁番盆地中，以木头沟、雅尔乃孜沟、白杨河为代表的河流水系变迁，均对流域内绿洲的变迁和城池兴废产生极大影响。

早在石器时代，吐鲁番盆地就有人类活动。公元前60年，该地统辖于汉朝政权，正式列入汉朝版图。公元640年，唐朝置西州管辖。公元840年以后，回鹘人建立政权。14世纪时，吐鲁番归属元朝。清朝乾隆二十年（1755年），吐鲁番归属清王朝，重新纳入清朝版图。历史时期吐鲁番地区朝代更迭，移民及屯田活动在推动本区域历史发展的同时，也对区域环境发挥着越来越大的作用。

一、木头沟及其附近人类活动遗址

1. 火焰山

"新疆一直存在着两个时间"，一个新疆时间，一个北京时间，相差2个小时。10月27日北京时间10点，吐鲁番的城市才刚刚苏醒过来，阳光明晃晃的，空气中透着微微凉意。我们租车前往吐鲁番市东木头沟及其附近人类活动遗址点考察。沿着京福高速向东飞驰，甫一出城，遍布石砾的荒滩便映入眼帘。驱车大约40分钟，火焰山便由远及近，呈现面前。

在维吾尔语中，火焰山被称为"克孜勒塔格"，即"红山"。红山之"红"，来自桔红、棕红色为主的砂岩和泥岩。《西游记》中记载，孙悟空大闹天宫，"蹬倒了丹炉，落了几个砖来，内有余火，到此处化为火焰山"[2]，吐鲁番由此"无春无秋，四季皆热"[3]。极干旱、极炎热的暖温带大陆性气候下，火焰山寸草不生，裸露出岩石本色。同时，火焰山山体以背斜为主，构成大型单面山，在风侵水蚀的作用下，山体形成紧密的冲沟，远远望去，神似火焰。

在历史文献中，火焰山多被称为"火山"。岑参在《经火山》中写道"赤焰烧虏云，炎氛蒸塞空"[4]，并在《火山云歌送别》中记载了火焰山奇异壮丽的景象，"火山突兀赤亭口，火山五月火

火焰山

---

[1] 《吐鲁番市志》编纂委员会编：《吐鲁番市志》，新疆人民出版社，2002年，第3页。
[2] （明）吴承恩著，黄肃秋注释：《西游记》，人民文学出版社，2005年，第724页。
[3] （明）吴承恩著，黄肃秋注释：《西游记》，第712页。
[4] （唐）岑参著，陈铁民、侯忠义校注：《岑参集校注》，上海古籍出版社，1981年，第79页。

云厚。火云满山凝未开，飞鸟千里不敢来"①。

蓝勇老师通过对唐玄奘取经历史演绎的个案研究，发现中国古代的景观附会呈现"地域泛化"和"情节神化"两个特征。在历史文献与田野考察中，"火焰山"的地名不仅存在于吐鲁番，在西南丝绸之路沿线亦多有分布。不过，西北与西南的火焰山都在明清文献的历史叙事中有所记载，但将其与唐僧取经的故事联系起来则首见于明代文学叙事的戏曲、话本之中。亦即今天西北和西南地区的火焰山与唐僧取经的故事相联系，可能是受《西游记》等明清戏剧话本、小说演义的影响，而重新附会到景观上的②。

2. 柏孜克里克千佛洞

上午11时左右，考察团抵达第一处考察点柏孜克里克千佛洞。柏孜克里克，维吾尔语意为"山腰"，突厥语则为"装饰绘画"之意③。柏孜克里克千佛洞于麴氏高昌时始凿，唐代建有宁戎寺。高昌回鹘时期，此地成为王家寺院。在历经唐、五代、宋、元长达7个世纪的岁月里，这里一直是西域地区佛教中心之一。

目前，柏孜克里克千佛洞仅有7处佛窟对外开放。17号窟中绘有反映"地狱变"的壁画。20号窟壁画原本绘有高昌回鹘王及王后供养像，画像旁标有回鹘文题记。今窟内展出的彩色照片是根据原作翻拍的，壁画原作陈列在德国柏林博物馆。

柏孜克里克千佛洞东侧木头沟

---

① （唐）岑参著，陈铁民、侯忠义校注：《岑参集校注》，第171页。
② 蓝勇：《〈西游记〉中的南北丝路历史地域原型研究——兼论中国古代景观附会中的"地域泛化"与文本叙事》，《清华大学学报（哲学社会科学版）》2019年第5期，第28-41页。
③ 吐鲁番地委宣传部编：《可爱的吐鲁番》，新疆人民出版社，1995年，第82页。

柏孜克里克千佛洞坐落在火焰山中段木头沟河谷西岸。《吐鲁番直隶厅乡土志》记载："厅治枕祁连山。《隋书》谓之贪汗山，即今之天山也。横亘百余里，为厅治众山之祖；山之南麓有水出焉，入城东北二十里之葡萄沟。有山曰达斯达尔，其水流经其下，南趋为沙河子折而西至沙河口入于沙。山之东五十里曰黑子尔坦山，东度吉尔山均无草木，又东五十里可洛达坂在焉。又东二十里有山，曰木头沟，即克立山。其沟水自胜金台折而西流，至玉门口二堡、三堡之灌溉资焉。"①《新疆图志》记载："木头沟水，即胜金台水，源出厅城东北阿格达坂，一名克立山。自胜金台折而西南流，至玉门口，溉二堡、三堡庄。出玉门口，即古高昌壁也。"②此处，二堡、三堡之地名沿用至今，分别为二堡乡、三堡乡，高昌故城遗址处于二乡之间。从乡土志记载可知，最晚在清末，木头沟河水可流经柏孜克里克石窟、高昌故城。但据工作站文物保护员张统亮介绍，今木头沟水量不足，仅流至柏孜克里克千佛寺附近村庄。

3. 阿斯塔纳古墓

火焰山之南，坐落着国家重点文物保护单位阿斯塔那古墓群。考察团抵达时已是北京时间13点。阿斯塔那，维吾尔语意为"首府"。据侯灿先生考证，"首府"本指高昌故城，但元代之后高昌故城废弃，首府移至故城西三堡，三堡也就叫做阿斯塔纳③。

进入景区，首先映入眼帘的是伏羲女娲巨型雕塑，其周围塑有十二生肖兽首人身立像。伏羲和女娲皆人首蛇身，蛇尾双线螺旋交缠。左为执矩之伏羲，右为拿规之女娲，尾间绘月，周围绘满星辰。

阿斯塔纳古墓群观景台北望

---

① 《吐鲁番直隶厅乡土志》，收入《新疆乡土志稿》，新疆人民出版社，2010年，第134页。
② （清）王树枏：《新疆图志》，上海古籍出版社，2017年，第1304页。
③ 侯灿：《高昌故城址》，载《西域历史与考古研究》，中西书局，2019年，第305页。

伏羲女娲像南侧为古墓及考古区。出于考古保护需要，区域内遍布碎石砾。目前有3处墓室对外开放，其中2处存有干尸，另一处则为壁画墓室，绘有鸳鸯、鹅、锦鸡、鸭四禽，神态各异，惟妙惟肖。

伏羲女娲像东侧建有一观景台。登台而上，视野开阔，古墓群北邻葡萄园，远眺火焰山。古墓群东临维族麻扎，散布着新旧不一、大小各异的维吾尔式墓葬。一墙之隔，古与今，生与死，形成了一种微妙的对话。

4. 高昌故城

10月27日下午，考察团抵达高昌故城遗址。高昌故城，维吾尔语称Kara-khoja，明清时代以后汉文也根据此音音译为"哈拉和卓"、"火州"、"霍州"，因西周王国亦都护之城也被称为Idikut-schahri（亦都护城）[①]。

高昌故城景区入口

高昌故城位于火焰山南麓木头沟河三角洲，北面为村庄，东、南、西三面均为农田或葡萄园。景区门口塑有玄奘雕像一座。玄奘做负笈行走之态，左手持念珠，右手握禅杖，面露微笑。

进入景区后，沿着水泥小路向北徒步直行2千米，考察团才一睹高昌故城真容。古城规模宏大，分为外城、内城、宫城三部分。

南城墙高十余米，巍峨仁立，底部可见约15厘米夯层，上部因风雨侵蚀夯层难辨。南门未见瓮城遗迹，有雨水冲刷的浅沟。进入城内，视野顿时开阔。沿着景区铺就的木栈道向西走，首先看到的是手工作坊区与西南大佛寺。西南大佛寺是城内最大的佛教寺院遗址，多为土坯垒筑，遗留着大门、讲经堂、藏经堂、厢房等遗址。寺院大门朝东，门道约10米。讲经堂位于寺院北侧，四壁呈方形，上部

高昌故城遗址南城门

为穹顶，顶部残缺。藏经堂中间立有佛柱，佛柱上密布小佛龛遗迹。

[①] 西村阳子、富艾莉、北本朝展、张勇撰，刘子凡译：《古代城市遗址高昌的遗构比定——基于地图史料批判的丝绸之路探险队考察报告整合》，《西域文史》第九辑，科学出版社，2015年，第153-197页。

高昌故城西南大佛寺东门口

高昌故城讲经堂

西南大佛寺向东，正对着内城西城墙。内城墙为夯筑，因建造的时间不一，下层夯层较窄，上部夯层较宽。内城墙残存高矮不一，墙体中可见多层横木桩。由西南大佛寺向西北直行，考察团来到外城西门。外城西门有明显的瓮城遗存，但外城西墙墙体受风雨侵蚀严重，现已作加固处理。

高昌故城内城西墙

考察团穿过内城西墙，继续向高昌故城中轴北部走，便来到了名为"可汗堡"的遗存。该地是整个高昌故城遗址最高点，据推测应为宫城内的皇家佛塔所在。现已在地宫部分开展考古挖掘，并搭建了钢化玻璃观景平台。登台远眺，北面背靠雄浑的火焰山，向南是茫茫一片浅灰色的旷野。

高昌故城北部为居民区，残存墙体林立，如同迷宫。故城东部遗迹较少，土地较为平衍，可以明显看到曾被开垦为农田的痕迹，田埂较为突出。故城东南存有民居遗址2座、寺庙遗址1处。

1902—1903年，德国人格伦德威尔率队对高昌故城开展考察。在其绘制的高昌故城地图中，外城城墙以东部分绘有一条宽阔的河流，标为MURTUK，并有"涓涓细流"[①]。根据柏孜克里克文

---

① （德）阿尔伯特·格伦德威尔著，管平译：《高昌故城及其周边地区的考古工作报告（1902-1903年冬季）》，文物出版社，2015年，第114-116页。

物工作站张统亮的介绍,格伦德威尔河流应为木头沟。然而,今天木头沟在故城外以东部分早已干涸。故城遗址内部东北角有水流冲蚀形成的河沟痕迹,由东北向西南蜿蜒,直至南门。这处河沟在斯坦因、格伦德威尔各自所绘地图中已有体现,现已干涸,零星长有草丛。

5. 苏公塔

苏公塔是本次行程中临时增加的一处考察点。它坐落在吐鲁番市东南郊,由苏公塔和清真寺两部分构成,是18世纪中叶,吐鲁番郡王额敏和卓为恭报清王朝的恩遇、表达自己对真主的虔诚、记录自己一生业绩而建。额敏和卓未及该塔竣工而去世,其子苏赉满继续推进,并于乾隆四十二年(1777年)完成。故而,该塔名为"苏公塔"或"额敏塔"。现清真寺厅内南侧立有汉文碑一块,记述了修塔经过,尽管碑身残破,但文字仍可辨读。

苏公塔外部用清一色灰黄色砖砌成,除了顶部窗棂外,基本上没有使用木料。塔身浑圆,呈圆柱体,自下而上逐渐收缩,四周开辟14个窗口以通风采光。塔内用砖砌出的螺旋式中心柱,有台阶拾级而上直通塔顶。塔顶为穹窿顶,上有铸铁塔饰。塔身用土砖砌成波浪、菱格、团花等多种纹样点缀。

苏公塔

二、艾丁湖、雅尔乃孜沟及其周围人类活动遗存

1. 艾丁湖

10月28日,考察团重点考察吐鲁番南部艾丁湖、西部雅尔乃孜沟及其周围人类活动遗存。清晨8:30,考察团租车前往当天第一站——艾丁湖。

艾丁湖位于吐鲁番盆地的中南部,觉洛塔格山北麓,是吐鲁番盆地盆底。"艾丁"在维语中意为"月光",景区手册上称"以湖面波光粼粼故称月光"。艾丁湖属山区河流引入灌区后,经灌区排水通过地下径流补给形成的湖泊。1958年湖水面积22.5平方千米,90年代湖水面积只有5平方千米左右[①]。今天的艾丁湖东西长约40千米,南北宽约8千米,面积约152平方千米。水深1—5米,湖阔水浅。艾丁湖是内陆盐湖,湖面海拔-154.31米,是我国海拔最低的湖泊,亦是世界内陆最低处。

---

① 《吐鲁番市志》编纂委员会编:《吐鲁番市志》,第113页。

艾丁湖石碑

艾丁湖-154.31米标志

目前,艾丁湖及其周边已经被开发为湿地生态公园。考察团从景区北大门进入,首先需要乘坐接驳车穿越约8千米湖积平原。初冬时节,沿途西侧遍布裸露的砂质黏土和皲裂的盐壳,东侧则可见一丛丛枯黄的芦苇。接驳车最终停在写有"艾丁湖"三个红色大字的巨石前。巨石周围立有34个石墩,石墩呈长方体,顶面写有各省市、自治区、特别行政区首府名称及其海拔。"上海"位于东侧第二个,海拔8米。此处虽是湖区,但更像是沼泽。近岸为浅薄的积水,往湖心望去,满是皲裂的湖床。偶尔可见已经腐烂的小鱼,发出阵阵腥味。湖内遍布金黄色的芦苇,足有一人高。沿着湖边木栈道,穿过密集的芦苇丛,可以抵达"海拔-154.31米标志点"。整个标志点呈高约十余米的地球仪。至此,再无路可以前行,考察团未能看到湖心状况。

上新世时,艾丁湖为淡水湖,中更新世以来,湖泊由淡水逐渐变为咸水,直至盐湖。由于吐鲁番盆地深处内陆,四面群山环屏,地面热量难以散发,而且翻过山体下沉的空气使盆地温度愈加增高。同时,该处6—8月平均气温在38℃以上,雨量极少,每年平均降水量是16.6毫米。气温高,降水少,补给水源仅为年蒸发量的1/10[①],再加上农业及生活等需水量随人口增加而日涨,艾丁湖水面日渐缩小。

在清代文献中,艾丁湖多被称为"觉洛浣"。《新疆四道志》记载:"托克逊水在城西一百二十里,其源出迪化属哈拉巴尔噶逊山沟,东南流至小草湖驿入境,又东南流五十里至托克逊堡,又流一百余里经鱇滩入觉洛浣盐海子。"[②] 觉洛浣即今艾丁湖。《新疆图志》记载:"觉洛浣在厅南约二百二十里,东西长,南北狭,亦盐湖之一。"[③]《吐鲁番直隶厅乡土志》言:"城西百五十里托克逊山,即夹尔盖斯山,有河出迪化,东

---

① 《吐鲁番市志》编纂委员会编:《吐鲁番市志》,第105页。
② 《新疆四道志》,成文出版社,1968年,第144页。
③ (清)王树枏:《新疆图志》,第1304页。

南流经托克逊城东而南。其西一水自托城西而东南来会,又东南潴为觉洛浣,东南流入于沙。"①《清史稿》中又称:"白杨河自迪化入,东南流经托克逊沙山,潴为觉洛浣。"②由此可知,清代艾丁湖尚有地表水流入,且其"盐湖"的特点已经凸显。觉洛浣之名源出何处?笔者推测,"觉洛"为"觉罗"另一种汉字写法,吐鲁番之南有觉罗塔格山,维语意味"戈壁山"③,"觉洛浣"或为戈壁中的湖泊之意。

2. 交河故城

在文人墨客笔下,"交河"是一个极具内涵的边塞意向。"白日登山望烽火,黄昏饮马傍交河"④,这是李颀在《古从军行》中对交河城壮美肃杀的描摹。"戚戚去故里,悠悠赴交河"⑤,这是杜甫在《前出塞九首》中对出塞征边之艰的喟叹。著名边塞诗人岑参更是用"曾到交河城,风土断人肠"、"缭绕斜吞铁关树,氤氲半掩交河戍"⑥等诗句描摹交河城。

考察团抵达交河故城,已是10月28日下午3时。景区入口设在交河故城展示馆内。购票后,考察团搭乘接驳车,沿着河谷小路蜿蜒而下,便到了河谷底部的交河故城南门检票口。尽管白杨掩映,未见河水,但潺潺奔流之声已跃入耳中。

《汉书·西域传》记载:"车师前国,王治交河城,河水分流绕城下,故号交河城。"⑦1930年,黄文弼率西北科学考察团对高昌、交河故城开展挖掘工作,称"此二河床在古时本为两河,环流城之两旁,至城之南端而合,故名交河"⑧。目前,交河故城两侧河谷深切,河水潺潺,交汇南流,注入雅尔乃孜水库。

一座砖桥飞架河上,将考察团引到了交河故城南大门。冬日的阳光明黄之中透着凛冽的白,照在高耸的台地上,将交河城映衬得更加高耸挺立。交河故城的建造采用"压地起凸法",即充分利用高出地面30余米的河心洲台地,在台地上面事先规划好建筑布局,在确定墙壁位置后,挖去墙内外的土,由此起墙体,并进一步挖出房间、院落与道路。正因如此,交河故城没有城墙,但仍不减巍峨之感。

交河故城中央大街

---

① 《吐鲁番直隶厅乡土志》,收入《新疆乡土志稿》,第134页。
② 赵尔巽等撰:《清史稿》卷七六,中华书局,1977年,第2378页。
③ 《辞海(地理分册)》,上海辞书出版社,1981年,第325页。
④ (清)蘅塘退士编:《唐诗三百首》,中华书局,2003年,第128页。
⑤ (清)彭定求等编校:《全唐诗》,中华书局,1960年,第184页。
⑥ (唐)岑参著,陈铁民、侯忠义校注:《岑参集校注》,第91、171页。
⑦ (汉)班固撰,(唐)颜师古注:《汉书》卷九六《西域传》,中华书局,1962年,第3921页。
⑧ 黄文弼:《高昌》,西北科学考察团丛刊之二,《考古学》第一辑,1931年,第1页。

交河故城中央大寺遗址南门

交河故城中央大寺院落

　　故城遗址由南到北呈狭长的柳叶形，城内约三分之二的建筑为佛教建筑，南部多为居民区，中部为官署区，北部寺庙较为集中，坐落着中央大寺。城北为塔林，塔林之北，隔沟相望即墓葬区。故城东门有水井遗址六处，中央大寺主殿院内有水井遗址两处，西北小寺门前有水井遗址一处。交河东门六口水井位于城门内侧且高于城门，更多的是为了战时或应急取水之用。

交河故城东门

交河故城东门内侧及水井

　　在文保碑上，交河故城的英语翻译写为"Site of Yar City"。Yar之称源自何处？交河故城所环流之河名为雅尔乃孜沟，按照城址以发掘地命名之原则，"Yar"似应理解为"雅尔乃孜沟"简称。据黄文弼考察，"城西二十里为雅尔湖，维族名雅尔果尔，果尔为崖岸之意，故应名为雅尔崖"，

"在村庄之西有古城遗址，颓垣满野，作椭圆形，位于两道甚深之河床中间，以城址居于崖岸上，故土人又称此城为崖城"①。据此，"雅尔城"之称似乎源自"崖城"音译。从景区维吾尔族导游处得知，在其现今用语中，"雅尔"为维语"情人、伴侣"之意。两河环绕，状似情侣，交河故城东南侧现已开辟一公园，名为"情人谷"。

交河故城塔林南侧

3. 坎儿井

从交河古城离开，已近黄昏。坎儿井，维吾尔语称为kariz或者karez，亦称"井渠"。考察团向博物馆导游咨询，"坎儿井"这一称呼在维语中的含义，导游称"坎儿"是挖坎儿井的一种工具。

黄盛璋在《新疆坎儿井的来源及其发展》中，从坎儿井名称的词源着手，认为karez与波斯语korea（地下水道）的意思相近②。而葛德石（G.B.Cressey）指出坎儿井的表达方法

交河故城西北部民居（由西向东拍摄）

有很多种，"karez虽是波斯语，但在波斯以外的国家使用这个词比在波斯普遍，而波斯人自己使用了一个阿拉伯词gant，意思为在地下输送水的管道"③。

《史记》中便有"井渠"之记载。清代萧雄在《听园西疆杂述诗》写道："道出行回火焰山，高昌城郭胜连环。疏泉穴地分浇灌，禾黍盈盈万顷间"④，点明了坎儿井"疏泉穴地"这一特点。林则徐途经吐鲁番时，在日记中赞道："沿途多土坑，询其名曰'卡井'，能引水横流者，由南而北，渐引渐高，水从土中穿穴而行，诚不可思议之事！"⑤

---

① 黄文弼著：《高昌》，西北科学考察团丛刊之二，《考古学》第一辑，1931年，第1页。
② 黄盛璋：《新疆坎儿井的来源及其发展》，《中国社会科学》1981年第5期，第209-224页。
③ G.B.Cressey. Qanats, Karez, and Foggaras [J]. Geographical Review, 1958, 48(1):27-44.
④ （清）萧雄：《听园西疆杂述诗》，商务印书馆，1935年，第26页。
⑤ （清）林则徐：《林则徐全集》第9册，海峡文艺出版社，2002年，第4729页。

坎儿井出水口

考察团先参观了坎儿井开凿群像、坎儿井博物馆，了解坎儿井修造的地理背景与建造技艺。吐鲁番虽然酷热少雨，但夏季有大量雪山融水流向盆地、渗入戈壁，汇成潜流，为坎儿井提供了丰富的地下水源。盆地北高南低的地势，地面坡度平均约四十分之一，地下水坡降与地面坡变相差不大，为开挖坎儿井提供了有利的地形条件。吐鲁番土质为砂砾和粘土胶结，质地坚实、不易坍塌，这又为开挖坎儿井提供了良好的地质条件。

随后，考察团沿着楼梯走下距离地面约10米的坎儿井暗渠部分，近距离观察坎儿井的使用情况。坎儿井由暗渠、明渠、竖井、涝坝四部分组成。暗渠是坎儿井的主体，分为集水段和输水段。明渠即地面的导流渠，将水引入涝坝或直接浇灌田地。竖井亦称"工作井"，在开挖暗渠时用以定位、进人、出土、通风，平时供检查维修用。涝坝是坎儿井的储水工程。

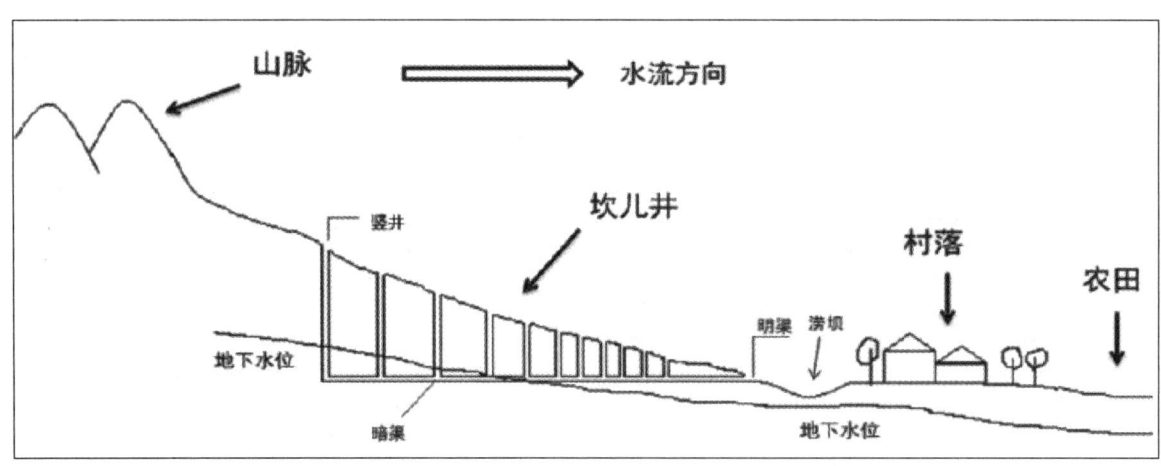

坎儿井结构示意图①

从司机阿力木江处了解到，由于人口和工业需水量巨大，坎儿井的水量已远不足以供应，目前吐鲁番地区的饮水以自来水为主。

---

① 麦地那·巴合提江：《坎儿井对乡村聚落的形成与发展影响探究——以吐鲁番市为例》，新疆大学硕士学位论文，2018年，第15页。

三、河的退却与城的流动

"在新疆，我看见过生长一棵树的时间、长老一个人的时间，河流干涸、绿洲变成沙漠的时间，塔里木地下油气开采到抽空的时间，还有隐藏在这一切中间，让我从出生、长大到四十岁的时间。"① 对考察团而言，看到的是历史长河中河的退却与城的流动，对于理解该区域内的城市荒废、水系变迁和生态环境的变化具有很大的帮助。

吐鲁番水系可分为天山水系和火焰山水系。交河故城位于大河沿河、塔尔朗河的山前三角洲。大河沿河、塔尔朗河即属于天山水系河流，水源来自吐鲁番北部博格达雪峰的冰山积雪融水，河沟细小而分散，年径流量小，流程短②。高昌故城附近的木头沟属于火焰山水系，为泉水形成的河流，即天山水系径流流经山前冲积扇地带渗入地下形成潜流，至火焰山附近溢出地表形成泉水河流。木头沟水量不大，但四季比较稳定③。

侯仁之强调，历史地理学在沙漠地区的研究目的，主要应该集中于"研究沙漠在人类历史时期的变化——特别是由于人类活动所导致的沙漠的变化"④。从吐鲁番古绿洲城址变迁过程来看，汉代、元代和清以来构成了三个最为突出的时段。

汉代凿空西域，徙民屯垦，大量绿洲被开垦为农田。但该时期移入人口较少，人类处于适应环境阶段，交河与高昌城有着较为稳定的水源保障。至14世纪，交河故城、高昌故城走向荒废。高昌故城的废弃，一说源自战火焚毁⑤，一说源自宗教战争的破坏，或为政局的不稳定。刘先觉则进一步指出，高昌故城的废弃在于上游水源枯竭而迫使全城居民搬迁⑥。可以说，战争是短时间内城址废弃的直接原因，但河流的退却、绿洲的萎缩，加以人口增长及其带来的用水需求增加，则是城址废弃的长期缘由。

在一些时期、某些地区内，虽汉代以来长期被利用的土地得到一定的生态恢复，但一旦大面积的耕地弃耕以后，原有地表失去植被保护，在风力作用的影响下，风沙活动加剧，就地起沙、流沙入侵，进而出现灌丛沙堆或流动沙丘，使得绿洲逐渐变为沙漠。

清初西北用兵和建省之后的屯田活动，重新塑造了吐鲁番盆地的城市格局。清代，辟展（今鄯善）、吐鲁番城（今吐鲁番市东南）、鲁克沁、色更木（今胜金）、哈喇和卓、托克逊成为重点屯田区域。同时，又大力提倡修筑坎儿井，提供地下水资源保障。在高昌故城与交河故城之间的吐鲁番绿洲修筑了汉城、满城等新城址，奠定了今日吐鲁番城市格局。新一轮的政区建置和移民屯垦，使人类活动对于区域环境的影响也发挥着越来越大的作用。

---

① 刘亮程：《新疆时间》，载《在新疆》，浙江文艺出版社，2013年，第191页。
② 《吐鲁番市志》编纂委员会编：《吐鲁番市志》，第112页。
③ 《吐鲁番市志》编纂委员会编：《吐鲁番市志》，第112页。
④ 侯仁之、邓辉主编：《中国北方干旱半干旱地区历史时期环境变迁研究文集》，商务印书馆，2006年，第48页。
⑤ 王炳华：《吐鲁番的古代文明》，新疆人民出版社，1989年，第110页。
⑥ 刘先觉：《建筑文化的深层课题——生态建筑学探讨》，高介华主编：《建筑与文化论集（第三卷）》，1996年，第287页。

重庆合川区古赤水县城遗址调查勘探纪实

王励、牛英彬、许文英、曹建军

作者简介

王励，男，1967年生，重庆合川人，合川区文物管理所副研究员，主要从事田野考古、地方史志、巴渝石窟研究。

牛英彬，男，1984年生，河北元氏人，重庆文化遗产研究院馆员，主要从事田野考古、盐业考古、宗教考古。

许文英，男，1964年生，陕西扶风人，重庆文化遗产研究院工作人员，主要从事田野考古。

曹建军，男，1971年生，重庆合川人，合川区文物管理所馆员，主要从事石窟寺保护、古建筑保护。

城市是人类文明的综合体。在人们的印象中，城市是鳞次栉比的房屋，是纵横交错的街巷，是熙熙攘攘的行人，是喧闹嘈杂的人声。但在重庆市合川区的边远农村，有一座古代的城市，也曾有着律动的生命和繁荣的市井，如今却安静地埋藏在泥土下，被世人遗忘。它，就是合川区文物保护单位——合州赤水县城遗址。2018年6月，在重庆市文化遗产研究院和合川区文物管理所联合考古调查中，我们走近了它，一窥它的前世今生。

一、古代赤水县城的时空坐标

赤水县城遗址位于重庆市合川区龙凤镇赤水村，赤水场以北约150米，北靠龙多山麓，东隔文家湾与雨台山相接，南望东角山、一字山，西面为低矮平缓的浅丘。一条源于龙多山的河沟自东向西穿过遗址，另一条冲沟自龙多山麓南向流经遗址，在遗址西南部交汇后流向不远处的岩涧，并最终汇入涪江。遗址东、南两面平坦，分布着连片水田，北面渐次抬升，呈缓坡状，以旱地为主，河坝院子、学堂房子等农舍院落分布其间。赤水场至龙凤镇的公路从遗址南面的东角山、一字山下通过。另一条公路从赤水场口起，顺遗址西部冲沟向北穿行，横穿龙多山南麓，经东面的文家湾，向南接于赤水场至龙凤镇的公路，构成环状公路，遗址的主要区域就位于这条公路所形成的环形圈内。

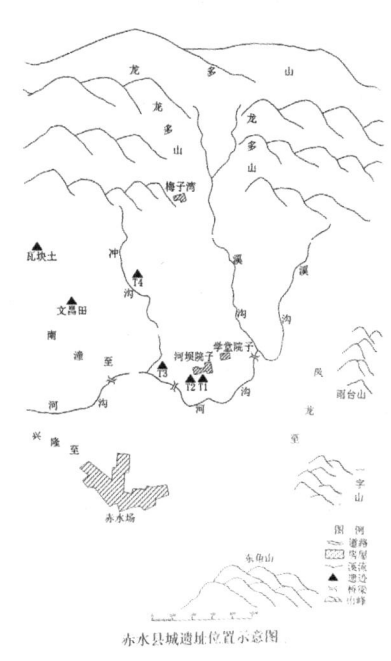

赤水县城遗址位置示意图

现在的地表情况让人很难相信，这一片与其他农村田野别无二致的地方，曾是一处繁华的古代城市所在，不禁使人有着沧海桑田的感觉。但查阅史志及现代有关赤水县治的考证文章，却可清楚地梳理出赤水县城在此地的历史脉络：

赤水县始置于隋开皇八年[①]（588年），治所在今铜梁区安居镇附近[②]，隶属合州。

唐武德元年（618年），赤水县治所曾向东迁移二里，仍在今铜梁区安居镇附近；武则天统治时期，曾敕令山僧在赤水县所辖的龙多山修建放生池[③]；唐玄宗天宝十载（751年），龙多山开始开凿佛教造像[④]；天宝十四载（755年）巴川郡太守韦藏锋奉旨在龙多山醮祭[⑤]。

北宋熙宁四年（1071年），赤水县被废除；熙宁七年（1074年）复置，并将治地迁至龙多山南麓。两宋时期，龙多山摩崖造像及题刻不断，香火鼎盛，号为"川东名山"。

元至元二十年（1283年），赤水县并入石照县，始置于隋的赤水县被废除。

合州赤水县从始设到最终罢废，始终为合州属县之一，除去熙宁四年至熙宁七年之间被暂废，总共设县时间692年。

---

① （唐）魏徵：《隋书》卷二九《地理上》，中华书局，1973年，第825页。
② 魏嵩山：《中国历史地名大辞典》，广东教育出版社，1995年，第507页。
③ （宋）王象之：《舆地纪胜》卷一五九《合州·景物下·龙多山》，中华书局，1992年，第4322页。
④ 董其祥：《龙多山石刻文字小记》，《四川文物》1992年3期。
⑤ （宋）王象之：《舆地纪胜》卷一五九《合州·景物下·龙多山》，第4322页。

沉寂700年后，20世纪80年代，赤水县城遗址重新引起人们的关注。1986年12月，重庆市第二次全国文物普查培训班在董其祥、刘豫川先生的带领下，对赤水县城遗址进行了田野调查，笔者是参与调查的学员。在遗址的一条南北向冲沟壁面，赫然暴露出延续的文化层分布。距地表1.6米，长度近200米，厚约0.8米的文化层中，包含有平铺的较大石块、瓦当、陶排水管以及较丰富的陶片、瓷片等。从采集的标本看，除有极少量的汉、元、明代陶瓷片外，其余均为隋唐五代至宋的遗存。此次调查情况收录于《三江考古调查纪要》，对该遗址的初步结论为："遗址文化层的形成主要在唐宋时期……是人烟稠密、市井繁荣的所在……似乎反映了这一带作为大型聚落在元明以后的衰落。"①

赤水县城遗址航拍照，从南向北摄，北为龙多山，正中为河坝院子。

二、田野里的城市遗存

2018年6月13日上午，我们驱车约一个半小时到达龙凤镇，与镇政府有关负责人就此行目的进行了说明，并请求对我们的工作给予支持配合。当地政府明确予以应允，并马上电话联系村、社干部，要求他们在考古调查勘探中出现临时征地、青苗补偿、民工安排等问题时配合我们进行协调。

---

① 重庆市文化局文物处、重庆市博物馆编：《三江考古调查纪要》，内部资料，1987年。

之后，我们着手安排在当地的住宿问题。龙凤镇距赤水县城遗址约10分钟车程，调查组原拟在赤水场或龙凤镇找旅社住下，方便调查工作的开展，但问遍这两个场镇，均没有对外营业的旅社，无奈只得改变原有安排，决定在合川城区住宿，每天开车往来于合川城区和赤水县城遗址之间。

午饭后，调查组前往赤水县城遗址，对环境进行了解。6月的午后，骄阳似火，田里的禾苗郁郁葱葱，一眼望去碧绿如洗，坡地上的玉米挺拔壮实，如一排排整齐站立的少年，充满着昂扬的生机。调查组一行5人，头戴草帽，穿行于田间石板路上，首先来到河坝院子。

河坝院子位于一台地上，台地略呈长方形，背靠缓坡，前临一片稻田，共分两级。第一级种有玉米、大豆、西瓜等农作物，第二级台地即为院子所在地。台地两侧建有农民的楼房和瓦房数幢，正中区域的老院坝堆积有老旧房屋拆除的石板等材料，由于年深日久，上面覆盖着一层泥土和生活垃圾，滋生了疯长的杂草、藤蔓和小树。第一、二级台地之间，被一片绵密的竹林隔绝，已无法通行。台地左边沿通向河坝院子的石板路旁，立有"合川区级文物保护单位——赤水县城遗址"的文物保护标志。因为所立的地方长有竹子，竹根拱起，致使保护标志已发生了倾斜。当

河坝院子即为传说的衙署

赤水县城遗址文物保护标志

河坝院子石板地面，由西向东摄

地老百姓将河坝院子又称为"大堂"，传说是县太爷办公的地方，也就是衙署。在院子中部的空地上，有一片石板铺成的地面，似有相当长的年头，但是否为衙署的原地面，尚存疑问，还需将其全面清理展现出来，再结合勘探出现的其他遗迹进行对比和综合分析，才可进行相应的判断。此外，

砖井

向当地人了解遗址的有关信息

这片石板地面的北面有一座石台基，正中建有五级石踏道，台基上面已被复耕为农地，仅在右端有一座体量较小的悬山顶穿逗式木结构建筑，可能为原来台基上较大建筑的残存，从建筑形式和保存状况看，应为清代至民国时期的建筑，与宋代赤水县城并无关联。

随后，我们来到当地老百姓称为"学堂"的地方。学堂位于河坝院子左侧约60米处，前临水田，背靠缓坡，传说是县学所在地，地势略低于河坝院子。当地一户农民在此建有房屋和地坝，地表已无任何古代遗迹。1987年第二次全国文物普查时，曾在他家里看到一个石柱础，抱鼓式，浮雕"二龙抢宝"图案，并有铭文，字迹模糊不清，但其中有"绍兴"二字尚可辨识出，由此可判断为南宋初的遗物。我们向房主人问询该柱础现在何处，回答说前几年已卖与收购古玩的人。房主人告诉我们，他的房子修建前，周边范围的地面地下都有古代建筑物的石材，但在修建房屋和平整地坝时，将这些石材都填埋或移除了，现仅在他的房屋左前侧的水田旁还有一口不知什么时代的水井。他还告诉我们，他房前的水田原立有一块大石碑，20世纪60年代被砸碎后用于修建公路的基础，现这块水田仍被当地人叫做"碑田"。我们随后查看了古井，发现井内被泥土塞满，井口用砖砌成，由于未做进一步清理，其时代不详。

从河坝院子顺坡向北行约400米就到了梅子湾。这里背靠龙多山，处于山坳中，当地传说这一片曾建有"卡房"。在川渝俚语中，卡房专指监狱。古代社会里，县级以上的政权才能设置监狱，所以，这个传说也是古赤水县城在此存在的一个旁证。此地有两幢农民的房屋。东端为砖混式小楼房，西端一幢较古老，为悬山顶穿逗式木结构建筑，屋面盖小青瓦，从建筑形式看，为清代中晚期至民国期间的建筑。我们仔细查看了房屋台基、房前院坝及周边情况，希望找到更早的建筑遗迹，但却没有任何有价值的发现。房屋周边的田土里都种上了庄稼，即使有早期建筑的遗存也被泥土掩埋了。看来，要证实这里曾是古代监狱的所在地，只能寄望于地下保留有相关遗存并通过考古发掘予以展现。

这几处走完之后，已是下午5点多，我们对遗址的情况也有了一个初步的认识，对调查勘探方案的制定做到了心中有数。同时相信，接下来的工作会使我们对遗址的面貌和文化内涵有进一步的了解。带着这样的一种期望，调查组坐上返城的专车，结束了第一天的调查。

三、解读"县衙"的历史信息

第二天的调查勘探从河坝院子开始，由于传说是赤水县衙所在地，需要对此进行局部勘探，对传说进行考古验证。当我们到达时，昨天通过赤水村委会安排的民工已经到位，第一项明确的任务就是组织民工对河坝院子中的石板地面进行清理，将其完全展现出来。虽然当地人告诉我们，中华人民共和国成立前这里曾是一处较大的宅院，后被拆毁，仅留下石板地面，建筑时期可能不早于清代。但历史上也不乏利用被毁建筑的地基进行房屋新建的实例，故而清代建筑也有可能建于宋代石地面上，我们的目的就是要搞清它是否为赤水县衙的原有地面，或者是否局部残留有赤水县衙地面的遗迹。同时，分出调查组人员，抽派熟悉当地情况的民工1名，携带手铲、锄头等工具，以河坝院子为中心，沿龙多山南麓至文家湾，顺小溪沿岸向西至冲沟，顺时针一圈进行调查。在所经过的农家院落，我们都会找到当地老人，询问他们在历年的耕作中发现何处地下有较密集的瓦砾和老房屋基础。当地人告诉我们，在河沟三元桥处，原有河道在此折向南方，顺小山坡脚下呈半弧状向西南流下岩涧。20世纪60年代，为避水患，将河道改为径直向西，原半弧状河道区域平整为农田，即今赤水场老街至农贸市场一带的坡下。当年对该地进行平整时，发现地下较大范围内埋有雕花石柱础、建筑基础石及其他石构件。这使我们意识到赤水县城很可能部分跨越了河沟的现有界限。通过一系列的问询和查找，结合对一些有遗迹现象的土坡壁的点状解剖，我们大致了解赤水县城遗址的建筑密集区域基本分布在学堂房子以西至冲沟、梅子湾以南至河沟故道一带，至于是否延伸至冲沟以西，还需进行下一步的考古调查勘探。

在对河坝院子石板地面的清理中，由于院子所处的第二级台地与开辟为耕地的第一级台地被茂密的竹子和杂草阻隔，使中间相连的石踏道完全隐没，我们决定在中部开辟一条通道，将石踏道完全显露出来，并在第一级台地的耕地上，正对石阶梯和石板院坝的位置，开一条2.5米的探沟，编号为TG1，以了解地下是否存在文化堆积，并据此分析一、二级台地间文化遗存的相互关系。在赤水村干部的积极协助下，与联产地主人就砍伐竹子的赔付、土地临时征用及青苗补偿很快达成了协议。当地人告诉我们，第一级台地的耕地下原来全是石板，他们在历年耕地时，已将很多石板撬起移除。果然，我们在耕土层下，距地表0.4米处，就挖到了石板平铺的地面，从石料材质、规格和铺砌方式上比较，与第二级台地上河坝院子的石板地面有很大的不同。为了解石板地面的延伸范围，我们在第一条探沟西南方又布设了第二条探沟，编号为TG2，并用探铲在第一级台地的四方区域进行了钻探。不出所料，同一水平线上挖出了型制一致的石板地面，钻探结果也表明了这一级台地上存在大范围石板铺成的地面。考虑到这一级台地复耕的时间很早，当地人祖祖辈辈都在这块地上耕耘的历史情况，我们判断它有极大的可能性是赤水县城遗址时期的建筑地面，是否判断属实，有待今后的考古发掘予以进一步证明。

清理河坝院子堆放石料及长满植物的院坝

河坝院子前第一级台地，传说的衙署地，1号探沟发掘

第一、二级台地之间的石踏道由基座和踏步构成，基座被埋于泥土下，主要用5层大小不一的石板叠砌，在右下角底层用一座素面圆形石柱础垫塞，整个基座平面呈方形，不甚规整，填土中有青花瓷片，基座上共8级整条石踏道，因沉降而略有倾斜变形。踏道的时代与河坝院子石板地面上原建筑存在极大的关联性，但不排除时间上更早的可能。明确的判断有待全面的考古揭露，结合更多的遗迹现象加以综合性分析。

河坝院子石板地面及踏道完全清理暴露出来后，TG1、TG2的挖掘工作也已完成，工作人员对其进行文字、测绘、照像记录，待这一系列的考古规范性流程完成后，对探沟进行回填，恢复为耕地。

河坝院子全景图，前为第一级台地，后为河坝院子

1号探沟，传说的衙署地面

四、探沟里的废墟

为了解遗址的建筑分布情况，调查人员选择在冲沟东侧的一块耕地里挖掘第3条探沟，编号为TG3。1987年重庆第二次全国文物普查培训班曾对冲沟壁面进行了解剖，发现有较厚的文化堆积，但在三十年后的今天，冲沟内长满了树木、藤蔓和杂草。我们试着在沟壁上刮出一块完整的剖面，但树干阻挡，根茎交错，根本无法进行。若对这些障碍物进行强制清理，恐在壁上形成大小不一的坑洼，难以构成平整的剖面，影响对地层的判断和包含物的归纳，且清除沟壁植被后，还可能破坏沟旁农地田埂的稳定，导致田土受水流冲蚀。在这里新开探沟还有另一层考虑，这里距冲沟有一定距离但又不至太远，有利于发掘到有一定厚度的文化堆积，还可观察和估测文化堆积的长度、宽度。于是，我们选准位置，谈好征地补偿和青苗赔偿后，按正东西方向布下了一条2.5米的探沟向下挖掘。

阶梯

探沟刚破土，雨水不期而至，因雨停工2天后，继续向下挖掘。20日又是一整天下雨，21日复工后，太阳紫外线特别强，晒在皮肤上火辣辣的。TG3下挖已达约1米，基本都属红色粘土，根据土质、土色可分3层，包含物较少，有青花瓷片、缸瓦窑陶片等。探沟内积水约30厘米，开工后的第一件事就是排

3号探沟挖掘过程

除沟内的积水。随着水位越排越低，积水十分难以舀起，最后沟底完全泥泞不堪，粘乎乎的泥土附在铁锹上难以扔出沟外，排除沟内积水颇用了一些时间。接着继续向下挖过一层约20厘米厚的粘土后，土里的瓦砾突然增多，我们明白这有可能就是我们目标所在的宋代文化层了，于是先将这一层

的平面清理出来，进行观察和照像后，再放缓节奏向下掘进。通过修整笔直的沟壁，画出地层线，这一层与以上几层少有包含物的地层对比特别明显。由于瓦砾层叠交错，向下掘进变得十分困难，锄头、铁锹刃口起卷时有发生，数量众多的瓦砾中夹杂有一些瓷片，我们将它们一一捡选出来。经过粗略分类，大致有白瓷、黑瓷、青瓷、青白瓷几种，再结合对口沿及底部残片的观察，大概可看出碗、盘、盏、杯等器型，属于日常生活用品系列，并且它们确系宋代遗物。这令我们十分兴奋，结合出现的瓦砾层，判断这层堆积有可能是某一宋代建筑的废弃堆积。我们将一些较具特征性的瓷片挑出来，装入标本袋并写上标签，作为下一步对发掘资料进行整理和撰写调查勘探简报的依据。

果然在瓦砾堆积层的下部显露出石板、石块及条石等遗迹现象后，我们意识到已发掘到一组宋代建筑的基础。这时，地下水也开始慢慢地向上浸透，被脚踩后在坑底形成一层泥浆。民工一边清理附着于建筑石构件的泥土，一边刮除坑底的泥浆，使建筑遗迹得以完整、清楚地展现出来：它是一片石板平铺的地面，部分石板已经碎裂成块，石板地面上横亘一条地栿，其上留有一条嵌合木板壁的沟槽。所以，这一组建筑遗迹可能是建筑的屋内地面及隔墙的局部。清理完毕后，对它进行了文字记录，绘制探沟四壁地层剖面图，遗迹平面、剖面图，并对探方和遗迹进行拍摄记录。

3号探沟宋代建筑遗存

完成TG3的发掘后，为进一步了解赤水县城遗址的建筑遗迹分布范围、埋藏深度、建筑类别等情况，调查组又在TG3以北约300米处的冲沟东岸再开一条探沟，命名为TG4。从征地布设探沟开始，到最后回填复耕，对TG4的发掘共进行了3天，最大的收获是在探沟内距地表0.6—1.3米处的宋代瓦砾层下，发现了一组建筑遗存，由集中分布的石构件组成，包括较规整的方形石板、石块，整块条石凿成的水槽与石板砌成的水渠相交连通，探方东南角显露出一个石板砌成的方形储水池的一部分。这一遗存的发现，使我们得以窥见古代赤水县城普通居民的生活设施，结合TG3所发现的建筑遗存，可初步判断这一带在当时为集中连片建筑所构成的城市百姓居住区域，从而也印证了刘豫川先生"这一带在唐宋时期，是人烟稠密、市井繁荣的所在"[①]的判断。

在探沟发掘期间，调查组除留人值守探沟的挖掘外，还分出人员到冲沟以西区域进行调查。根据当地人提供的信息，分别查看了白塔基址、老井、石拱桥、寺庙遗址、龟蚨碑座等遗存，以确定它们与赤水县城遗址的关联性。从调查结果来看，白塔基址仅存基岩，已无任何人工遗存；老井为

---

① 《三江考古调查纪要》，第32页。

方形石井台，井壁用条石砌成，现在仍使用，难以判定建造时代；石拱桥可能为清代建造，与赤水县城遗址的时代没有关联，但在距桥梁南面不远处的土路上，有一塌陷的坑洞内壁，暴露出表面被錾平的石板砌筑的结构，可能为较早期的建筑遗存；寺庙遗址位于一小山坡顶，坡壁埋有一覆盆式莲瓣纹石柱础，旁边地面散落有条石、石板等建筑构件；龟趺碑座被半埋于田坎内，其上一级田坎壁上显

4号探沟全景

露出一排石板地面的剖面，旁边杂草内斜躺一尊无头的圆雕石像。我们推测，石柱础、龟趺碑座、石板地面、石像等仅是暴露的极小部分文化遗存，这一片区域可能还有数量众多的文化遗存深埋于地下。

五、赤水县城遗址的其他关联遗存

历经近千年物换星移的变化，曾经的城市已消退为田野，原来的赤水县城的大致范围只有通过相关的地面、地下遗存再结合地貌情况进行推定。以往对赤水县城遗址的调查，对传统认知的遗址区域以西，缺少调查和发现。这一片地方究竟是否属赤水县城的一部分，或是否与赤水县城存在密切的关联性？龙多山曾经的兴盛是否与赤水县城有关？这些问题的回答都需要以考古调查为事实依据。所以，接下来的3天，调查组主要进行了4项工作：首先对冲沟以西区域已发现的文化遗存进行简单清理、分析，并对周边地下情况进行钻探；第二是对冲沟以西自龙多山脚至南边山沟、廖家湾以东的区域进行调查，因为从地形情况看，这一区域极有可能是赤水县城遗址的自然延伸区；第三是对当地人所谓古代赤水县城至龙多山的道路进行调查核实；第四是对龙多山摩崖造像及题刻进行

瓦块土里的覆盆式莲瓣纹柱础

文昌田里的龟趺碑座

龟趺座石碑已作成井台井圈

调查。

对文化遗存的清理和钻探主要有两处。一处是李家湾以南的小山坡顶部，这里坡势较缓，坡顶较平整，当地人称为"瓦块土"。清理对象为前几天发现的那具覆盆式莲瓣纹石柱础，为宋代寺院通常采用的柱础形式，地表及地层中零星分布有石条、石板、瓦砾等。通过对周围区域进行钻探，地下较广泛分布有瓦砾及石构件，可初步判断是一处宋代的寺院遗址。另一处在书房板以西的一块水田、旱地交错的区域，小地名为"文昌田"，清理对象也是前几天发现的一具龟趺碑座、一尊石像以及一段暴露于田埂壁上的石板地表剖面，分布于约800平方米范围内。龟趺的头部已缺失，背部有一道嵌立石碑凹槽，当地人说石碑被用作附近一口井的井台。我们查看了该井台，井口与井台显系一整块石材凿成，已无任何文字痕迹。石像无头，着广袖长袍，双手笼于腹前，下半部埋于土内，因石像表面风化和人为破坏的凿痕，一时难以辨别人物身份。田埂壁上的石地板剖面长约4米，厚0.06米，平铺相连。通过对周边区域的钻探，发现其为分布范围较大的建筑基址，可能为一处古代的寺观，也可能是其他具有礼仪或宗教性质的建筑遗存。

除对以上两处文化遗存进行清理外，我们还对冲沟以西一大片地势相对平缓的区域进行了全

文昌田里的圆雕造像

文昌田里的建筑基址剖面

石砌井

龟趺座石碑附近残余构件

面调查，通过问询和踏勘的方式，找到了另外两处建筑遗存。一处在廖家湾的一幢民房后，处于赤水场至潼南公路的拐弯处。当地住户说这里的土沟壁曾发现有规整排列的条石和石板，像是建筑遗迹，但因泥土淤积和土沟改道等原因，我们仅在土沟壁剖面上发现零散的石块，不排除建筑遗存仍存于附近的可能性。另一处位于王家湾一座平缓的小土坡上，当地人也称其为"瓦块土"，这里的耕土里夹杂有大量的瓦砾，只需简单地清理田埂和壁面，便清晰可见用规整排列石料构成的房屋基址。当地人称，附近田土里还挖到过雕花的石磉礅。所以，这里应该就是一处古代的建筑遗存。根据调查情况分析，在不晚于宋代时期，这一带可能存在较多数量的建筑，且一些建筑具有相当的规模。也许它们本身就是赤水县城的组成部分，或者是赤水县城的城郊区域。究竟是什么，有待于全面的考古发掘。

古赤水县城至龙多山南寨门的道路现仍存在，但山下农耕地范围内已无迹可寻，也许被破坏，也许被埋于耕土下。从山脚起，我们沿一条山路蜿蜒向上攀临至山顶，山路原为石板路面，因自然及人为损毁，仅局部路段的少量石板路面得以保存。考虑到赤水县城至龙多山顶之间此条路最为捷近且易于登临，可能赤水建县时此路就已存在了，但因山路较为陡峭，在自然和人为损害的共同作用下难以长期保存，需经常性地对它进行维护。因此，我们判定这条路线虽时间久远，但现存的少量石板路面仍属较晚时期。

龙多山摩崖造像及题刻分布于龙多山东、南、西、北岩和田湾五个区域，总面积约5000平方米，造像约90余龛1800余尊，题刻80余段，是合川时代最早、规模最大的一处摩崖造像。龙多山宗教活动最早可追溯到西晋时期广汉人冯盖罗在此炼丹，自唐天宝年间造像始，历经两宋而至明、清不绝，尤在两宋时期造像最盛。造像以佛教净土宗为主，兼有禅宗等其他流派，另有一些道教、儒家的内容。摩崖题刻主要有造像、出游、诗咏、政事、礼佛、寺观修建等内容，兼具史实性、思想性和艺术性，其中很多与赤水县有关。如田湾造像中，一佛二弟子二菩萨二力士龛刻于唐咸通五年（864年），弥

龙多山摩崖造像及题刻西岩飞仙石

龙多山摩崖造像及题刻龙多山录（宋）

勒龛刻于唐咸通六年（865年），造像题刻表明，它们均由合州赤水县官吏捐造[①]；《知县程公政事记》刻于宋政和六年（1116年），反映了当时赤水县令清算户籍及田土，补收赋税，平均劳役，打击豪户的不法行为，使民众心悦诚服，县境得以大治；游记在题刻中较为普遍，很多都是赤水县官吏所题，包括同僚共游、携亲眷出游、与远来的官宦友人同游等内容，说明了龙多山当时已成为闻名遐迩的名胜，由此留下的文化遗存，反映了历史时期的社会政治、经济和文化状况，从广义的范畴来说，也是赤水县城遗址的重要组成部分。

六、结语

通过总共14天的调查勘探，我们对赤水县城遗址的大致范围、功能分区、主要文化遗存、时间期限、文化内涵等有了一定的了解，为划定赤水县城遗址的文物保护范围和建设控制地带提供了考古调查依据，也为制定赤水县城遗址的文物保护方案明确了目标和思路，并为今后赤水县城遗址的全面考古发掘建立了基础资料。本次考古调查和勘探中，因地面无任何城墙遗迹可寻，所以对赤水县城遗址的确切界限无法标定，只能对其范围作大致推定。另外，赤水县城存在的时间问题，有学者认为隋唐时期赤水县城应位于合州治西安居河（现关溅河或琼江）边，至宋熙宁四年废，省入铜梁县，熙宁七年复置，迁治今龙多山下，仍名赤水县[②]。由于本次勘探的主要目的在于了解赤水县城遗址文化遗存的分布、保存、构成等情况，挖掘到宋代建筑基址后，为保护遗存而未再向下挖掘至更早层位，虽于宋代堆积中也发现有唐代器物残片，但难以说明宋代城址是否为延续隋唐城址而来。以上两个问题的解决有待于今后对赤水县城遗址的全面考古发掘。

[①] 符永利、蒋晓春、罗洪彬、杨洋、曹建军、熊小洪：《重庆龙多山石窟调查简报》，中国古迹遗址保护协会石窟专业委员会、龙门石窟研究院编：《石窟寺研究》第五辑，文物出版社，2014年，第18-19页。

[②] 吴宏郡、易宇：《隋唐两宋时期合州赤水县治考》，《西南农业大学学报》（社会科学版）2011年第4期。

滇西行
——云南丽江、永胜考察报告

陈功民、迟宽庚、陆韧

作者简介

陈功民，男，1993年生，云南大学历史地理研究所2017级硕士生。

迟宽庚，男，1993年生，云南大学历史地理研究所2017级硕士生。

陆韧，女，1955年生，云南大学历史地理研究所教授，主要从事历史地理研究。

2018年11月22—26日，"明清时期川滇藏交界区域军政管控研究与国家治藏战略"项目考察小组根据研究需要，对云南丽江市和永胜县进行了一次实地考察，主要涉及明清两代的丽江古城、北胜州州城以及周边的交通、文化等方面，希望借此熟悉当地自然、人文状况，了解丽江古城概貌、周围的著名民居及永胜相关坝区的聚落民族、农田水利、历史文化以及澜沧卫城的概貌。参加此次考察的人员有：陆韧教授、余华博士和硕士生陈功民、迟宽庚。考察安排如下：

11月22日，上午9时从昆明出发，下午4—6时考察丽江古城。

11月23日，上午9—11时探访玉龙雪山洛克故居。

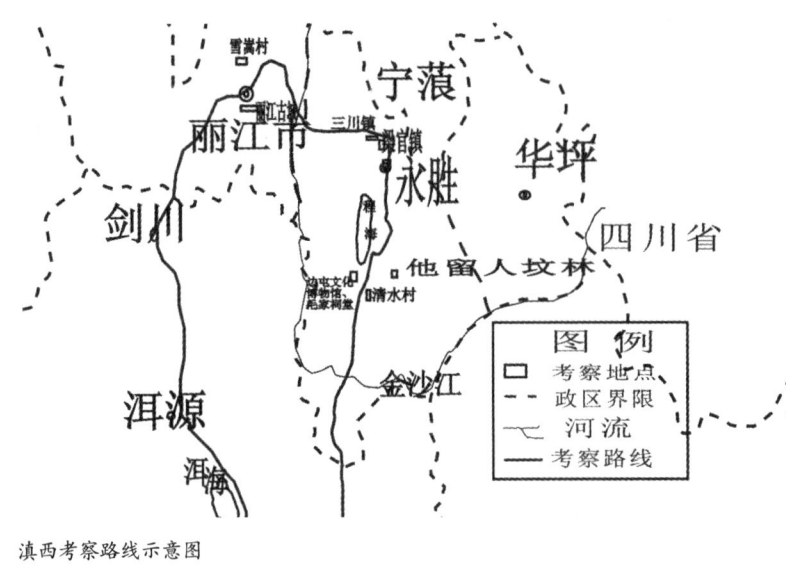

滇西考察路线示意图

11月23日，下午4—6时考察梁官和金官二镇的房屋建筑、田地、沟渠，并访谈了多位当地人。

11月24日，上午8—11时考察县城东四里的灵源寺。11:30—1时考察红石崖地震遗址、县城南北二门及街道两旁古建筑。下午3—6时考察县城东西二门及街道两旁古建筑。

11月25日，考察清水驿村、边屯博物馆、毛氏祠堂、他留人坟林。

11月26日，返程。

在前后为期五天的实地考察中，考察小组取得了较为丰富的成果，对滇西北丽江、永胜地区的相关历史地理问题有了一定的认识和收获，并就此进行总结。

一、寺观建筑群

1. 灵源寺

11月24日早上8点，我们驱车前往永胜县东五里许的灵源寺。该寺庙是我们今天考察的第一站。寺庙始建于何时，尚不清楚，据正德《云南志》，此地原有观音阁，为唐贞观年间所建[1]。不知是否可信。"灵源"二字为清乾隆五十九年（1794年）云南巡抚谭尚宗题于石壁上，"盖取'灵源大士人天眼'之句，故名"[2]。该寺庙是滇西著名的寺庙，也是县城内最古老的建筑群。灵源箐河将其一分为二，现存财神庙、药王庙、文庙以及灵源寺庙主体，大小建筑约十间。虽曾毁于大火，但经明清两代多次重修，按明代计算，则已有600多年历史。该建筑群分为两部分。第一部分为财神庙、药王庙和文庙，位于公路旁。在内地省份，儒、释、道一般都是各自独立祭祀，而此处却不同，财神与药王同供一庙。据僧人介绍，财神庙、文庙所在地方，早期为灵源寺田产，后来由于县城改造摧毁了一些古建筑，一些有威望的人认为县城的文庙不应该被摧毁，所以从永胜县老医院那里整体搬迁而来，财神庙和药王庙也是如此。因为当地人求神拜佛大多是求财保平安，故而有财神、药王二庙；读书人则希望考取功名，光宗耀祖，故而临近高考时，此庙的香火比较旺盛。

---

[1] 正德《云南志》卷一二《北胜州·祠庙》，明嘉靖三十二年刻本。
[2] 光绪《续修永北直隶厅志》卷四《群祀》，清光绪三十年刻本。

第二部分为灵源寺主体部分，沿山麓分布，河与山的小块平地为灵源寺，山间且有阁楼点缀，古树参天，环境清幽，因居河边缘故，还透着一丝丝凉意。路过中院时，发现一块崖刻刻于山麓的崖壁之上，周围已经长满杂草和树藤，抚去杂草，竟然发现这崖刻是乾隆十二年的《镇守云南路永北总镇都督府功德碑》。园中香炉为文物，炉身刻有"奉直大夫知北胜州事判刘士观，署学正□□□，澜沧卫掌印指挥同知李仪，指挥使李邦珍，管操指挥金事吕元声，署捕经历雷□、举人阮嘉祥、生员卢绍先、高登科、六房吏杨仪、苏□□、文承泽、李奇銮、刘余祥、张希俊、任华、官悦民、杨文兆、杨绍文、李奇鹤、董其昌、谢美、李培、王应龙、聂镇、谢□、马建仪、周治隆、何朝登、范应祚、□□□、熊应□，蜀川指贰华主张应举、男张成龙、蜀川客民于进忠、徐金榜、简□□、□启明、□□□、杨守禄、郑昆同，陕西客民刘世威、张汝具、张而羽、魏教民、张汝真、毛汝景，江西客民丘元达、□□□，管官文成龙、吕桂芳，□□□督三川张光裕，主持□□□"字样，因年代久远，其内容多有模糊，但能辨其落款时间，为"天启癸亥季春□□造"。

除了这些佛像，寺院中临山脚的一面石壁上还有民国三十五年（1946年）的碑刻《永胜壶山后□吴道子画大士像》、光绪二年《重修灵源寺碑记》等。因年代久远，许多碑刻字迹较为模糊，但概能知其年代，尤以清代石刻居多。

如光绪二年（1876年）《重修灵源寺碑记》：

永胜灵源寺对面文庙

永胜灵源寺大门

灵源寺中香炉

曾读《觉世真经》，其中有创修庙宇、印造经文之说，后即继之造桥修路，则知修庙宇以妥神明，刊经以感化，造桥以利行旅，善过之切于事神，益民非浅鲜矣，即在殊方异域，犹勤其盛举，而况在守土事权我属者，顾可漠然置之也哉。永城东郭外观音阁建于唐之贞观，石壁大士画像传为吴道子手笔，香火之盛，甲于他处，摹像者几遍寰区焉。庚午，克城后，予朔望拈香，见其门窗户壁大半拆毁，方欲捐廉培修，巨料偶遭回禄，正殿悉成灰烬，仅存外厢数间，此非大士之灵不能呵护也。抑亦因发逆踞城时，污秽太甚，必欲改作，而后安耳。阁属绅粮户禀恳发给印簿募化什邡，予因忆丙寅春初，权永篆借寓大兴街五省庙欲修一阁，以供大士像，未遂其志。兹得易地以酬夙愿，亦属快事，乃捐俸银三百两重建正殿。又得远近官绅、郡士民不吝锱铢，共勷厥成，赖文茂才发运董理其事，不数月而工竣，其规模之广大异于曩时，予已私心自慰矣。第念晨钟暮鼓鲜有梵韵经声，亦为禅林恨事，适遇友人送有《妙法莲华谈经》一部，捧读一周，尘心顿洗，爰嘱及门。辛酉，选拔刘生镇西，敬谨誊录，付诸梨□，以广流传，时值瓜代有期，未三旬而刊毕，所幸学博周大勳职员关天锡、张开元等即以此轮作月会，每月之十九日谈演一次，保境清平，其感发惩创者，实繁有徒矣。虽然不有所资，恐日久而难以为继，特买民人□□□□□□捐入斯会，永作香火，并将上年修建普度会所置靴帽金顶二十四付、蓝衫十六件、大褂八件、响器一堂，悉捐入会，以彰显整齐，从此衣冠济济、音乐锵锵，不但为名山之一助，而于事神明之道，庶几其安矣。独是山门之外，旧建木桥甚属狭窄，一有冲塌，难免不将经会停歇，复嘱文茂才将旧桥基址开闻广涧，疏通水道，倡捐俸银五拾两修长溪以利涉，架大木而成梁。嗣后马骤车驰，无往不利，题其名曰灵源，仍其旧也。倘异日因公过此，履斯桥，游斯寺庙，经功不辍，佛火常新，是又在诸君子之有始有卒，不负予之厚望焉耳，□记巅末以□负□。大清光绪二年岁次丙子孟秋月中浣日，前署永北直隶同知补用知府星沙刘昌笏撰并书。

灵源寺的文物，我们对"观音像"最为留意。"观音像"为石刻，用金粉镶嵌而成，右下角落款为：唐吴道子。据僧人介绍：该"观音画像"是本地土司——高土司在"京城开会"（实际指土司朝贡）后由京城带回来的，由于担心纸质画像不易保存以及对观音大士的信仰，便请工匠按照画像雕刻并镶嵌金粉而成。如果僧人所讲属实，则给我们传达了一些新的信息：土司朝贡，带回内地的文化至统治区域，这是对中原内地文化的仰慕，也是边疆土司在文化观念上对中央在某种程度上的认同。又据另一个俗家弟子介绍，这幅画是高土司的祖先在南诏后期内乱不稳定期间从南诏偷来的。一幅画的来历有着两种说法，孰是孰非，只有用史实论证。

据正德《云南志》载："观音阁，在城东四里许。唐（政）[贞]观间建，林壑秀丽，有乌龙潭、香炉峰。遇盛夏，人多游赏于此。"①然而，正德时期的史料对此画像都没有记载，说明第二种说法不实。又据乾隆《永北府志》、《续修永北直隶厅志》载："观音寺，在郡城东五里许。石

---

① 正德《云南志》卷一二《北胜州·祠庙》，明嘉靖三十二年刻本。

壁有唐吴道子观音画像。世守北胜土知州高多罗生筑巷供奉……香火之盛，为永北冠焉。"①或许这条史料可以对第一种说法进行印证，但也不能证明是高土司从北京所带。

从灵源寺出来后，我们便急匆匆地驱车前往红石崖地震遗址，也生怕错过旭日之下三川坝的壮观景色。

首先是西关远眺之胜景。当从西山垭口俯视三川坝，其地一掌平开，地势平坦，南部略高，有三条沟壑由南而北穿过坝区南部，沟渠蜿蜒，北部西山山麓有一片水域（应当为西山草海）。道路从坝区中间由南而北一穿而过，东向可循盘山公路至县城。三川坝与县城的直线距离不足4千米，而金官至县城却有十几千米路程，何故？因三川坝海拔1500—1600米，而县城海拔2100—2200米②，巨大的落差造成了两地路程远。同时，600米左右的海拔落差，造成了两者之间的温差较大。傍晚用餐时，餐馆老板说，凌晨时三川坝至县城的西山这段路是禁止通行的，尤其是冬天，因为气温较低，路面容易结冰，会出现交通隐患。

平视远方，借着太阳光照，看见远处有白色一块点缀着天边景色，按方位可知此处白色应为玉龙雪山。回查史料，这便是"西关远眺"。史载：

城西三里许，名西关，双峰插天，一关扼要，截然天堑也。每一登临，三川至绣壤芳畴频来，眼底五约之壶峰笔岫，俱列胸前，而且左顾虹桥，右盼□岭，俯瞰石磴，仰视雪山，一览无遗，众山皆小，登临边胜者，至此咸憩息舒怀，彷徨不忍去云。③

站在西山垭口，不仅感叹云南坝子之宽广，而且也明白了三川坝在永胜的重要性。同时也不禁回想起前天晚上在金官镇一座位于交叉口石桥上的指路碑，该指路碑尤为简陋，用一块小木板自制而成，上写"东指永城，西指梓里，南指程海，北指匀甸"。这可能是某位当地人感叹此交通位置的重要性，又因暂时拮据，只能简而为之。

驱车循路向下行驶约500米，有一座石碑，题有"二郎庙"三字，碑阴内容大概讲述了"二郎神劈山救母"的神话故事。所谓"劈山"应当指的是明正德六年那次大地震，据《永北府志》"祥异"条载："明正德六年五月初六日。地震，城倾西北，民房倒塌千五百余间，近屯西山下，田成湖者百余顷。"④这次地震破坏力巨大，因震源距府城不足3千米，从而造成了当时的府城北部地区毁坏，变成了一片废墟。同时，房屋倒塌千余间，近屯三川坝田地受灾万余亩，形成了现今著名的翠湖龙潭和西山草海。红石崖被地震撕开50—300米宽、9千米长的大裂谷，谷底至山峰最高处约500米，形成危崖峭壁、险奇壮观的红石崖峡谷⑤。"二郎劈山救母"是中原内地的神话故事，在边疆

---

① 光绪《续修永北直隶厅志》卷四《群祀》，清光绪三十年刻本。
② 云南省永胜县志编纂委员会纂修：《永胜县志》，云南人民出版社，1989年，第78页。此数据根据永胜县城关坝、三川坝的海拔取近似值。城关坝海拔2130米，三川坝海拔1550米。
③ 光绪《续修永北直隶厅志》卷八《名胜》，清光绪三十年刻本。
④ 乾隆《永北府志》卷二一《祥异》，清乾隆三十年刻本。
⑤ 此处参考百度百科"红石崖地震遗址"词条。

省份都是如此崇拜，也反映了两点：一是内地文化与当地发生事件的附和；二是边疆地区对内地文化、朝廷边疆治理等方面的认同。

从二郎庙至红石崖地震遗址直线距离不过500米，但是循着盘山公路而下，大约行驶了20分钟左右。红石崖地震遗址观景点在半山腰，因山被分成两半，两地的来往由一座石桥沟通。桥长40余米，据桥头所立《桥头河一级电站进厂大桥碑志》（1999年2月）载："古有神传，永北平川；东水南流，旱数三川。""东水南流"应当指的是正德六年（1511年）地震使灵源箐河南北流向的水系改道为东西走向，然后流至三川坝中的五郎河水系。

站在桥上俯视桥下，感觉有点儿战战兢兢，如履薄冰。桥与谷地相距约20层楼高。从谷地向上看不到尽头，峡谷犹如被刀劈开一样，整整齐齐。可能因年代久远，被分成两半的崖壁已经布满青苔，但丝毫没有抹灭其雄伟壮阔的气势。

由于时间紧迫，还没有来得及领略其风光，便急匆匆赶往下一个地点：永胜县城。

2. 清水村建筑群

清水驿，又叫清邑、清水古镇，现为清水村，位于县城程海南岸的干热河谷地带。明永乐二年（1404年），云南布政司曾在澜沧卫设立两个驿站，一是澜沧驿，另一个就是清水驿。清水驿作为乡间驿站，是文武官吏食宿、更换马匹的重要场所，逐渐发展为经济繁荣、文教昌盛之地。这里文化气息浓厚，古建筑群也比较多。

清水东岳庙是我们今天考察的第一站。东岳庙始建于清乾隆年间，至道光年间逐渐形成了一个以道观为主的建筑群，是清水古镇保存最完好的古建筑之一。现存东岳庙宇（部分原貌）、斗拱式双层牌坊、正殿、厢房等建筑，虽经战火摧毁一部分，但经道光重修和增建，现已有近300年历史。

东岳庙建筑群规模较为壮观，古柏参天，环境清幽，是求财求寿的道教之地，是该镇的文化象征之一。现在东岳庙前为该村的集市，也是老人聚集交流之所，是该镇的中心地带。东岳庙因年久失修，屋面倾塌，四壁断裂，险情频发，若不及时维修，此文物古迹将毁于一旦。值得高兴的是，在老干党支部、老体协的积极推动下，得到各级政府的支持，对东岳庙的三光楼古牌坊进行维修，于1997年冬竣工。其他建筑未得到修缮的，希望后续者继续为此添砖加瓦，贡献一份自己的微薄之力。

几山书舍坐落在期纳镇北端清邑街，坐南朝北，始建于乾隆五十九年（1794年）。先是由当地拔贡汪养度出资修建孔子大成殿，后经多年兴修，至道光中期，书舍才全部完成。几山书舍原名"文庙"，后经扩建而改名。

几山书舍现在改为"清水小学"，其建筑多被拆毁或改建为教室和学生宿舍，现存大成殿、阁楼两栋主体建筑。校园内古柏参天，环境优雅。进门右转则为大成殿，为宫殿式建筑，前檐上额题有"几山书舍"大字。大成殿前筑有砖石结构的阁楼，阁楼两侧题有对联"承先贤千秋雅范；开吾驿百代文风"。

永胜清水村几山书舍　　　　　　　　　　　　永胜清水村东岳庙

二、卫所聚落

澜沧卫，是明洪武中后期卫所移民比较典型的一个案例。据陆韧老师考证，湖广长沙护卫于洪武二十六年（1393年）春正月调往云南；同年四月，再调往昆明为云南中卫；洪武二十八年，调往北胜州。洪武二十九年，置澜沧卫①。正德《云南志》卷十二"屯田"条载："境内有五十百户屯田，散在期纳、海口、盟庄坝、片角等村，皆澜沧卫官军。"23日所考察三川坝中的梁官、金官二镇就是五十百户中的两个。

11月23日中午，我们驱车从丽江前往金官、梁官二镇。这是我们当天考察的第二站。大约4点左右至梁官镇。据陆老师在车上介绍以及我们所查阅的资料，梁官、金官二镇居民的祖先为洪武时期朱元璋诏谕从湖广长沙卫所调。下车了解到，这里的古建筑已经不多见了。为了更好地了解这里的移民历史，便访谈了多位当地人，有中年人和老人。当询问他们是什么民族、祖上是否本地人时，他们回答是"汉族"，并且都说他们的祖上是由湖广长沙卫调过来的，并不是原始土著居民。令人印象深刻的是一位八九十岁左右的老妇人，当我们询问她贵姓、哪个民族、祖上是哪里人时，她回答话语带着湖南口音，让湖南籍的考察队员倍感亲切。她说："……姓chen，包耳旁的chen。"老人说，她家的祖上是从湖广长沙卫被朱元璋调过来的。她的回答让其他人感到疑惑不解，而湖南的队员却是秒懂。因为在湖南，当表述自己的姓氏时，不会说"耳东陈"，一般会说"包耳陈"。据以上访谈的内容揣测，虽然明代洪武至今有600多年，但是这里的居民并没有忘却那段调卫的历史，他们祖祖辈辈口口相传。

毛氏宗祠位于永胜程海之滨，祠堂虽为现代建筑，但是文化底蕴浓厚。其主要记述了永胜毛氏先祖毛太华曾为澜沧卫军户，屯戍于今永胜县程海镇凤羽村，官至百户长。后因军功，率长子清一和四子清四内调湖南韶山，而次子清二和三子清三世代定居云南永胜之事。20世纪90年代在程海镇

---

① 陆韧：《元明时期的西南边疆与边疆军政管控》，社会科学文献出版社，2015年，第86页。

永胜毛氏祠堂大门

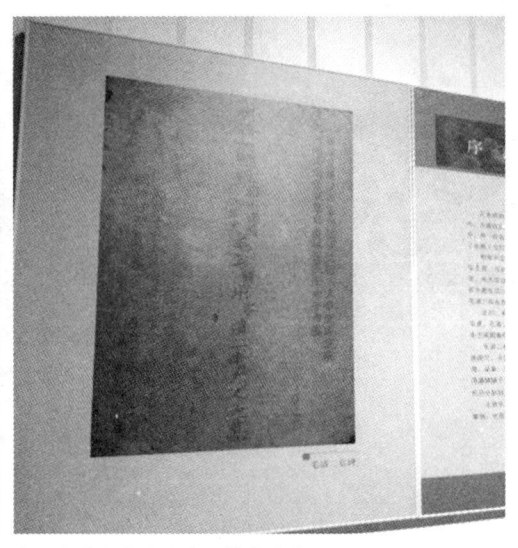
永胜毛氏祠堂的毛清二墓碑图片

凤羽村毛家湾发掘的毛清二（毛用）墓碑和《韶山毛氏家谱》，对此均有记载："吾族原籍江西吉州龙城，始祖公毛太华宦游从戎，屯戍澜沧卫，后以军功奉调，携长子四子内迁。"

此外，考察小组还在县城南街和清水驿村发现两部家谱，这也是对明代卫所军事移民的最好论证。现将其中清水驿《王氏家谱》部分内容摘抄于下：

《俚引》载：今夫人有乃祖乃宗，原如木之有本，水之有源也。孰不知条分缕析，垂载简篇，载忆吾家由洪武调卫，自楚入滇，职授指挥使司，任数代，以及祖祠族谱靡不井井有条，禄位名分居然煌煌有据。不意明清易，大凡一切祖籍寂然一空。降至本朝圣咸丰丁巳之变屡遭涂炭，诸至今清平有年，时有永城三川族众相约建祠祀祖，言及昭穆一节，实属束手无策矣，所可幸者有贡士均堂公书笈内拾得明代袭职公单一副、历世祖籍一册，复逢春祭，族众同往，拜扫辅宸公墓，方知先辈仔细，刻石各支各代碑文，多带纸笔，一并录回，则前此视若虚无凭者，于兹乃觉实有据耳。余不敏，胆敢发发乎，少长咸集，前后备载，聊成昭昭。然本源一助子孙，措手之意，云是为引。六十有八裔孙，清明川士撰书。

序言

[一九]九六年春，我由永城回清水探亲，有幸于族中访得明清宗谱一册，是清光绪廿八年（一九零三年）先祖明□重抄本也，是王氏宗谱的惟一孤本，历经明、清、共和的历史变迁，能幸存至今，确非易事。近百年来宗谱烟熏虫蛀，潮湿侵袭，已卷帙残破，纸质受损，字迹脱落，实为可惜，为抢救孤本，使之世代相传，故托王氏裔孙国祥草抄一份，带回复印，以尽报本追远之心。返城后，欣逢中洲王心诚，县城王天栋积极搜集，整理本地宗谱资料，互为补充，承前启后，我们共同议之，将前老资料合并付印，形成现在永胜王氏宗谱。永胜王氏宗谱，自明朝洪武调（位）[卫]。由楚入滇，已有六百廿十（？）年（1368—1996年）。始祖九九祖公，燕山人，原居宝安州

樊山。洪武六年三月，由华都督下承王命，经永授澜沧卫司同知，封武德将军。二世祖忠公亦固有功，封怀远将军，授职田一百六十四亩，给以世袭世禄。万历元年（1572年）到九世祖彦和公至止，共袭八代，居永城官署。十六世祖崇高公时（1643年），因昭清易朝，政权更替，即随庄择里，子孙分支各地，以田世禄。拱宸公移居寻甸，辅宸公移居清水，进宸公移居三川中洲，举宸、丕宸二公移居期纳石头村，定居至今。数百年来，王氏子孙扎根边陲，以耕读为本，繁衍生息，直至化字派，已历廿十九世，真谓子孙叠出，世宗繁昌，源远流长。为此，我辈子孙怎能忘记祖辈殚精竭虑，养我育我之恩，愿王氏子孙为增进民族团结，共同繁荣进步，作出自己的贡献①。

　　从以上家谱俚语和序言的内容来看，较为详细地记载了王氏从明初至今在云南永胜繁衍及其分支的基本情况，但部分记载有误。首先，明朝平定云南是在洪武十五年（1382），明王朝调卫是在平定云南之后，故而王氏祖先如果是被调卫至永胜，不应当是1368年。同时，据陆韧老师研究分析，湖广长沙护卫于洪武二十六年春正月调往云南；同年四月，再调往昆明为云南中卫；洪武二十八年，调往北胜州。洪武二十九年，置澜沧卫②。所以王氏祖先授澜沧卫同知应当是洪武二十九年（1396年）后，不是洪武六年。从以上对家谱分析便可清楚，虽然家谱作为一种历史文献对于移民史、人口史等研究具有一定的价值，但是当我们运用它时，要谨慎、辩证地分析，不可拿来就用。

三、边屯开发

　　永胜县地处云南省西北部，位于东经100°23′—101°12′，北纬25°59′—27°05′之间。县境东接华坪，南临大理宾川，西接丽江、鹤庆，北连宁蒗。永胜县政府所在的城区坝年平均气温13.5℃，年降水量924毫米。全县面积4998.19平方千米，其中盆地及河谷面积为1140平方千米，占比22.8%，有三川坝、程海、星湖坝、期纳坝、金江坝等坝区，是永胜县的主要农业分布区。境内河流属于长江流域金沙江水系，五浪河、仁里河、三岔河、程河、达旦河是县境主要河流。而金官、梁官二镇以及县城则分别位于三川、城关坝区中。

　　三川坝位于以程海为中心的大断裂带上，地势南北走向，呈长条形宽谷盆地，海拔1550米左右，年降水量平均821.1毫米，无霜期269天。气候温和，水源丰富，为滇西北粮仓。三川坝因以盟川、会川、济川三水流经坝区内而得名。为金官、梁官二镇所在坝区，南至程海，北抵五郎河。金官、梁官二镇因以明代百户所的金姓、梁姓长官而得名。

　　城关坝，海拔2130米，年降水量693.6毫米。因历代府厅州县城设于此，故名。为县城，即永北镇所在坝区。北起兴营乡甸头村，南至碧泉林业局，东西抵山脚③。

---

① 家谱资料来源于永胜县期纳镇清水村一位王氏老人家中。
② 陆韧：《元明时期的西南边疆与边疆军政管控》，第86页。
③ 云南省永胜县志编纂委员会纂修：《永胜县志》，第3、29、68、108、109页。

永胜不仅作为卫所移民的典型事例，也是边屯开发的重要典型之一，边屯名郡就是由此而来。自洪武二十九年设置澜沧卫始，澜沧卫五个千户所的军户以及其军余皆散在永胜各个坝区，遵行"三分操守，七分屯种"。此次调卫不仅充实了当地的劳动力，也带来了中原内地的劳作和耕种技术。此后，经过明清两代的发展，永胜则有"滇西粮仓"之美誉。当然，这是当地劳动人民辛勤劳动的成果。

据光绪《续修永北直隶厅志》卷一"气候"条载：

尝闻地之高者，多寒；地之卑者，多暑；近北者，多雪；近南者，多风雨。此固由天气、地气各境殊异，宜乎方舆之各有不同也。永北形势与丽江同，发源起脉于滇之西北隅，而山势较大，由永蓑劈分三股，中脊较高，东西两支微低，其间千山万壑……谓阴雪□寒，五谷不生，实则稻麦皆宜者，永宁土府也……越数百里，四山齐俯，而平原开拓，则郡治在焉，是为永城附郭，风气稍寒，余均和暖，惟宜植晚稻菽麦，所谓四时无暑，一雨便成冬也……由城西下，则为三川，其地微炎，宜稻宜麦，若无水患，迟稻亦收。

就如以上材料所描述，三川坝之地（金官、梁官二镇所在地）不仅可以种稻谷和小麦，而且如果水患减少，还可以种两季稻，故而永胜得到实质性的开发。除当时固有的自然地理条件，还离不开当地的水利设施建设。乾隆《永北府志》卷五《水利》载：

桥头河，即明川桥自大河观音菁水，由红石崖至此分为六坝，灌溉坡脚中洲、梁官等处。查永郡米粮全赖中洲，该处田多水少，又全赖观音菁水，以资播种六坝。旧分三班，每年二月初一日为始，自上而下，十八日一轮。明季以来立有碑记，近以年远碑毁，乡民强弱不等，竟有恃强约班混争之弊。乾隆三十年，知府陈奇典新立六坝水委，专查轮班放水，并议立班期、分放处所，造册送印分存，知府及经历衙门并一本交水委，即勒碑以垂久远。总巡黄君令水委文斗相经画之，功不可泯也。

沙河，由桥头河而下，向无堤埂，南北分流灌溉，沿河惟插柳护田而已。下至张家桥则河高田低，不得筑堤防护，又以水繁河窄，每至冲决。乾隆二十七年，知府马淇珣详请于海河谷内分来，分作二岁修。

泥河，分南、北二源，发九龙潭，因潭中水出九股得名。潭立南、北二闸。由南即为南沉河，灌上川田地，向西北折而至杨百户桥入五浪河，注于子里江。每至秋分，雨水泛涨，泥沙壅入阻塞，浸溢为害。乾隆二十七年，知府马淇珣议作三年分段岁修。乾隆三十年，知府陈奇典查勘，得南闸与桥头河二水交处有古沟□□久经淤塞，秋后每至害禾。遂捐资，令水委沈富挑濬十五丈，俾二水疏泄有归，近处田地无淹没之处矣。由北闸而去为北泥河，灌下川田地，由金官而合于杨百户桥，入五浪河而注入子里江。秋后水涨壅塞，亦与南泥河相等，马守议作三年分修。①

如上述所述，三川坝地区修有水坝、堤坝、沟渠等水利设施，为防止堤坝侵蚀，在河道两岸种有柳树护堤。同时，为防止河道淤塞，对其进行维护，立有"岁修"之约。三川坝田多水少，全靠观音箐之水来灌溉犹如杯水车薪。观音箐即灵源寺旁的小溪，此河宽约三米左右。我们考察时为冬季，应为枯水季，但该处水流量较大。不过，对于面积约为140万平方千米的三川坝来说，观音箐河水是难以满足该处农业水量需求的。为此，自明季以来立碑定规，每年二月初一始，分三班放水，十八日为一轮。到清乾隆时，陈奇典设立水委并造册存案。这些举措不仅规范了放水秩序，合理利用有限的水资源，而且也为我们展示了当时的水利社会的情形。虽然考察之时没有探寻到这些碑刻，但是对三川坝访谈之际却有意外收获。

永胜梁官镇谭氏四合院一角

11月23日下午，考察小组在金官、梁官二镇调查访谈之时，有幸拜访到一户谭姓人家。据了解，他们祖上在明朝朱元璋时从长沙调卫而来，至此定居数百年。谭家房屋格局为四合院式样，都是谭姓子孙居住。当余华师兄看见庭院内堆满了剥完玉米粒的玉米棒子，感叹一句："你们家今年大丰收！"谭家主人随即答道："是的，我们这里种啥得啥，有滇西粮仓之称。"当我们从梁官镇辗转至金官镇途中，发现这里稻田为棋局式样分布，整齐划一，阡陌纵横，河道和沟渠有序排列，柳树和竹林分布于沟渠和河堤两岸，土壤肥沃。还有不少有水的稻田，可能是当地人以备开春之用。

永胜三川坝东南角

四、古城旧居

丽江古城与西安等古城有许多不同之处，首先是并未发现与西安城墙相媲美的高大城墙。据乾

---

① 乾隆《永北府志》卷五《水利》，清乾隆三十年刻本。

隆《丽江府志略》"城池"条载：

> 丽江旧为土府，无城。本朝雍正元年，改土设流，总督高其倬、巡抚杨名时题请建筑土围，下基以石，上覆以瓦。周四里，高一丈，设四门：东曰向日，南曰迎恩，西曰服远，北曰拱极，上皆有楼。又别为小西门，曰饮玉。以便民，无池。（查丽江内蔽鹤、剑，外控维西、中甸，为滇省出入西藏咽喉，应改建石城，庶资捍御）①。

丽江为土府时没有筑城，据说是因为土府掌权者姓木，如果四周筑城则如"困"字，犹如不吉利之说法。此事一直延续到雍正改土归流之时，才得以筑土城，但时间久远，土城多有圮废。又因修石城代价太大，未果。故而我们今天所见之丽江古城没有城墙，原因就在于此。

其次是三河之水穿城而过。古城之水来源于玉泉水，而玉泉水发源于黑龙潭，从象山麓流出，从古城西北流至玉龙桥，并在此处分成贯穿全城的东、中、西三条支流。三条支流走街串巷、穿墙过院，逐渐分成无数条小水渠在古城里流淌，并与古城中的潭、泉相连，构成了城中的水网。丽江虽地处滇西北高原，但这里却有"小桥流水人家"的江南水乡之神韵。虽然穿城而过的河水量不如江南水乡那么丰富，但是流经千家万户，小水渠中的水显得比较有灵气，犹如孩子般，一会儿"活泼"，一会儿"恬静"。同时，其水质也是清澈、洁净、透明，据陆老师所说，这水在明清当时都能当饮用水。更有意思的是，当我们前往四方街途中，笔者便不由自主地说了一下，这里的石板街道真干净。陆老师便说，西河地势较高于中河，并装有活动木板闸门，每隔几日便利用高差可将西河之水引到巷子用以冲洗街道，然后街道石板上的脏物便顺着中河冲走。可见当地人民的勤劳与智慧。

三是古城街道上的民居建筑。古城民居建筑沿街道两旁分布，鳞次栉比。这里的民居建筑是土木结构的二至三层的瓦屋。其用瓦颇与内地不同，内地瓦房用的是"卷瓦"，而这里用的是青瓦。乾隆《丽江府志略》载：

> 旧时，惟土官廨舍用瓦，余皆板屋，用圆木四围相交，层而垒之，高七八尺许，即加椽桁，覆以板，压以石，屋内四围皆床榻，中置火炉并炊爨具。改设后，渐盖瓦房，然用瓦中仍覆板数片，尚存古意②。

由此可知，此处描写房屋的土木结构与我们在雪嵩村所见房屋内部无异。同时，该地建瓦房也是在改土归流之后。又据陆老师所述，青瓦本为皇家所用，但是由于丽江地区风大等因素，内地卷瓦不适宜本地的建筑，故而皇帝下令，允许该地区的建筑用青瓦。但是考察小组在永胜县城的一些

---

① 乾隆《丽江府志略》卷上《建置略·城池》，清乾隆八年刊本。
② 乾隆《丽江府志略》卷上《礼俗略·风俗》，清乾隆八年刊本。

丽江古城中的"悬鱼"（悬挂的那块木板）

古建筑上也发现了青瓦。其中缘由便不得而知，史料也无从查起。令人感兴趣的还有房屋的封火板正中挂着一块形状像鱼的木板，据陆老师解答，这叫"悬鱼"，是纳西族的一种风俗，这种挂着像鱼的木板有着两层含义，一是意为年年有余，一是鱼属水，警醒人们要注意防火。但是这种风俗好像并不是纳西族人所独有，考察小组在永胜县城许多古建筑上也见到这种木板。

11月22日下午4时左右，我们抵达丽江市区。由于时间较晚，加上行程比较紧迫，故而只能选取丽江古城中与考察相关的地点进行考察。

在市区长水路下车，沿着忠义巷向木府所在地进发。不到500米，便来到忠义坊，此牌坊与笔者之前所见"金马""碧鸡"牌坊有所不同，全部为石质结构。据简介说明，"忠义"二字乃明万历四十八年（1620）钦赐并敕牌坊。三门四柱六檐，柱皆通天式，高三丈三，象征"上有三十三重天"，宽二丈八，象征"二十八星宿"，前立四狮，后安鳌二，坊顶向内立望出犼二，愿主人早出门视事，向外立望归犼二，祈主人平安归来之意。据乾隆《丽江府志略》"古迹"条载："忠义坊，在土通判署右，高数丈，栋梁斗拱，通体皆石，坚致精工，无与敌者。明万历间，土知府木增奉敕建。"[①]此记载基本与考察所见以及简介所描述差不多。

木府古称"丽江军民府衙署"，是丽江木氏土司办公所在地。虽然它从形式上来看仅仅为土司

---

① 乾隆《丽江府志略》卷上《山川略·古迹》，清乾隆八年刊本。

宅院，但是它的气势与奢华，并不输于任何一座王公贵胄的府邸。

据说其主体建筑是仿照北京紫禁城建造，排列于东西主轴之上，包括忠义牌坊、仪门、议事厅、万卷楼、护法殿、光碧楼、三清殿、配殿以及两侧的驿馆和木家庭院，占地46亩。该建筑无论是规格和气势都与北京紫禁城相似，故而有"北有故宫，南有木府"之说。徐霞客评价道："木氏居此二千载，宫室之丽，拟于王者。"① 可见当时木府盛况。

忠义坊后即木府所在。跨进木府大门，便能看见一片开阔的地面上耸立着一座金碧辉煌的宫殿，如不是游人穿梭于此，仿佛置身于古代皇宫之中。木府第一座建筑便是议事厅。前议事厅是丽江木氏土司商议政事之场所，其气势威严壮观。由此可见，当时木氏土司地位显赫。同时，也意味着丽江土司的政治、经济、文化鼎盛。议事厅气势宏伟、端庄宽敞，是土司议政之殿。明人徐霞客万里遐征之时就曾在此面见过土司木增，并对此有过记载："其门南向，甚敞，前有大石狮，四面墙垣之外，俱巨木参霄。甫入，四君出迎，入门两重，厅事亦敞。"②

议事厅之后就是万卷楼。万卷楼由红柱、灰瓦所建构，三层飞檐，层层峻峭，二层稍与一、三层不同，有

丽江木府忠义牌坊合影

丽江木府万卷楼

---

① （明）徐霞客撰，朱惠荣校注：《徐霞客游记校注》，中华书局，2017年，第1063页。
② （明）徐霞客撰，朱惠荣校注：《徐霞客游记校注》，第1075页。

一个走廊,由十几根红柱支撑。在第二层的飞檐之下挂着一幅黑丝匾额,题有"万卷楼"三个大字。第一层也有一块横匾,比二楼匾额稍小,题"行化边徼"。这座雄伟庄严的万卷楼有着木家"图书馆"之称,它是木府存放书籍、档案之地。据解说员讲解,万卷楼存储的资料非常丰富,除了木家土司的族谱外,还有与纳西族的政治、经济、文化相关的卷宗、资料。

护法殿又称后议事厅,是木家土司商议家事的地方。大殿只有一层建筑,也是由红柱、灰瓦构建,大殿檐下题有"护法殿"三字。再下面一层檐下有一小匾额,题有"为国干城"。遗憾的是,时间紧迫未能进殿细细查看。

出木府之后便急匆匆经过官门口前往四方街。四方街是古城的中心,犹如大印一样。此处四周店铺林立,是市区最繁荣的地区。据陆老师所述,四方街是滇西最为繁华之地,也是茶马古道的重要枢纽站,进藏的商队都在此歇脚和补充食物。正如乾隆《丽江府志略》"市肆"条所载:

府城市,在府城内西关外大研里,湫隘嚣尘,环市列肆,日中为市,名曰坐街。午聚酉散,无日不集,四乡男妇偕来。商贾之贩中甸者必止于此,以便雇脚转运。丽女不习纺织,布帛皆资外境。合市所陈,稻粱、布帛居其半,余则食物薪蔬,无他淫巧也。日用常物,问市亦稀,惟菝糕麦酒,入市者必醉饱乃归①。

方国瑜故居大门一角

---

① 乾隆《丽江府志略》卷上《建置略·市肆》,清乾隆八年刊本。

史料所载的"大研里",就是四方街所在地。明清以来各地商人在此聚集,各民族文化在这里交融,是丽江经济、文化交流的中心,也是丽江府城的交通枢纽。以四方街为中心,有五条主要街道及与其相关的几十条巷道相互交织一起,构成了一个像蛛网一样的四通八达的街道网络。同时,街道网络虽密集,但是却没有死胡同。四方街的主要干道都是石板均铺而成,经岁月磨洗,石板变得光滑发亮,它们是丽江古城最好的见证者,见证了四方街的繁盛与衰落。

丽江雪嵩村洛克故居

方国瑜故居是丽江古城考察的重要一站。故居坐落在丽江古城的东北,位于五一街文治巷内。考察小组循着指示牌,踏着石板路一路寻找,发现左前方有与其他建筑格格不入的一堵墙,与马头有几分相似,感到非常好奇:这座建筑与古城其他纳西建筑大为不同,似乎别具一格,独领风骚。询问陆老师,原来我们已经到达了方国瑜故居。陆老师说,刚刚我们看到的那座墙,叫"马头墙",是江南徽式建筑。这座故居怎么是徽式建筑呢?难不成方先生是江南人?其实方先生是云南丽江人士,纳西族。这时便回想起与老师们在课堂中讨论的一些移民相关问题,为什么云南许多人都认为祖籍是南京应天府柳树湾人,就如方先生谈到自己祖籍时,认为自己是安徽桐城方氏人,是方苞的后世子孙。当然,这与我们后面考察中所访谈的金官、梁官二镇居民谈到的内容有些不同,他们说自己祖籍是湖广,这里是卫所移民,有着历史证据。而丽江城区周围,在明清可是木氏土司掌管,可以说是土皇帝,这里不太可能进入汉族移民。这些对研究移民史都非常有意思。遗憾的是,当我们走到方国瑜故居大门时,发现大门紧闭,是我们错过了参观时间,只能望门兴叹。

洛克故居是我们第二天上午考察的第一站。洛克故居坐落在玉龙雪山之下的玉湖雪嵩村,距丽江古城十余里。洛克全名为约瑟夫·洛克,是美籍奥地利人,1922年从泰缅边境进入云南,然后从滇南思茅来到滇西北丽江,一住就27年,对丽江周围地区进行了详细考察,拍摄了上千张珍贵的民俗照片。同时翻译了上百本东巴经书,著有《中国西南纳西古王国》等著作。要想更好地了解丽江当地的民俗风情、文化交通等方面,洛克著作是我们必读书目之一。

11月23日早上9时从丽江古城出发,大约20分钟车程便抵达雪嵩村。令人震撼的是,古老的纳西族村落保留得比较完善,与丽江古城中的纳西民居相比,多了一些真实与淳朴。纳西民居鳞次栉比,错落有间,游客与居民往来于石子铺成的曲折小道上。从停车场往上走了大概四五百米,在村落的尽头有一个用石块堆砌而成的石堆(不知这个用词是否正确),有两层楼高,周长差不多两个成年人手拉手围起来的样子,一眼看去应该是纳西族人供奉的信仰之神,但是在周围没有发现贡品或者红布、哈达（纳西族也信奉藏传佛教）之类。陆老师告诉我们，这是纳西人信仰的三多神。左边巷子的民居似乎比右边更为朴素，于是顺着主路向左边的巷子走去，两边的房子都是石质结构。刚好有一户家门开着，出来一位老奶奶，我们征得同意后进去参观。民居为土木结构，四合院院式，占地面积比较大，除去门所在的位置，其他三面都有房间。院落为正方形，中间种有果树花木和盆景。很惊奇的是这里几乎家家户户都有盆栽，可能是纳西人的情调与风俗。

丽江雪嵩村中院子一角

遗憾的是当时没有鼓足勇气询问其原因。同时，她家很讲究门窗，格扇雕有各种图案、花鸟、人物、民间故事。

在我们参观之际，陆老师问那位老妇人，她家的堂屋似乎供奉"天地君亲师"，老师的这个提问让考察队员很惊讶，我们内地堂屋不都是写着"天地国亲师"。在出门之后，她告诉我们，"天地国亲师"是在1949年后才把"君"改为"国"。"天地君亲师"是在清代才形成的，这里面是否蕴含着"边疆治理与国家认同"观念？这个变化是值得我们关注的。原来处处是学问，不是没有学术可以让我们研究，只是我们缺少好奇心，从而让我们缺少发现问题的关键所在。对于我们做研究的来说，除了敢于在书斋坐冷板凳，我们还需要去野外考察，仔细观察外面的变化。

从老妇人家离开后，便继续寻找洛克故居。途中看见一渠清澈透明的水流从村中穿过，用手试探了一下，冰冷刺骨。村中没有大河，一定是玉龙雪山的冰雪融水，经询问才知道昨日傍晚在丽江古城所见的水流就是从这里经过人工导引过去的。在当地人的指引下，终于到达我们今天第一站：洛克故居。

讲解员带领我们进入洛克故居。院内也是四合院式，三面房屋围绕，一面围墙，房子主体为木架结构，左、右、后三面是石头堆砌而成，前面那面是木板门，上面雕刻着精美的图案，不知道图案象征着什么。院子的地面是由沙石和鹅卵石构成，中间由一幅带有蝙蝠图案的正方形鹅卵石镶嵌而成，据了解这与当地纳西族的信仰有关。当年洛克居住的二楼中间摆放的是一幅图，左边摆放的一张小床。最后来到院子的右边，里面摆放了二三十幅相框镶嵌着的老照片。

参观完之后便准备驱车前往永胜。出村落之时，陆老师就给我们讲解了一下云南地区坝子众多，按海拔分类则可以分为高、中、低三类。高坝子海拔2200米以上，中坝子海拔在1600—2200米。据《丽江市情简介、概况》①，丽江"有111个大小坝子，星罗棋布于山岭之间，海拔一般都在

---

① 资料来源于来自百度百科。

2000米以上，其中丽江坝最大，面积约200平方千米，平均海拔2466米"。丽江坝就属于高坝子。就我们所见，丽江坝周围并没有什么农作物，就如我们昨天傍晚在餐馆所了解的一样，他们的土豆都是从附近的地方购买而来。从雪嵩村周边的情形来看，这里的土质为沙石，土壤贫瘠，只有草甸和矮杂木生存，公路两旁的松树都是很多年前栽种的，经过多年生长，个头也不大。同时，丽江气候属低纬度高原季风气候，有"四季无寒暑，遇雨便成冬"的说法。昨晚在丽江古城闲逛之时便深有感触，昼夜温差较大。因而丽江坝不适宜稻作农业，只适宜发展畜牧业，这也是为什么我们在丽江坝中不时看到十几只成群的牛群，而看不到稻作农业。对此，只有我们了解丽江坝子的自然地理地貌水文等条件时，才能理解这里发展为何是这样的。

五、澜沧卫城考察

澜沧卫之"澜沧"非澜沧江之说。在未考察及查阅资料之前，阅读有关史料时，一直以为澜沧卫得名于澜沧江。后从丽江驱车前往永胜之时，发现永胜县境三面环江之"江"并不是"澜沧江"，而是金沙江。而《永胜县志》"建置沿革"条却按："明初，称金沙江为北澜沧江，卫以江名。"[1]顿时，心中疑虑又犹然陡升，不知所云。丽江市与永胜县境是隔江而望，因这一地带是横断山脉与云贵高原衔接区域，千沟万壑。当我们驱车从丽江古城来到金沙江谷地之时，大约用时两个小时左右，其中从山顶一直沿着盘山公路盘旋至谷地就差不多用时一小时，在这时才真正地体会到了滇西北的"山高谷深"，从坝区至坝区需要经过大山才能到达。到达金沙江谷地，澜沧卫并不是因"澜沧江"的疑惑解开了。当我们考察州城四门时，特地询问了一下老师，回答是"可能这里有条河叫澜沧河……"。其实不然，当返程时查阅史料，正德《云南志》载：

澜沧山，去城西南二里，与拜佛台相连，高二百余丈，俯视陈海，一碧如，卫因以名[2]。

又据《大清一统志·永北直隶厅》"山川"条载：

澜沧山，在厅城西南二里。《名胜志》："山高二百余丈。"卫与驿皆曰"澜沧"以此[3]。

故而，澜沧卫并非得名于澜沧江，也不是因州城附近有澜沧河，而是因州城附近有澜沧山，卫所及驿得名于此。

澜沧卫城始建于洪武二十九年（1396年），位于元末明初北胜州城南，是一座由砖石堆砌而成的石城。城高一丈六尺，周围五里三分，绕城有护城河。澜沧卫城即今永胜县城。澜沧卫为实土卫

---

[1] 云南省永胜县志编纂委员会编：《永胜县志》，第32页。
[2] 正德《云南志》卷一二《北胜州·山川》，明嘉靖三十二年刻本。
[3] 嘉庆《大清一统志》卷四九七《永北直隶厅·山川》，民国二十三年（1934年）影印本。

所，鼎盛时，辖有今永胜、宁蒗等地。

关于澜沧卫始建与重修情况，云南总督王继文康熙三十六年（1697年）正月所撰《创修北胜州城记》有着较为详细的描述：

滇，古百濮国也，极天下之西南，北胜州又极西偏之地，孤悬江外，界接吐番，诚有抗吭拊背之势焉。按《志》称，战国时为白国地，历汉、唐、宋、元、明，或为北方赕，或号成纪镇，或称北胜州，名号各殊，而属治亦异。自我圣天子神武布诏，历鉴前代之规，法期尽善，初属大理，后裁澜沧卫并州及直隶，又易协为镇，盖所以重边疆也。自明洪武二十九年，城始筑，濠始通，计周五里三分，高一丈六尺。正德中，地震，官民重修。迄于今历百余年，城渐颓，濠渐淤，不城不濠，捍牧围之，谓何也。予叨荷皇恩，节制滇黔，农桑学校，凡有关于民生者，靡不兢兢筹画。刻修城郭，奠民居，视他政尤为急务，而北胜较他州尤为要地乎。先是永北镇马君驻节于兹，目视城剥濠洳，即以修濬为请。余因深嘉其急公，爰与抚军石公、提军偏公同捐俸首倡，暨盐司诸文武亦各有助。马君不惮勤劳，日偕州牧胡挺松为之督率，鸠工骈力兴作，就城故址，坏者葺之，缺者筑之。四门昔无堞楼，今皆创之造之；城濠年久淤塞，今皆疏之濬之。于是，升其城，唯见筑之登登，削屡冯冯，垣墉崇也；城楼翼翼，堵堞龈龈，疆围固也；壕沟洋洋，蓄水盈盈，保障雄也……苟因其旧而时加修焉濬焉，则捍御蓄泄之方，实与政教相终始，将见边陬永邀宁谧……易曰：容保无疆。书曰：明作有功，惇大成裕。为民牧者，可思厥职矣。是役也，经营于丁丑孟春（康熙三十六年正月），而告成于仲夏。故记于碑阴，以为后世之司牧者劝①。

同时，乾隆《永北府志》中"城池"条对城门也有记载：

永北府城，即澜沧卫城，旧为北胜州。洪武二十九年，指挥王佐筑砌砖石，周围五里三分，高一丈六尺，城脚厚五尺，垛口厚一尺八寸，环以水濠，四门各建城楼一座，旧名其东楼曰"迎旭"，南曰"来薰"，西曰"扬辉"，北曰"拱极"。正德乙亥年，地震颓倾，西北兵备平世用修之。本朝康熙五年，士民重修。三十六年，知州胡挺松、总兵马声重修，改题东曰"挹翠"，南曰"威远"，西曰"宝雪"，北曰"安阜"。雍正六年，马光裕重修。十三年，署知府江峤孙重修。乾隆五年，署知府营学宣奉文重修②。

王继文所撰和乾隆《永北府志》"城池"条情况与笔者实地考察、访谈基本上可以相互佐证。11月24日上午11时至下午5时，我们开始对州城的相关问题进行考察。因年经久远以及"文化大革命"和现代城市规划等因素，州城遗址已不复存在。现有东、南、西、北四门牌坊，分别曰"迎

---

① 光绪《续修永北直隶厅志》卷九《艺文》，清光绪三十年刻本。
② 乾隆《永北府志》卷七《城池》，清乾隆三十年刻本。

永胜县城东门（迎旭）

旭""来薰""扬辉""拱极"，是今人新建。所题名号，当为州城始建四门之名。

未见州城遗址，甚是遗憾。庆幸的是我们经过对南、北二门附近的老人进行访谈得知，州城未被推毁前，甚是宏伟。其中一位家离北门较近的老人告诉我们，他们小时候见过州城。如今的四门就是城门原址，位置大体没有变化。城门以前是拱形，由砖石堆砌而成。以前的城墙为土坯墙，高约五六米，厚两三米。现在北城门牌坊的那条水泥路就是以前的护城河，将城墙推倒后填充为现在的公路。据说现在在护城河遗址上要挖到砂石则要下挖8米的样子。如此可见，当时的护城河比较深。

除了对州城四门进行考察，我们还关注城内的街道以及两旁的古老建筑。城内分为南北、东西两条主干道，现在南北方向的主干道比东西方向的主干道宽，而东西方向的主干道两旁有柳树以及成排的古树。询问路人得知，南北干道是因道路加宽所致，南门区域又是古房屋建筑较多地区。据《永胜县志》，弘治九年（1496）北胜州治衙门移进澜沧卫城南角（即今幼儿园、印刷厂、永北镇人民政府及农科所一带）[1]。故而，有幸在南门（也就是南街）附近的印刷厂发现了一排木质材料建的房屋，但基本已经倾颓或内部改建。欣喜的是，在这里还是发现了一栋保存比较完整的。见房门开着，便想进去一探究竟。从街道进入院内需要穿过约1米宽的甬道，甬道两边各有几间小厢房，约10平米左右，可供一个人居住。小厢房的门朝甬道开。进去便有一栋房子，屋檐与门窗都比较古老。中间有十几平方米的小院子。站在院中看前面的小厢房之规格，陆韧老师介绍，这就是明代著名的"一杆枪"，为士兵居住之规格，门朝一个方向开以及位于主街道两旁，是为了方便出现紧急事件之时，卫兵能及时赶到街上集合。据陆韧对明代新安守御千户所"一条枪"的调查研究，"每户军士的营房门面为3米左右，相当于古代一根枪长度，故传下此名。东西两排'一条枪'每户营房有大门隔街相望。墙原用土坯砌成，或用夹版筑土而成，厚约40公分。每条'枪'进门后一边为居室，面积8平方米左右，一边为通道，宽一米左右，通道与居室相通，也是居室的唯一出口。"[2]以上描述与此次实地考察所见情形大体一致，不同的是，永胜县城南街印刷厂所见的"一条枪"并非土坯房，而是木质结构。且我们所访谈的那户居民，其房屋比其两边的"一条枪"略高，其内还有小庭院与两层木房，据此与永胜县城《胡氏家谱》推测，他们家祖上在清代地位显赫。

---

[1] 云南省永胜县县志编纂委员会编：《永胜县志》，第32页。
[2] 陆韧：《元明时期的西南边疆与边疆军政管控》，第106页。

永胜县城南门街印刷厂旁边的"一条枪"门面一角

永胜县城"一条枪"甬道

六、结语

　　此次考察用时五天，途经楚雄、大理、丽江等市，行程约1075千米。由于各个考察点远在滇西北且不集中，对于部分地点的考察比较粗略，未能深入。但总体而言，较为粗略地考察了丽江古城名居、永胜县城城址及主要坝区的地貌、河流、村落、民居、农田、水利、交通以及寺庙等古建筑，也发现不少史籍没有记载的资料，对于了解和研究丽江及永胜历史、文化有着重要作用。同时，此前我们不清楚的问题，根据一些残存的遗迹和山川地貌基本还是能印证一些史书的记载。

　　此外，在考察过程中，我们也感叹城市现代化进程如此之快，一些城镇的古老建筑以及城址还没有得到相关保护就已经被摧毁，现在没有被毁坏的也堪忧。如永胜县城的城址已无城墙遗址可寻，南门附近的古老建筑也是岌岌可危。照此下去，再过十年，甚至更短，永胜县城内的古老建筑就可能消失，后人将无法目睹历史的沧桑岁月。

云南禄丰县明清盐井遗址及盐业考察纪实(上)

朱圣钟、王人正、闫哲

作者简介

朱圣钟,湖北巴东人,西南大学历史文化学院民族学院、西南历史地理研究所教授,主要从事民族地区历史经济地理、环境变迁、历史技术地理、历史民族地理、历史灾害及历史地理文献等方面的研究。

王人正,海南三亚人,西南大学历史文化学院民族学院2017级硕士研究生。

闫哲,山西文水人,西南大学历史文化学院民族学院2017级硕士研究生。

盐业在明清时期云南地方经济中扮演着非常重要的角色,盐税是明清时期云南财赋的主要来源之一。历史上云南生产的食盐主要为井盐,即从盐井中汲取卤水煎煮成盐,因而盐井所在地即是盐

---

① 本文为国家社科基金一般项目"明清西南民族地区经济开发中的技术选择与环境关系研究"(17BZS089)的阶段性成果。

产地。明清时期云南盐井号称有九井，但实际上盐井总数远不止九井之数①。明清时期云南各盐产地都有哪些盐井？它们现在何方？这些都是明清云南盐业史地研究中值得探究的问题。为探究明清时期云南境内之阿陋井、元永井、草溪井、黑井、琅井等盐产地盐井分布及其盐业状况，2019年8月14日至20日，我们驱车行程2200多千米，对云南禄丰县境内的盐井遗址及盐业状况进行了为期一周的实地考察和探访。

8月14日早上8点零8分，我们考察组一行三人从西南大学出发，驱车踏上禄丰盐井考察的征程。途经成渝环线高速、厦蓉高速、杭瑞高速，于晚上9点30分抵达昆明市盘龙区环城东路七天酒店。8月15日早上9点40分，考察组一行又马不停蹄地经由杭瑞高速赶往禄丰，于11点30分抵达禄丰县城北天龙大酒店。

禄丰县位于云南省中部，战国及秦朝为滇国地，西汉武帝元封二年（公元前109年）置益州郡，罗次及禄丰一部分属秦臧县地，禄丰大部分属连然县（今安宁市）地，广通一带则为弄栋县地。西晋时为宁州建宁郡地。隋朝为南宁州总管府昆州（今昆明市）地。唐朝初年为南宁州总管府辖地，贞观六年（632年）撤总管府，改属戎州都督府，禄丰属昆州，广通则属尹州。天宝元年（742年）广通属望州，罗次属移罗州，禄丰属昆州，名为龙和城，皆属剑南道戎州都督府辖地。天宝九载南诏王阁罗凤命阿哀分治禄丰，称为滇哀城（今县城南正街南段南古城），罗次为乌蛮三十七部之罗部，居次赕（今碧城），并置扶邪县。宋代大理国时禄丰为碌奉甸，罗次为罗部，置路赕县（今广通镇）。元朝宪宗七年（1257年）置路赕千户，广通属威楚万户，禄丰、罗次属安宁千户，至元十二年（1275年）割安宁千户之碌琫（今金山镇）、化泥（今中村乡）、骥琮笼（今大路溪乡姚陵）置禄丰县，属中庆路；改路赕千户为广通县，属威楚路南安州（今双柏）；乌蛮罗部立罗次州，属中庆路。至元二十四年改罗次州为县，属安宁州，安宁州属中庆路。明朝禄丰县为云南府安宁州辖县，罗次县直属云南府。清朝禄丰县、罗次县直属云南府，广通县属楚雄府。民国二年（1913年）分定远县（今牟定县）所属黑井、琅井，广通县所属阿陋井、猴井等地置盐兴县。中华人民共和国建立后，罗次县属武定专区，禄丰、广通、盐兴三县属楚雄专区。1957年设楚雄彝族自治州，禄丰、广通、盐兴、罗次四县属楚雄彝族自治州。1958年撤销盐兴县，其地入广通县。1960年撤销罗次县、广通县，其地并入禄丰县，禄丰县仍属楚雄彝族自治州管辖，县治今禄丰县金山镇②。

由于抵达禄丰县城时间尚早，午饭后我们决定前往禄丰县博物馆参观。博物馆旧馆位于城东金山南路，新馆迁至城南侏罗纪大街与120国道汇合处，是禄丰恐龙化石科普基地。新馆主要为恐龙化石陈列主题，而我们主要想了解禄丰县盐业历史信息，旧馆就成为了我们参观的首选。博物馆旧馆免费向公众开放，里面展示有禄丰恐龙、腊玛古猿化石，也陈列有石器时代石器、青铜时代青铜器、宋元以后的瓷器等物，还有一些来自琅井的盐业生产的相关遗物。随后考察组一行前往金源

---

① 黄培林、钟长永主编：《滇盐史论》，四川人民出版社，1997年，第35-38页。
② 云南省禄丰县地方志编纂委员会编纂：《禄丰县志》，云南人民出版社，1997年，第39-40页。

街禄丰县图书馆，在地方文献资料室查阅了《云南一平浪盐矿志》《禄丰县工业志》《一平浪盐业志》《禄丰县志》等地方文献，获得部分盐业史资料。在前往博物馆途中我们还走访了禄丰县教堂，从禄丰县图书馆返回天龙大酒店途中还参观了禄丰县城区清真寺。

8月16日早上7点30分，我们驱车出发，途经320国道、329县道、022乡道，于8点35分抵达一平浪镇阿井村村委会，村支书在了解我们来意后，即电话安排村委张玲副主任带我们去寻找阿井村盐井遗址。

阿井村即阿陋井盐井所在地，明清时期地属楚雄府广通县舍资村地界，阿陋井又称阿陋猴井、大诺井，其得名之由已不可考[1]。《康熙黑盐井志》载"阿陋井，在广通县舍资村……洪武年间开"[2]，则是阿陋井开凿于明洪武年间。又景泰《云南图经志书》载阿陋井"在广通县舍资村。皆出卤泉，煮以为盐，今置司课之"[3]，则明代设有阿陋井盐课司大使，负责管理阿陋井盐业生产和盐课征收。明代阿陋井一带究竟有多少盐井呢？顾祖禹《读史方舆纪要》广通县阿陋井条载"在舍资村中，又有猴井……县产盐之井凡四十七区，俱环盐课司四旁……总以奇兴大井为名"[4]，又《康熙黑盐井志》载"阿陋井并各井共四十井"[5]，又《滇南盐法图·阿陋猴井图说》载滇省盐井"井眼最多者，莫如阿陋。《盐政考》内共载四十井"[6]，无论是47井，还是40井，均就其最大数而言。当时究竟有哪些盐井呢？史籍留名者有阿陋井（大井）、十二丁井、白沙井、河边井、丰稔井、纳甸井、马蝗井、象鼻井、小羊筲井、十八丈井、吧喇井、改板井、莺哥井、丰祭井、丰聚井、罗木井、湾子井、永胜井、袁信井、袁朝凤井、张志才井、报本井、永泉井、新兴井、丰乐井、丰桶井、丰胜井、丰润井、七分井、核桃井、周玄井、冯凑井、张必登井、张时用井、冯国奇井、段冬生井、李邦太井、猴井等，这些井"或以人起名，或以地起名，总名为古额小井"[7]。至清朝康熙年间"除灾伤、埋没、弃废外，现开计十井，曰大井、奇兴、吧喇、罗木、丰际、十二丁、袁朝俸、袁信、纳甸、猴井。僻丛山深箐，环溪上下左右，但井眼虽多而源微流细"[8]，康熙年间阿陋井盐井仅有10井了。至雍正四年（1726年）新开盐井1座，即格拉井[9]，至道光年间阿陋猴井盐大使下辖盐井11处[10]，较明代盐井40处数量上有大幅度减少。尽管盐井数量较明代减少，但新开盐井产卤量却超过旧井，因此清代中期阿陋猴井盐产总量有所上升，这在盐课上有所反映，明代以来11处旧井盐课为900多两，雍正年间新井盐课达3800多两；明代旧井灶丁为53人，而雍正年间

---

[1] 康熙《滇南盐法图·阿陋猴井图说》载："阿陋之名，不识何所取，义名虽陋，而盐法事宜颇称嘉焉。"
[2] （清）沈懋价纂订，李希林主点校：康熙《黑盐井志》卷五《黑井盐政》，云南大学出版社，2003年，第74页。
[3] （明）陈文等纂修：《云南图经志书》卷四《楚雄府》，续修四库全书编纂委员会编：《续修四库全书·六八一·史部·地理类》，上海古籍出版社，2002年，第74页。
[4] （清）顾祖禹撰，贺次君、施和金点校：《读史方舆纪要》卷一一六《云南四》，中华书局，2005年，第5130-5131页。
[5] （清）沈懋价纂订，李希林主点校：康熙《黑盐井志》卷五《黑井盐政》，第74页。
[6] 康熙《滇南盐法图·阿陋猴井图说》。
[7] （清）沈懋价纂订，李希林主点校：康熙《黑盐井志》卷五《黑井盐政》，第74页。
[8] 康熙《滇南盐法图·阿陋猴井图说》。
[9] 《禄丰县工业志》第八章《制盐业》，禄丰县经济委员会编印，2009年，第531页。
[10] （清）阮元等修：道光《云南通志》，云南大学出版社，2001年，第588页。

新井灶丁人数为97人，灶丁人数增长了近一倍，这也说明清初至清代中期阿陋猴井一带盐业生产有很大发展。清代后期阿陋井盐业生产逐渐衰落，嘉庆二十四年（1819年）、道光四年（1824年）两次对阿陋猴井盐课银下调，至道光年间阿陋猴井煎额盐数量下降至43万多斤[①]。伴随着盐产量的下降，昔日阿陋猴井盐业生产的盛况已风光不再。

阿井村一带明清盐井遗址及盐业生产遗迹现已消失无多，盐井遗址除奇兴井外，大多数已踪迹全无，只有村中老人还依稀记得盐井大致处所；盐业作坊仅留旧迹，盐灶已荡然无存；早期灶户或盐商宅第也倾颓成断壁残垣（当地扶贫办将之视为危房，也许再过些时日，这些散布阿井村的破旧建筑会因整改而消失）；昔日盐课司署而今也被改造成了觉性庵，已失去往日主宰一方经济命脉的威武雄风。

9点30分，在阿陋井古村外与张玲主任汇合后，我们在她带领下去走访张成功老人。张大爷现已89岁，身体硬朗，思路和语言表达都很清晰。据张大爷介绍，他祖籍为南京，他们这一支人在该地生活已有十几代人了，按此推算，张大爷先祖当是明洪武年间从南京迁来开凿阿陋盐井的灶户，至今阿陋村一带张姓仍是大姓。阿井村张姓人家较多，但来源却多，有明代从江苏迁来的，也有清代从四川迁来的，据张玲主任介绍她的先祖就是清代从四川自贡迁来的。此外，张大爷还介绍，除张姓外阿井村一带还有其他灶户30多家，当地盐业生产一度非常红火。因我们此次考察任务之一就是寻找明清时期的盐井遗址，遂向张大爷询问阿陋井一带盐井的位置。张大爷告诉我们，阿陋井一带他知道的盐井只有10多处。张大爷说的30多户灶户和10多处盐井的数量与我们了解的有些出入，根据前引文献我们知道，明代阿陋井灶丁为53丁，清雍正年间为97丁，从事煮盐生产的人数比张大爷所说36家要多；盐井数量多时有40井乃至47井也比张大爷所说10多处要多。导致这种数量记忆和认知差异的原因，可能是很多盐井在发展中因"灾伤、埋没、弃废"而不为后人所知；盐业生产兴盛毕竟在明清时期，其间灶户灶丁有变易，加之时间既久，早期记忆模糊而近期记忆相对完备，老人的口述与史实有些偏差也是可以理解的。这也再次提醒我们，田野调查中的口述史料，我们可以将之作为史料来源之一，切不可视为唯一可靠的史料而不加甄别。交谈中张大爷还告诉我们，阿陋猴井是阿

在阿井村采访89岁张成功老人

陋井和猴井两地盐井的统称，猴井即后来的元永井。在张大爷告诉我们阿陋古村附近几处盐井位置后，张玲主任带领我们踏上阿陋古村盐业生产及盐井遗迹探寻之路。

10点整，我们从张大爷家出发前往阿陋井古村。村子坐落于两条河沟交汇的台地上，很多早期

---

① （清）阮元等修：道光《云南通志》，第588页。

阿井村古巷道　　　　　　　　　　　　　古阿陋井村南寨门，出门向南可至一平浪镇，即昔日舍资

大井（阿陋井）遗址上修建有三层楼房一座

的房屋建筑、古道大多分布于溪沟沿线和台地上，而现代建筑则大多沿乡村公路排列。村中早期的房屋建筑，很多因住户搬迁废弃，或因年久失修而呈现出断壁残垣的破败景象，惟有昔日盐商宅第小巧精致的房屋布局、破旧却尚存的阿陋古村南寨门让人能依稀想象出阿陋井盐业生产繁盛时古村落的繁华。古村内主干道原来都是用当地的红砂石块铺成的，从穿村而过的公路通往溪沟边的几条古巷道还较完好地保存下来，至今仍然是当地居民步行出村的重要通道。

随后张玲主任领着我们溯阿井溪向北去寻找古盐井遗址。大井即阿陋井，是我们考察的第一个盐井，该井遗址位于古阿陋井村内李家湾，处阿陋井村至纳甸村公路桥东侧，旧地名叫四方街。该井开凿于明洪武年间，曾经停废，后又持续开发，至1957年井硐才封闭[①]，大井废弃后遭人为填埋，现阿陋井旧址上修建有三层楼房一栋，盐井旧貌已全不可见。经测量大井遗址地理坐标为东经101°2′20.98″，北纬25°3′51.61″。

由大井遗址向西过桥，再向北10多米即阿陋井古村北寨门，由此出村向北经古盐道可达猴井，即后来之元永井。古村北寨门虽因年久失修破旧不堪，但其险要风貌还是大体保存下来，寨门墙体

---

① 《禄丰县工业志》第八章《制盐业》，第531页。

上还遗留有弹孔依稀可见，让人确信在明清时期的动荡年月里，北寨门也是保卫阿陋井古村落安全的重要屏障。

出北寨门溯溪沟边古盐道向北，沟西侧有盐课司署旧址。盐课司署内部建筑总体格局为四合五天井，这些主体建筑得以保留下来，阿井村当地人俗称其为"一颗印"，得名缘由或许是因为盐课司大使为阿井村一带最高长官，盐大使掌管着象征最高权力的盐课司大印。经测量其地理坐标为东经101°2′30.32″，北纬25°3′50.92″。民国时期盐课司大使张兵就在此处办公，"一颗印"后由张兵后人继承。在张兵后人迁居昆明后，宅院由当地村委代管，后又转交给当地尼姑使用并改名为觉性庵。我们到"一颗印"时其大门紧闭，无法入内探访其"四合五天井"的建筑风貌，只好领略一下建筑外观。

从盐课司署旧址前过桥，溯溪沟东侧古盐道北行，路右侧有盐井遗址，即张成功所介绍的丰济井盐井。盐井遗址在村民陈兆友家房屋院坝坎下，但可惜的是，盐井已在建房时被填埋了，不过从填土凹陷部分还可大致确定古盐井的位置，经测量这处盐井遗址的地理坐标为东经101°2′12.08″，北纬25°3′55.25″。丰济井大约开凿于明嘉靖年间（1522-1566年），民国时期仍有盐卤的开采利用，至1957年时井硐才被封闭①。

丰济井西北约60米溪沟西岸坡脚处有奇兴井，也是阿陋井一带保存最完好的古盐井，现已被村民陈兆友改造成猪圈。经张玲主任与陈兆友说明来意，他很爽快地带领我们去他家猪圈探访奇兴井遗迹。奇兴井洞口一面坡脚处筑有红砂石块砌成的长约30米、高约4米的一道石坎，盐井硐口在这道石坎居中位置，经测量其地理坐标为东经101°2′10.66″，北纬25°3′56.56″。奇

古阿陋井村北寨门，向北经盐道可至猴井，即元永井

觉性庵，又称为"一颗印"，昔日阿陋井盐课司衙门旧址

---

① 《禄丰县工业志》第八章《制盐业》，第531页。

丰济井盐井旧址

奇兴井遗址，井口处盖有砖房猪圈，井硐口位于猪圈内

猪圈内的奇兴井硐口

井道内阻挡猪群的石墙

兴井硐口高约2米、宽约1.5米，陈兆友在奇兴井硐口盖有砖房，硐口在砖房猪圈内。我们进入猪圈时猪群躲入井硐，为防止猪群深入盐井井硐发生危险，陈兆友在距盐井硐口约3米的井道内筑有一道高1米多的石墙，这既能挡住猪群，也使我们难以深入井道。利用手电筒有限的光亮，我们观测到，井口至我们目力所及的井道为横井，再往内就不得而知了；井壁皆为岩石，没有任何人工加固的防护措施，井壁上早年凿井痕迹依稀可见。陈兆友介绍说，奇兴井从井口往内一段为横井（即我们见到的其中一段），横井过后便是斜井直达卤源处。奇兴井开凿于明万历二十二年（1594年），

民国时期仍有盐卤资源的开采利用，至1957年奇兴井与其他盐井一道被封闭[①]。

从丰济井溯溪沟东岸沿古盐道向北100多米处有石拱桥一座，名狮子桥。桥头原有威武雄壮的石狮子两座，"文化大革命"期间石狮子作为"四旧"的典型被推倒，后来修路时被泥土掩埋，热心村民在桥头路边草丛为我们挖出了石狮子的残部。狮子桥也是阿陋井至猴井（元永井）盐道上的重要桥梁，修筑时间最早或可上溯到明代。

由狮子桥溯溪沟东岸道路北行30米，道路左侧坎下有一处盐井，当地人称为硝井，旧井井口垮塌已无踪迹，经测量其地理坐标为东经101°2′12.61″，北纬25°3′55.62″。盐井遗址处还有水流渗出，周边泥土上还附着一层白色硝盐，我们经品尝确认渗水还很咸。张主任及同行的村委干部都说此硝井原来主要是熬硝的，开凿及废弃时间并不久远。

硝井遗址，卤源渗出处泥土及石块上附着厚厚的硝盐渍

随后我们返回阿井古村去寻访煮盐作坊遗址，这处煮盐作坊遗址现位于张发芝老人家中。张大娘家房屋依山势而建，临公路侧分上下两层，下层为砖墙，上层为木结构楼房，入正门后顺石阶而上，房后有一略显空旷的院子，早年即在这个院内筑灶煮盐。据张大娘介绍，早年盐灶位于院子靠山坡墙脚一侧，多口盐锅顺序排列。现我们仅看见一些堆砌灶台的条石，盐灶旧貌已全然不见踪影。

阿陋井一带明万历二十九年（1601年）曾开凿仙道箐井、二小古井、小石井，明万历三十九年（1611年）还开凿有房边井，至清咸丰年间（1851-1861年）盐井均停废[②]，盐井遗址已不可寻。康熙年间，阿陋井一带为人所知的盐井达40多处，而知其名称者也有30多处。这些盐井中，可能不乏清初开凿的盐井，有一部分可能是明代开凿的，只是受资料限制，我们难以一一确认。

阿井村村民张发芝家住房外观，昔日的煮盐作坊旧址

张发芝家盐灶遗迹

张发芝家昔日煮盐作坊院内一角

[①] 《禄丰县工业志》第八章《制盐业》，第531页。
[②] 《禄丰县工业志》第八章《制盐业》，第531页。

《滇南盐法志》所载康熙年间阿陋井十大盐井中，吧喇井、十二丁井、袁朝俸井、袁信井已不可考，张成功大爷也不知道这些盐井在何处。罗木井具体位置在今阿井村村委会附近，盐井遗址已消失无存。纳甸井位于纳甸村境内，纳甸村即因纳甸盐井而得名，但纳甸盐井位置已不为人所知。猴井即后世所称元永井，为我们随后要考察的第二站。

考察中，张玲主任介绍一平浪镇文化站李伟副主任曾在阿井村做过盐井遗址的调查工作，11点50分我们结束阿井村盐井及盐业遗址考察后，谢绝张主任留我们吃午饭的美意，决定赶往一平浪镇拜访李伟副主任。不巧的是李伟副主任已去了禄丰县城，他很热情地为我们介绍并联系好文化站王伟主任。

13点05分，我们在一平浪镇镇政府见着王伟主任，王主任以镇党委办公室主任兼任一平浪镇文化站主任。王主任为我们介绍了文化站的情况，并带领我们参观了文化站各个历史文化陈列室，我们则着重关注了与盐业生产有关的张冲"移卤就煤"工程路线图、输卤沟砖、煎盐铁锅、盐矿石等。随后考察组就一平浪镇盐业史及盐业遗址问题与王主任进行了交流，我们主要介绍了项目研究中有关禄丰县盐业及盐业技术研究方面的情况，王主任为我们介绍了一平浪镇文化站在盐业历史文化方面所做的工作，并为我们提供了部分文化站近年来有关盐业及盐井资源调查的资料。因下午王主任镇政府那边还有事，我们只好结束与王主任的访谈。

13点55分，考察组一行离开一平浪镇政府。因时间还很充裕，考虑到第二天为周六，元永井村委会工作人员可能不上班，我们临时调整第二天考察元永井的计划，提前前往元永井村考察元永井。

王伟主任介绍移卤就煤工程情况

在一平浪文化站与王伟主任交流

阿陋井煮盐大铁锅

阿陋井煮盐筒子锅

输卤沟砖

元永井盐矿石

元永井即明清时期阿陋猴井中的猴井，《康熙黑盐井志》载猴井"出山谷中……洪武年间开"①，明代猴井与阿陋井同属广通县舍资村，盐业生产受阿陋猴井盐课司大使监督和管理②。猴井一带最早箐深林密，人迹罕至，为群猴出没之地，故名猴子箐，在箐沟水与河水交汇处常有猴群及牛羊聚集饮水，盐泉为当地人发现，遂凿硐得盐卤煎煮成盐，明洪武年间该地置为猴井，开始规模性盐卤开发。至明万历年间小平街以北开凿元兴井（又称外井）汲卤煮盐，猴井形成规模性盐卤开发。清道光年间小平街以南凿元兴井（又称里井），又开凿元□门硐，实行矿卤兼产，此后至清末先后开凿有元□门硐、永□硐、荫元硐、福元硐、新元硐、灯楼硐、小井房硐等井硐，元兴井盐卤、盐矿得到持续性开发。清嘉庆末年由私人集资开凿永济井，实行矿、卤兼采。清道光年间元兴井、永济井年产盐达548万斤，元兴井、永济井合称元永井。民国时期元永井一带又陆续新开井硐多处，计有安平井、利民井、新井、福元硐、利元硐、灯楼硐、既济硐、南硐、北硐等，元永井发展成为滇中地区主要的盐产地③。

在高德导航系统指引下，我们驱车沿325县道于14点30分抵达元永井矿区。元永井位于今元永井自然村，村委会原设于元永井自然村内，现已搬至325县道上沙矣旧村（现元永井村和沙矣旧村合并为元永井行政村），从沙矣旧至元永井需10分钟左右车程。在元永井村委会干部刘大姐带领下，我们拜访了一平浪盐矿厂值班领导。盐矿厂工作人员为我们介绍了一平浪盐矿的生产状况，现盐矿仅有职工四五十人，大多数矿厂职工已迁至安宁盐厂，现一平浪盐矿生产萎缩，矿厂区也衰败得不成模样，已不复张冲"移卤就煤"后元永井拥有职工两三千人的兴盛情景。因我们此次主要是考察明清盐业及盐井遗址，遂向工作人员询问元兴井、永济井遗

在元永井盐矿办公室与工作人员交谈

元永井岩矿矿石标本

---

① （清）沈懋价纂订，李希林主点校：康熙《黑盐井志》卷五《黑井盐政》，第74页。
② （明）陈文等纂修：《云南图经志书》卷四《楚雄府》，续修四库全书编纂委员会编《续修四库全书·六八一·史部·地理类》，第74页。
③ 《禄丰县工业志》第八章《制盐业》，第432页；《云南一平浪盐矿志》编纂委员会编：《云南一平浪盐矿志》，云南美术出版社，2000年，第43—44页。

址,但他们也不清楚,只说在南七硐那边还有古盐井,让刘大姐带我们去寻找。临别时值班人员将一块盐矿石赠予我们作为纪念。

15点50分,我们在刘大姐带领下前往南七硐一带寻找元永井古盐井遗址。南七硐开凿时间不久,井硐口输送盐矿石的设备还矗立在原地,因南七硐井区大门紧锁无法进入,我们只能在外远观。据当地村民介绍,南七硐采掘出的岩矿石由小矿车沿轨道经东风隧道运至盐矿厂。现南七硐已停产多年,矿车轨道也为荒草所掩埋,东风隧道也已关闭。南七硐前路面泥地上白盐渍仍清晰可见,这应是南七硐盐矿石粉末掉落地面溶化,水分蒸发后盐粒析出形成的。在南七硐北侧有两处废盐井分处山沟两侧坡脚处,相隔约10多米,即盐矿厂工作人员和受访村民口中所说古盐井。因两处古盐井名称已不可知,我们姑且命名为元永井1号古盐井、元永井2号古盐井,其地理坐标分别为东经101°4′05.61″、北纬25°6′50.54″和东经101°4′05.45″、北纬25°6′50.50″。通过与一平浪镇文化站王伟主任提供的盐井调查资料对比,我们判断1号古盐井可能是文化站文物普查时认定元兴井1号井,而2号古盐井可能是庆元硐,两处盐井属明清元兴盐井中的两处井硐。1号古盐井硐口用钢筋加固有铁门一道,现井硐口已为灌木和杂草遮蔽,只能从灌木杂草丛中依稀望见盐井硐口,井硐口用红砂条石嵌顶,由洞口往内为平井,可探测距离约10多米,平井往内则为斜巷达盐矿层。元永井2号古盐井硐口前有一道红砂石砌成沟槽,向内延伸至硐口,硐口用红砂石嵌顶,据说硐口原有井名,但因硐口及沟槽上皆为铁栏杆焊死,我们无法进至硐口进行探究,加上铁围栏多为灌木草丛和藤蔓所覆盖,使得井口处可见度很低,我们只能借助相机闪光灯拍摄到硐口情况,可能是拍摄角度的原因,我们并未发现硐口有字迹。据目测硐口宽约1.1米,残高约1.4米,硐口底部及硐前沟

元永井南七硐

在元永井南七硐前与村民交流

元永井南七硐路面泥地上的盐渍

元兴井1号古盐井

王人正、闫哲探查元兴井2号古盐井

元兴井2号古盐井硐口

槽内有淤泥堆积。井硐内情况因光线太暗无法进一步探查，不过据一平浪文化站王伟主任提供的盐井资料推断，硐口向内应先为平井，然后才是斜巷直至盐矿层。

1961年元永井之永济井因发大水被泥沙淤塞，加之经过数十年的农田耕作和整治，永济盐井洞口早已无踪迹可寻，现在只能根据村民的指认知其大概位置，经测量永济盐井遗址地理坐标大致为101°3′52.8″，北纬25°6′35.7″[①]。我们此次考察也未能找到永济井硐口。

永济井遗址（图片由一平浪镇文化站提供）

元永井古盐井遗址考察完后，刘大姐需返回村委会公干，我们也要前往县城拜访一平浪镇文化站李伟副主任，辞别刘大姐后，我们驱车返回禄丰县城。晚上与禄丰县文化局梁局长、禄丰县博物馆文馆长、一平浪文化站李伟副主任等人就禄丰县盐业史、盐业文化进行了交流，但在古盐井遗址定位方面我们没有获得更多的信息。

8月17日早上8点，我们从禄丰县出发前往中兴井村考察。8月16日，我们向李伟副主任请教阿陋井、元永井盐业史问题时，他告诉我们中兴井村前年底在修建房屋时挖出了一口清代盐井。考察组对这条信息很重视，遂临时决定先去中兴井村考察，之后再前往黑井古镇。

中心井村位于禄丰县一平浪镇北部，明清时期为草溪盐井所在地，明朝属武定府元谋地，清代属武定直隶州地，现属禄丰县一平浪镇。明洪武二年（1369年）开凿草溪、回龙二盐井煮盐，由武定军民府元谋县管理盐务，清初改为武定直隶州管理。康熙十年（1671年）盐井封闭，草溪井盐课由黑井提举司代办。雍正元年（1723年）盐井复开，至清朝末年招商包办草溪井盐产，但时办时停，盐业生产时断时续[②]。明清时期草溪井古盐井知其名者有高家井、三家井、流水井、槽子井（曹芝井）、镶石井（硌石井）、中井、富民井、下井等。

8月17日上午10点30分，我们抵达中兴井村，村委段学洪副主任等候我们已多时了。段副主任是一位本土文化建设的热心人，他指引我们先探查了中兴井村文化工作室房基后的盐井遗址。盐井是2017年12月修建村文化工作室平整地基时发现的。当时地表土层被挖开后，盐井井口出露，中兴井村委随即报告给一平浪文化站，并将工作室房屋地基前移，现盐井井口距文化工作室屋后墙脚约1.2米。为方便对盐井进行探查，段副主任早上已用水泵将井口渗水抽走，因我们晚到了一个多小时，井水渗出使井道中水位有所上升，不过井口和井道情况仍大致可见。盐井口因遭人为填埋破坏，原盐井井口规制已不得而知。现在我们所能见到的只是距盐井口下约1米的井硐口及井道。因

---

① 永济井遗址地理坐标与永济井遗址照片为一平浪镇文化站提供。
② 《禄丰县工业志》第八章《制盐业》，第431页；云南省禄丰县地方志编纂委员会编纂：《禄丰县志》，第179页。

淤泥填塞，只能看出井硐四壁井厢都是用方木围筑而成，井硐约呈长方形，井壁目测长约1.2米，宽约1米，井道为斜井。据围观村民讲，早年有人在盐井处盖房，房屋因地陷曾出现垮塌，这应该是盐井井道出现垮塌所致。据说盐业生产盛时该井汲卤要用九竜，九竜即九条竹竜（用粗竹制成的汲卤工具），每条竜长度一般为4米，如此推算盐井深度至少达36米。盐井所在地名现作槽子井，据村民段作文讲，"槽子井"实为"曹芝井"的误写，"曹芝井"因灶户人名"曹芝"而得名，槽子井（曹芝井）地名因盐井而得名。距槽子井不远还有一处古庙，古庙内墙壁上记有"曹芝井善信功德名录"，这也是"槽子井"当为"曹芝井"的佐证。曹芝井古盐井的地理坐标经测量为东经101°5′02″，北纬25°0′56″。槽子井古庙"神功无二"碑文有"大清道光五年"等字样，推测古庙至迟在清道光五年（1825年）即已存在，庙的修筑当在曹芝盐井开凿及盐业生产兴盛之后，则曹芝井开凿时间至迟应在清道光五年。

曹芝井井口因水长期浸泡垮塌有所扩大

曹芝井因淤泥日渐沉积使井道可视规模缩小

曹芝井庙整修功德名单"曹芝井"字样

曹芝井庙神功无二碑

槽子井考察完后，段副主任邀请我们去她家吃午饭，当天是她侄子考上大学办学酒。偏远农村孩子能考上大学确实是值得庆贺的，我们欣然前往。段副主任特意安排我们与中兴井村张世生村长及中兴井村文化传承人段作文、张文聪等熟谙中兴井村情况的村民坐一桌。张村长介绍中兴井村原名草溪，中华人民共和国成立后曾设中兴井乡，后撤乡为村，隶属一平浪镇；中兴井村现有2000多人，以汉族居多，有少量彝族、苗族等少数民族；全村经济以农业为主，主要种植玉米、烟叶等作物。段作文老人已72岁高龄，是禄丰县县级文化传承人，老人家身体健康，也很健谈。据他介绍，早年草溪沿河一带有八井八桥，八井即高家井、三家井、仁中井、流水井、曹芝井、砳石井（镶石井）、中井、下井，八桥指沿河修筑的高家井石桥、小板桥、曹芝井小石桥、马里箐石桥、盐水桥、康庄桥、下井月空桥等石拱桥。午饭后，我们又与当地村民围绕当地的盐业及盐井遗址问题进行了座谈。

在中兴井村与村民座谈

13点10分，我们沿中兴井村024乡道前往下井回龙寺，下井古盐井在回龙寺近旁。回龙寺因改建中兴井村小学校舍而毁坏严重，几乎快被小学校舍完全取代了。据介绍，回龙寺一带有两处盐井，回龙寺箐一处，回龙寺近旁一处。考察组一行三人顶着烈日在灌丛山路中穿行一个多小时，终于在半山腰灌丛中找到回龙寺箐盐井。该井因废弃多年，井口已被杂草覆盖。拨开杂草，顶部呈圆拱形的井口方显露出来，但因山石泥土滑落填埋井口下部，现井口只出露了接近井口顶部的一部分，井道已为泉水所浸漫，从井口规制看井道为斜井。现井水甘冽清澈，几乎不含盐分，回龙寺小学饮用水即是从这里用塑料水管导引下去的，很难想象这就是昔日的盐井。盐井今作淡水井用与该盐矿层埋藏深度有关，淡水层远在盐水层之上，现井水为淡水也就不难理解了。

中兴井村小学校舍。昔日回龙寺所在地

回龙寺箐盐井

14点40分，我们从山上返回回龙寺小学。在回龙寺小学我们遇到从田间返家的中兴井村下井四组村民罗发荣，我们要寻找的下井盐井就在距回龙寺不远处他家门口024乡道内侧坡坎下。因年久无人照看，井硐口已为杂草灌丛以及山坡上滑落的泥土沙石等堆积物遮蔽。我们从罗大哥家借来镰刀，将硐口灌丛、杂草作简单清理后，盐井硐口才完整出现在我们面前。硐口及井道都是在岩石上开凿而成，井硐口及井道高约1.8米，宽约1.5米，目力所及的井道为横井。据罗发荣大哥介绍，横井过后即是斜井，井深约20多米。因井硐口杂草丛生，也堆积了一些杂物，为安全计，我们没敢深入井道探查。经测量盐井地理坐标为东经101°6′22,82″，北纬25°1′33.02″。这口盐井可能就是明洪武年间开凿的回龙盐井。

下井井口远景

下井井口近景

富民井遗址。昔日硝井所在地

距回龙盐井南约500米处还有一处硝井，硝井位于中兴井村下井组024乡道公路内侧村民房屋后，井硐已被封堵砌入护房石坎中。据村民介绍，硝井名为富民井，井深约40~50米（提卤需用10~12条竹笕，每条笕长4米），井道为斜井，主要用于熬硝。经测量硝井的地理坐标为东经101°6′19.38″，北纬25°1′06.43″。其开凿时间据说比回龙盐井要晚，但究竟开凿于何时村民们也说不清楚。

因此前在回龙寺箐山上的灌丛杂草中探寻盐井耗费时间过长，下午6点30分前我们要赶往预订的黑井镇客栈，留给我们考察草溪井其他盐井的时间已不多；多数村民对古盐井并不知情，我们自己去寻找盐井遗址过于费时费事，考察组决定先返回段副主任家，请段作文、张文聪老人作向导带我们探查其他古盐井。

在我们提出寻找上五井和中井各处盐井遗址的请求后，段作文、张文聪两位老人都慨然应允。草溪盐井中最南边为高家井，现中兴井村有地名高家井就是因盐井而得名的。段、张两位老人介绍，该井是以开凿盐井的高姓盐户而命名的。高氏家族因盐而兴，高氏曾是草溪井一带的大家豪族，修建有雄伟坚固的碉楼宅院，拥有一支私人武装，民国时期为躲避仇家，高氏一族远徙昆明，高家井随之废弃。后在修建024乡道时盐井被填埋，其具体位置现已无法确定了。

三家井1号井遗址（红砖堆处）

两位老人首先为我们指认的是三家井盐井遗址。三家井得名于开凿盐井的段、杨、刘三家盐户，盐井即以三家井为名。三家井有大小两口盐井，井口皆为圆形，井道为直井，呈东西排列。为便于区别，我们暂称之为三家井1号盐井、2号盐井，这两口盐井均已被填埋而不见踪迹了。据段作文老人介绍，1号盐井口径达5米，2号盐井口径约2米左右，两井东西相距约50米。1号盐井遗址

三家井2号井遗址（岔道处）

位于024乡道以东机耕道旁，该地有村民在修建房屋，古盐井处堆放着砖块、硝土等建筑材料，经测量地理坐标为东经101°5′27.51″，北纬25°0′42.39″；2号盐井故址位于1号盐井东约50米的田间道路交叉口，现在也看不出盐井的丝毫痕迹了，经测量其地理坐标为东经101°6′33.88″，北纬25°0′44.08″。

流水井盐井又称河边井，位于今三家井以北中兴井村三组，有东、西两口盐井。经段作文老人指认，一口井位于024乡道公路东侧、草溪河沟西岸沟坎处，姑且称为流水井1号井，这处沟坎底部还有小股水流渗出，这应是从盐井井道中渗出来的，因盐井废弃后被填埋，盐井旧貌已荡然无存。据段作文老人介绍，1号盐井为圆口斜井，口径约1.5米左右。一口古盐井位于024乡道西侧，西距1号盐井约30米，姑且称为流水井2号井，其旧时规制已不可知。据张文聪老人介绍，盐井废弃后被改造成小池塘，后来村民将池塘大部分填埋改造成菜地，现仅保留了池塘西北部宽约1米、长约2.5米的长条形浅水塘。

在三家井以北康庄桥边有一口井名仁中井。这口井为淡水井，是早期草溪井一带水质最好的淡水井，并不产盐。据说草溪井盐业兴盛时，聚居在草溪井的灶户、盐商多取此井水饮用。后来随着草溪井盐业衰落，加上水质变差，仁中井也随之废弃而遭填埋，现该地毫无水井踪迹可循。今中兴

流水井1号井遗址

流水井2号井遗址

井村有上五井的地名，即得名于草溪上游高家井、三家井、仁中井、流水井、曹芝井等五口井，五井中唯仁中井为淡水井，其他四井皆为盐井。

碾石井[①]，现作镶石井，井址位于中心井村碾石井三组草溪河西岸毛桂海家院内，院内北部靠河邻桥的角落建有堆放板材的棚屋，盐井旧址在棚屋内板材堆下。棚屋边杂乱地堆放着一些方形条石，可能是原盐井及井边护井建筑材料，盐井紧邻草溪河，须在盐井周边修建防洪堤坝，以免洪水涨发冲毁盐井。据段作文、张文聪两位老人介绍，碾石井为圆口直井，井深3条竜，约12米。碾石井为明清时期开凿的，但具体时间已无从考证。草溪井盐业衰败后盐井即遭废弃，古盐井遭填埋大约在毛桂海家建房前后。

碾石井遗址

中井遗址

中井盐井遗址位于中井村一组草溪河西岸、024乡道东侧铁塔下土坯瓦房处，北距碾石井约100米，经测量其地理坐标为东经101°5′39.25″，北纬25°1′10.62″。据介绍，中井盐井为圆口直井，井深度不详。中井开凿时间不详，废弃时间应与碾石井一致，遭填埋时间应在中华人民共

---

① 碾，当地人读为xiāng，"碾石井"常被同音误写为"镶石井"。

和国建立后。

在中兴井村村委会前交叉路口西边矗立着一栋3层小洋楼，段作文、张文聪老人介绍这里原是草溪盐井盐仓，明清时期各盐井所产盐都集中到盐仓，盐商依据盐票到盐仓领取食盐贩运至盐区售卖。中华人民共和国成立后盐仓被改造成为供销合作社，人民公社改制后供销社售卖给私人，现在我们看到的小洋楼是近年才修建的。

草溪井盐仓遗址

当我们完成对草溪井各盐井遗址的考察，时间已是17点20分。因要赶到黑井古镇，我们谢绝段副主任邀请我们参加学酒晚宴的美意，匆忙前往黑井古镇。我们驱车经023乡道、325县道，于19点50分抵达黑井古镇。期间因考察组成员联通手机在中兴井村一带无信号，客栈联系不上我们，将我们预订的客房安排了他人，我们只好在古镇黑牛盐井附近找了个小客栈住下。

黑井古镇得名于黑盐井，黑盐井名又源自最早开凿的黑牛盐井。据康熙《黑盐井志》载："有李阿召者，居七局村，养一黑牛，日饮井水，肥泽异他牛，一日失所在，迹之，因得卤泉，白蒙氏开之，是为黑井。"[1]蒙氏即唐六诏时期的蒙舍诏，吞并了洱海附近其他各诏建南诏国，这里"蒙氏"应指六诏国主，蒙舍诏统一六诏在唐开元二十六年（738年）[2]，据此推断黑牛盐井始开凿时间最早应在738年前后，即唐代中期，至迟也应在738年后的南诏国时期。黑牛盐井因李阿召喂养的发现盐泉的黑牛而得名。元代初年忽必烈攻占云南后，在黑井设置盐课提举司，任命完者兀为第一任黑井盐课提举司，完者兀及其所带来的第一拨汉人、蒙古人、回回人等外来移民主要从事盐业生产，他们在推动黑井盐业生产发展的同时，在黑井沿河一带修筑了德政坊、安东坊、新附坊、归化坊、太平坊等5条街坊，形成黑井最初的商业集镇规模[3]。明代在黑盐井设置黑井提举司，下辖黑井、琅井、阿陋猴井等3个盐课司，总辖盐井达51井[4]。自明初洪武年间湖南、安徽、河北、江苏、浙江、山东、山西等地近百户移民迁入黑井从事盐业生产，其中灶丁64人，使黑井盐业得到极大发展，黑井一带人口达3万多人，黑井街市也由5坊扩展为13坊[5]。清代仍在黑盐井设置盐课提举司，下辖黑井盐课司大使，至乾隆年间黑井灶丁人数增加至250人[6]。

黑盐井一带盐井数量随时代不同也有所变化。南诏至元代，黑盐井一带盐井数不得而知，但至

---

① （清）沈懋价纂订，李希林主点校：康熙《黑盐井志》卷六《艺文》，第163页。
② 《旧唐书》卷一九七《南诏蛮传》，第5280页。
③ 黄晓萍：《失落的盐都——云南古镇黑井》，云南民族出版社，2001年，第17页；龙晓燕：《千年盐都——黑井》，云南大学出版社，2008年，第6页。
④ 龙晓燕：《千年盐都——黑井》，第6页。
⑤ 刘光平编著：《逝去的盐都——黑井》，云南美术出版社，2003年，第27页；黄晓萍《失落的盐都——云南古镇黑井》第31页载洪武二十三年（1390年），从湖南、安徽、河北、江苏、江西迁居云南黑井的移民有53户；第32页又载"53户汉官汉人的背后，又引来大批的迁徙者"，"导致外地汉人快速云集"。
⑥ 龙晓燕：《千年盐都——黑井》，第19页。

黑井古镇

少有黑牛盐井1处。明代，洪武年间黑盐井一带有黑井（又名大井）、沙石井、白石泉井3处盐井，嘉靖二十七年（1548年）开凿复隆井，隆庆四年（1570年）开凿东井，万历二十三年（1595年）开凿南山庙井①，至明代末年仅存黑井、复隆井、东井3处盐井②。清初，康熙年间盐井仍有大井（黑井）、东井、复隆井③，又开凿新井、尾井，光绪年间又开凿大子井、德洋井、龙泉井、天恩井、乾元井、元升井、新山上井等盐井。民国时期，增开、复开盐井达30口④。唐朝至民国时期，黑盐井一带盐井数量和分布地呈现不断增加的态势。

---

① （清）沈懋价纂订，李希林主点校：康熙《黑盐井志》卷五《黑井盐政》，第73-74页；《禄丰县工业志》第八章《制盐业》，第428-429页。
② （清）顾祖禹撰，贺次君、施和金点校：《读史方舆纪要》卷一一六《云南》，第5132页。
③ （清）沈懋价纂订，李希林主点校：康熙《黑盐井志》卷一《山川》，第20页。
④ 《禄丰县工业志》第八章《制盐业》，第429-430页。

跨越历史与现实的鸿沟
——历史时期川西南盐业发展与生态、社会互动的田野考察[①]

张铭、李娟娟

作者简介

张铭，男，1987年生，四川德昌人，历史学博士，成都师范学院史地与旅游学院讲师，研究方向为西南历史地理。

李娟娟，女，1988年生，重庆城口人，西南大学历史文化学院博士生，研究方向为专门史。

因川西南僻于一隅，目前学界关于本地区盐业资源开发的研究成果有限，较具代表性的主要有李绍明[②]、张学君[③]、周志清、江章华[④]、杨丽华[⑤]等人的研究成果。笔者此前亦从历史地理角度对历史时期川西南地区盐业资源开发作了初步的系统探讨[⑥]。这些研究成果中虽然亦有对盐源地区盐业资源开发与青铜文化的互动作了考证及田野调查[⑦]，但整体而言，以往关于川西南盐业资源开发研究缺乏系统的田野考察与历史文献的综合研究，使得历史与现实之间出现巨大的鸿沟，因而在梳

---

① 本文为国家民委基金项目"明清时期西南民族地区矿业发展与地方生态、社会互动比较研究"（2019-GMD-011）、成都师范学院重点项目"历史教育研究创新团队"（CSCXTD2020B07）的阶段性成果。

② 李绍明：《少数民族对开发盐源盐业的贡献》，《井盐史通讯》1980年第1期。

③ 张学君：《南方丝绸之路上的食盐贸易》，《盐业史研究》1995年第4期。

④ 周志清、江章华：《四川盐源县古代盐业与文化的考古调查》，《南方文物》2011年第1期；周志清：《盐之于盐源青铜文化的观察》，《东方考古》2015年第12期。

⑤ 杨丽华：《盐与古代区域文化中心的形成：以盐源为视角》，《中华文化论坛》2013年第11期。

⑥ 张铭、李娟娟：《川盐、民族与地方社会——历史时期川西南盐业发展研究》，《盐业史研究》2019年第1期。

⑦ 周志清、江章华：《四川盐源县古代盐业与文化的考古调查》，《南方文物》2011年第1期。

理文献的基础上加强田野调查力度，跨越这一鸿沟，探寻历史时期川西南盐业发展与生态、社会互动留下的历史印记及其现实启示就很有必要。

历史时期国人所食盐斤无外乎海盐、池盐与岩盐三种，而川省民众食盐主要是岩盐与池盐，其中以岩盐为主。池盐在部分历史时段或部分地区曾在川省食盐中占据重要地位。如宋初端拱元年七月"西川食盐不足，许商贩阶、文州青白盐"入西川，这就是产于今青海地区的池盐；宋仁宗时期"益、利盐入最薄"，故大量食用"解池盐"①，这就是产于今山西地区的池盐；到了近代，川西北少数民族地区依旧因地理位置之便，长期食用青海地区所产池盐。而川省大多数时期、大多地区则是食用本省所产岩盐。无论是宋代巴蜀内地民众食用域外盐斤，抑或明清巴蜀盐斤协济周边，川西南一隅的食盐多未介入巴蜀食盐的产销系统中。川西南地区盐业资源开发长期限于本地自给自足的产销之中，因而在整个川盐产销过程中显得较为独特②。

一、生态应无恙——川西南盐业资源的开发与生态互动

笔者曾简要梳理了明清以来盐源地区盐业生产与生态环境的互动③，其中谈到：明清以前，盐源县长期的盐业资源开发使得盐场附近森林植被遭到破坏，"昔日林莽，变化童山"，"附近地区的原始森林均被砍烧殆尽"。直至乾隆时"以煤代薪，改用小圆锅熬盐"④，盐源县的制盐燃料才开始更新换代。但也并非一蹴而就，"以煤代薪"经历了较长时段依旧没有完全实现。到清代光绪年间，盐源县煮盐还在利用薪柴，且有专门的薪柴山场。如光绪后期盐源县北"古柏树之山，叶鸾枝麝，根铁柯铜"，植被丰富，县北"大河之山，与阿撒马头接壤，多夷村，多大木"，当地民众"伐木于山也"⑤，随即"鬻薪于井也"，将所伐薪柴销往盐场，可见其时盐源县煮盐燃料中薪柴仍占据重要地位。光绪年间，盐源县白盐井的盐业发展较快，食盐的贩售使其成为该县最繁荣的市场，所谓"市莫恒于白盐井，亦莫大于白盐井，其盛也，日出之米，日晡之柴，日中之银、盐百物，黄昏之客货牛马，至者万号"。可见白盐井市场之繁荣，同时居民生活及盐井煮盐主要依靠"日晡之柴"，即上午贩运而来的薪柴，其时盐源县"城内川庙侧"有专门的"柴市"贩售各类薪柴⑥。当时熬盐的燃料仍然主要依靠"炭、柴"⑦。清代盐源白盐井煮盐煤炭主要来自白盐井西边15里的火烧堡煤炭，其在地层表面，可明漕开采，成本较低，故被广泛采用。所采煤炭从煤场到盐场主要依靠驴马驮运，每匹每次仅能驮运60~90斤，运煤驴马多时可有千匹左右。盐源县小盐井在白盐井南25里，仅隔一山，"煮盐亦用煤"，但盐水颇淡，150斤盐水出盐1斤，且临河，易被淹没；

---

① 《宋史》卷一八三《食货下五》，中华书局，1977年，第4472-4473页。
② 张铭、李娟娟：《川盐、民族与地方社会——历史时期川西南盐业发展研究》，《盐业史研究》2019年第1期。
③ 张铭、李娟娟：《川盐、民族与地方社会——历史时期川西南盐业发展研究》，《盐业史研究》2019年第1期。
④ 盐源县地名领导小组：《四川省凉山彝族自治州盐源县地名录》，凉山日报印刷厂，1985年，第166页。
⑤ 光绪《盐源县志》卷二《舆地志·山川》，清光绪二十年刻本。
⑥ 光绪《盐源县志》卷二《舆地志·市场》，清光绪二十年刻本。
⑦ 光绪《盐源县志》卷三《食货志·盐法》，清光绪二十年刻本。

清中后期，盐源县白盐井因距离煤场较近，煮盐逐渐用煤，但黑盐井因距离煤场较远，煮盐"所用燃料则非煤而用柴，故其成本颇高"①。清末，盐源县白盐井煮盐燃料多用"炭、柴"，黑盐井"概用松柴"②。民国初期，白盐井煮盐"煤柴兼用，两昼夜成盐"，"黑盐井只用松柴，一昼夜成盐"③。乾隆朝以来，白盐井煮盐燃料煤、柴并用，其西部火烧堡煤炭的开采运用亦缓解了对周边植被的采伐进程。而黑盐井及其他州县的小盐井因长期封禁或规模过小，到光绪时期周边森林植被依旧分布广袤，薪柴便于采取，故到清末民初依旧广泛使用松柴作为煮盐主要燃料。因川西南地处亚热带季风气候区，森林植被再生恢复能力较强，盐井周边被采伐的森林亦会逐渐恢复，故到清代晚期盐源县整体生态环境依旧良好。如光绪后期盐源县出产松、柏、橡等常见林木，亦产"杉"等价值较高的林木。同时有虎、豹、熊、狒狒、鹿、野猪、麂、麋、猿猴、豺、狼等野生动物，而豹皮、鹿皮、狐皮、獭皮、九节狸皮、鹿筋等亦是当地大量出产的"货属"物产④。清代后期盐源地区丰富的林木资源、大量分布的野生动物及动物制品反映出清末盐源县境内整体生态环境依旧良好，说明盐业资源开发对生态环境的影响仅限于盐场周边邻近地区。

中华人民共和国成立后，虽然盐源地区仍大量使用薪柴煮盐，但当地已经开始大规模人工造林，大力进行荒山绿化和迹地更新，飞机造林和人工造林110万亩，盆缘荒山基本绿化，到20世纪80年代初人工造林幼树株已高2.5~3米，每公顷6000~7000株，全县林业用地762万亩，占总面积60.7%，木材蓄积量2557万立方米，整体森林覆盖率已达34%。长期使用松柴作为煮盐燃料的黑盐井地区所处的盐塘区森林资源亦较为丰富，森林覆盖面积达115.4万亩，成林面积48.2万亩，木材蓄积量395.7万立方米，而长期使用煤、柴结合煮盐的白盐井所在盐井公社森林覆盖面积达22950亩⑤。

为了验证历史时期川西南地区盐业等矿产资源开发对当地生态环境的影响，2019年6月24日，笔者前往西昌，准备次日前往盐源实地考察。西昌已经不是往日阳光明媚之城，虽然仍旧保留着月城、小春城的美名，但风物已经不复昨日。自从西昌的决策者在旅游城市与工业城市之间摇摆之时，西昌地名悄然增加了攀钢西昌医院路口等公交站台地名。随着攀钢的迁入，西昌地区小气候已经大幅度改变。现在6月的西昌天空跟冬日北方小城差不多，雾霾严重，压得人有些喘不过气来。夏日的西昌，好多爱美女生已经戴上了口罩，和北方雾霾天气时女生们的反应差不多了。西南地区诸多富矿区或者历史时期矿业发达之地多未能给当地带来实际长远经济利益与对应的社会效益，反而给当地带来生态、社会的长远问题。滇西北、滇东北、川西南、川西、黔西北等地莫不如此。但这一历史时期的矿业发展的老路所带来的历史惯性却冲击到了现代的西昌。将攀枝花市已经逐渐没落的重工业迁到西昌，带来的生态、社会问题已经迫在眉睫，虽然一部分普通市民处之泰然，陶醉于短期经济利益中，对于未来的生态、社会问题已然麻木。但更多的市民对攀钢迁入引起当地环境

---

① 张凯基：《西康盐源县食盐调查及增产之检讨》，《新宁远》1941年第10-11期。
② 林振翰：《川盐纪要》，商务印书馆，1919年，第230页。
③ 谭锡畴、李春昱：《盐源盐产》，《地质汇报》1933年第22期。
④ 光绪《盐源县志》卷四《物产》，清光绪二十年刻本。
⑤ 盐源县地名领导小组：《四川省凉山彝族自治州盐源县地名录》，第3-45页。

的变化已经有了危机感，夏日横断山区谷底长期无大风，使得攀钢经久基地产生的雾霾长期笼罩于西昌城头，故而夏日的西昌本应是风和日丽的度假胜地，却经常看见戴口罩以避雾霾的人群。

2019年6月25日下午5点，坐上到盐源县的最后一班汽车。当天是阴天，但雾霾还是比较重。汽车出城，一路黑压压的，让人有些喘不过气来。汽车一路向南，到了西溪乡西木立交桥后转上307省道，正式踏上了前往盐源的道路。西溪乡有地名盐井坝，在108国道西侧，或为曾经之重要盐卤产地。京昆高速与307省道交汇处即经久乡附近，这里也是攀钢钢铁厂在西昌的冶炼基地，周围空气污染非常严重。307省道并非柏油路，而是水泥路，车行其上，颠簸异常。道路两旁水稻、玉米、葡萄长势喜人。随着盘山公路海拔上升，陡坡上的山林也逐渐被开垦成耕地，坡度很大，易引发泥石流等灾害。原来需要翻越梁子的艰难山路，随着磨盘山隧道的打通，已经较易通过了，亦可以想象当年盐源食盐运销西昌之艰辛。一路上有许多养蜂户将蜂桶置于路边，这是这一带环境良好的重要体现。一路前行，山上羊群很多，但树木不大，多低矮灌木，彝家小屋点缀其间，许多荒山已经种上了青花椒、核桃等经济林木。307省道两旁，滑坡等地质灾害的遗迹随处可见。6:07分路过煤炭沟隧道，5分钟后到金河乡，下面即雅砻江，雅砻江一些江段出产沙金，故又名金河。随着海拔降低，公路绕到江边，攀枝花、仙人掌、芭蕉越来越多，也越来越大。路边的雅砻江鱼店也越来越多，跨雅砻江的另一座大桥也开始修建，就在老桥旁边。车行至马沟水附近香格里拉饭店时，因前面运输风力发电机组叶片而出现了短暂堵车。川西南地处横断山区，很多山脉的顶部风力强劲，这些风力发电机即安装于横断山脉的诸多山脊之上，所发电力主要输送至成都。

马沟水附近此时山上植被亦逐渐丰茂起来，高大乔木渐多。车行至平川镇时，暂时休息片刻，给车加水，同时有专门的洗车组给车清洗，7:09分再次发车。此时又有人上车检查人数。过了平川镇，307省道已经由水泥路改为了柏油路，不再那么颠簸了，山上的乔木也变得高大起来。到达青天铺村附近时，海拔已经升至2300米左右，道路两旁的花椒红了，长势喜人。海拔到2700米时，道路两旁仍有大量花椒分布。山上的杜鹃也还没有凋谢，甚是漂亮。到下烂坝附近时，海拔已经接近3000米，随着海拔越过3000米，雾气更重了。这一带人烟稀少，森林茂密。由于雾气蒙蒙，小高山店子附近一小轿车出了车祸等待救援。这一带路况不好，但是小高山店子隧道已经开始施工，以后路况会改善。到盐源的公路越走越荒凉，难免心生忧愁，更加佩服古人何以穿越千山，在这里长期采矿煮盐。盐源县城周边公路两旁植被不好，或是历史时期当地居民生产生活耗费所致。卫城镇附近房屋破败，较为荒凉。盐源县城位于一山间坝子，海拔2400~2500米。到达盐源县城已经晚间8:40左右，匆忙吃饭后休息，准备明日先去盐塘乡考察黑盐井。不过吃饭时饭馆老板说黑盐井已经封闭了数十年，但白盐井近年还在生产，目前也封闭了。本着先远后近的顺序，决定明日先去距离县城43千米、与云南省接壤的盐塘乡考察。

西昌市经久乡污染严重的攀钢基地

盐源县金河乡雅砻江大桥

盐源县城夜景

盐源县城街景

（一）盐业生产对森林植被的影响

6月26日早早起床，匆忙在成都老字号面大王三分店吃了碗排骨面后便寻找前往盐塘的班车，同时买了面包等干粮以备不时之需。道路旁的梅雨河很混浊，主要还是两旁植被较少，同时搞基建破坏了山体，泥沙俱下，导致河水混浊。梅雨河与岔丘河交汇后，成了盐塘河，水量大增，但依旧混浊不堪。216省道即顺着盐塘河河谷延展开来。10:37分到博大乡，该镇道路两旁商铺林立，但亦比较破败。该镇有安达煤业公司开采当地煤矿资源，路边多严禁私采矿产资源的宣传语。或可见此地矿产资源丰富，但私采之风盛行，这在明清以来就禁绝不了的风气现在仍炽。同时私采河沙更为常见，也是盐塘河混浊的重要原因。山间陡坡也被开垦成坡地，破坏了本就不多的植被。盐塘乡虽然曾经因产盐富庶，但现在多为彝族聚居，居民不多。以前煮盐作坊主要在盐塘乡乡政府、派出所附近，但盐井并不在此。询问得知，黑盐井在山腰。于是通过盐塘乡街道，在彝族大哥苏日铁的带领下，大概得知了黑盐井具体位置。但因为不顺路，苏日铁给我指了大概方向后便分道回去忙农活了。我们在山林中、玉米地间前行一段路后，便找不到黑盐井具体位置了，在路边歇息时两个彝族女生从山脚走来，询问得知她们一位是马国英，16岁，博大中学初三毕业生，一位是马学玲，16岁，盐源县民族中学初三毕业生，她俩是亲戚，中考结束放假回家休息，她们知道黑盐井的具体位置。多亏这两位女同学带路，不然得花更多的时间来找寻黑盐塘卤水口。刚拍完黑盐塘卤水口照片，天公不作美，下起了大雨，她们忙着回家，在杂草丛生的林间小路像小鹿一样快速消失在丛林中。

黑盐塘附近因长期煮盐，周边植被破坏殆尽，水土流失严重，故而修建了许多堤坝，迟滞泥石流侵害。盐塘卤水口附近已经被开垦成坡地，种上了玉米、核桃、花椒，植被不多，仅有部分分布。而煮盐作坊在盐塘乡乡政府旁边，附近的山林几乎没有大树。山巅偶有植被分布，山麓以下，植被稀疏。主要是因为民国初期盐源县每年产盐达四万担以上，民国中期以后降至四万担以下，产盐量的巨大意味着对森林的消耗量亦大，当时黑盐井有八家大灶，有大锅80口，煮盐只用松柴，一昼夜成盐[①]。黑盐井只用松柴煮盐，一直延续至1949年后较长时间，故而黑盐井周边山坡皆无大木，松柴都在历史时期煮盐过程中消耗殆尽了。近年，盐场关闭，植被才开始复苏。从盐塘乡乡政府到黑盐塘卤水口大约山路四五千米，在认识路的情况下步行需两小时。而道路两旁植被稀疏，多被辟为耕地，水土流失较为严重，故而山沟中修有许多阻挡泥石流的挡泥板，试图减少泥石流带来的灾难，但更重要的应该还是退耕还林。

下山到街上，采访街边彝族老人得知，一些彝族婆婆是从宁蒗嫁过来的。他们说，四十多年以前，政府管理着黑盐塘，煮盐统销。后因交通改善，盐业生产技术改进，食盐已经非常廉价，煮盐获利甚微，政府放弃管控，煮盐作坊逐渐废弃，当地贫困的群众没钱购盐，还自己煮盐，主要是桶桶盐，自己吃。但近二十年来，经济快速发展，食盐价格进一步降低，群众收入增加，购买食盐不再是问题，于是不再继续煮盐，黑盐塘卤水口逐渐废弃。当黑盐井不再大规模煮盐后，当地森林植被逐渐恢复。通过实地调查可知，目前黑盐塘所在盐塘乡的森林资源甚为丰富，全乡有森林面积119平方千米，森林覆盖率达82%，出产黑木耳、蘑菇、松茸等。但站在黑盐井位置，目力所及，山头的森林中还是缺少大树，主要还是历史时期采伐过度所致。

民国时期盐源县每年产盐达4万担左右，其中白盐井产盐最丰。当时盐源县有94家盐灶，白盐井18家大灶、68家小灶，占盐源县总盐灶的91.49%。白盐井有大锅459口、小锅643口，白盐井煮盐煤柴兼用，两昼夜成盐[②]。煤柴兼用，所以对薪柴消耗量有所缓解，但煤炭运输并不顺畅。民国时期，白盐井煮盐过程中每担盐燃料成本即占60%，其所需煤炭从火烧堡运至白盐井因道路不便，只能用骡马驼运，效率低下，"每炭一块重约二十斤，价洋一角，运至白盐井须运费三角六分至三角八分，故炭价之本身不贵，所贵者为运价，以致供不应求，价值自然提高，灶户之因燃料问题不得解决而倒闭者，占半数以上"，当地灶户、居民等早已希望修筑火烧堡至白盐井的道路，但始终未能解决[③]。因煤炭运输不便，导致煤价过高，于是薪柴在盐源煮盐燃料中仍然占据重要的地位。同时煮盐量的绝对数量巨大，故而对薪柴的消耗量仍然巨大，致使白盐井周边方圆10千米范围内都少有大木。70年代以来，煤炭逐步取代薪柴成为白盐井煮盐燃料后，当地消耗森林植被逐渐减少，但

---

① 谭锡畴、李春昱：《盐源盐产》，《地质汇报》1933年第22期。
② 谭锡畴、李春昱：《盐源盐产》，《地质汇报》1933年第22期。
③ 张凯基：《西康盐源县食盐调查及增产之检讨》，《新宁远》1941年第10—11期。

煤炭的普及又带来了空气及固体废弃物污染等一系列问题。

除了历史时期煮盐采伐薪柴对林木资源有破坏外，到了近些年完全用煤炭煮盐后，机井抽取的卤水、厂房的兴建等亦对盐厂周边林木资源有一定破坏作用。盐厂南面坡顶是一较大平坝，考察过程中，据当地65岁居民彭启碧介绍，坡顶原是一庙宇，林木众多，中央原是一棵大槐树，数人亦难合抱，有上千年的树龄了；坡顶西部仍有一排共三株大柏树，需两人合抱方能抱下，亦有近千年的树龄了。但盐厂南面山坡上打盐井过程中，为便于修建机井房和堆放机器，坡顶平坝中间的大槐树首先被砍伐。接着，打盐井过程中卤水溢出，直接将这些近千年的古柏全部淹死。这些千年古木就这样消失在盐厂生产的进程中了。

六月浑浊的盐井河

泥石流挡泥柱与光秃山坡

黑盐井附近的玉米地

白盐井南坡被卤水淹死的千年古柏

（二）盐业生产对空气质量的影响

清代白盐井因火烧堡煤炭的开采，煤炭在白盐井煮盐燃料中所起的作用越来越大。但清代民国时期火烧堡至白盐井的道路不畅，只能用骡马驮运，故消耗的煤炭数量有限，所引起的空气污染尚未引起重视。但中华人民共和国成立后，随着交通条件的改善，汽车取代骡马成为运输煤炭的主力，白盐井盐厂煮盐过程中煤炭供给充足起来。特别是20世纪七八十年代，随着白盐井盐厂机井的开凿，卤水产量大增。对煤炭需求量亦大增，随着煤炭消耗量的增加，煤炭燃烧过程中产生的二氧化硫、粉尘、废气等对盐厂周边居民的生产生活都产生了较为严重的影响。

此次田野调查过程中，65岁的本地居民彭启碧介绍盐厂生产过程中对当地空气有较大影响，因为当地盐业生产过程中虽然用电，但主要是用煤炭。尽管煤炭被处理成粉末，尽可能地提高燃烧效能，但烟囱并不够高，与盐厂南北两面山坡差不多甚至还要矮一些，盐厂南北两面山坡阻碍了风力吹散烟尘，导致空气污染比较严重；有时烟尘升高，亦会被吹向盐厂周边居民区，周边居民深受其害。盐厂开工时噪声污染大，巨大的机器轰鸣声对周边居民、牲畜影响甚大，周边居民对此颇为不满。由于挨着盐厂，深受其害，盐厂南面村社社员，即彭启碧所在村社社员不堪盐厂噪声、烟尘之扰，纷纷迁往南面山坡背面居住，以避盐厂带来的噪声、烟尘等污染。

此次田野调查过程中，72岁的本地居民谢中友一直居住于盐厂南边50米左右的盐灶村，据他介绍，他是当地土生土长人士，见证了盐厂从兴建到倒闭的兴衰历程。他介绍盐厂停产的一个原因是近年来环保标准进一步提高，前几十年盐厂兴盛强势的时候，环保政策也不如现在严厉，故而盐厂能大规模生产，但盐厂生产过程中的粉尘污染、废水污染、噪声污染越来越严重。随着环保政策的严格执行，盐厂开工过程中造成的各类污染都成了盐厂开工的重要阻碍。盐厂原来生产过程中虽然会产生灰尘，但是并不大，远不及后来污染严重，近些年来盐厂生产规模扩大，煤炭用量大幅增加，所产生的灰尘亦大量增加。虽然盐厂过去也用煤炭作为燃料，但所烧煤炭炭渣都会用车子拉走。后来盐厂改进了技术，将煤炭打成了粉末状以便提高燃烧效率，但烟尘数量亦开始大幅增加，盐厂周围居民皆受其害。他介绍了盐厂烟尘对居民的影响程度，即拿一片浅色瓷砖放置于院中，过不上半小时，瓷砖上便会遍布烟尘，用布一抹，布都能染黑。这些烟尘都是煤炭燃烧后产生的固

白盐井盐厂高耸的烟囱

白盐井盐厂煤炭仓库

体污染物飘向空中后散落下来的，在一片瓷砖上都有如此影响，可见近年来盐厂生产对周边居民身体健康及农业生产的影响程度。将煤炭打成粉末燃烧固然能提高煤炭使用效率，同时减少了运输煤炭废渣的费用，于盐厂而言则节约了成本，有一定的经济效益，但于周边村社而言，则是无尽的污染，周边民众对盐厂的怨言亦不少。

（三）盐业生产对水源水质的影响

盐源地区虽属高原盆地，内部河流较多，但这并不意味着历史时期当地居民的饮用水环境较好，特别是白盐井、黑盐塘、小盐井等盐卤出露之地，居民饮用水环境较为恶劣。尤其是白盐井周边长期煮盐的缘故，带咸味的卤水弥漫，直到20世纪60年代以前，白盐井周边盐源中学、盐井小学等人多的单位及贫困之家居民主要饮用枯井"咸水"；而城南(水市街、新街及鱼市街)、城西(挂面街、鲁班街及盐灶房)居民多饮用盐井河之水，盐井河之水因盐厂煮盐排泄大量污水，不仅带咸味，还"带臭味"；富户之家则专门购买零水食用①。20世纪80年代初，盐源县自来水厂扩建改建完成，当地广大人民"背水要出村，吃水要飘分"，长期饮用咸水的状况有所改善②。

20世纪80年代盐源县因自来水厂供水面扩大，更多的居民不再饮用盐井河水，盐厂对盐井河的污染更甚。历史时期"地面水环境的污染现象在个别地区较为严重"，主要来源于盐源盐厂等几个企业的"废液"。由于盐厂所产生的工业废液部分未经处理就排入盐井河，使盐井河排污口以下部分水体受到严重污染，土壤逐渐变质，鱼类大量死亡③。故考察过程中彭启碧介绍盐厂采集的卤水利用完毕后排出的废液盐毒很重，流入周边农田、河沟，影响周围民众的生产生活。除生产过程中产生的工业废水污染地面水环境外，职工住宅区生活污水等也造成盐井河河水污染。因盐源盐厂属于州属企业，此次考察过程中谢中友老人介绍，在盐厂兴盛时期，盐厂员工待遇很好，保险买得较为齐全，奖金也很丰厚，很多时候上半年班后完成了任务指标，就放半年的假，员工们过得很舒坦。那时候都以能进盐厂工作为荣，其鼎盛时期盐厂有两百多名正式工人，还有数量相当的合同工，于是盐厂给这些职工集中修建了两处职工宿舍，虽然时间过去较久了，但这些职工宿舍在现在的县城边上依然是较好的住宅区。以往这片住宅区的生活污水直接排入盐井河中，产生的大量生活垃圾亦直接倒入盐井河中。周边村民纷纷效仿，故而盐厂周边的盐井河河道垃圾遍布，亦造成严重的水体污染，大肠菌群严重超标，给下游地区生产生活造成了较为严重的影响。

谢中友老人介绍，以往盐厂开工过程中产生的废水直接排放到盐井河中，对下游庄稼等农作物影响甚大，当时地方注重经济效益而轻视环保，环保督察亦不严厉，故而水源污染并没有引起重视。近年来国家环保政策贯彻较好，绿色家园宣传到位，盐源县修建垃圾填埋场后，盐厂员工及附近居民产生的生活垃圾都集中由垃圾车拉走，不再允许倾倒入盐井河。生活垃圾尚且不允许倾倒入盐井河，盐厂生产过程中的废水更不允许排入盐井河。当地安排了清洁工，专门清扫河道两旁道路

---

① 邓荣安总编、《盐源县志》编纂委员会编：《盐源县志》，四川民族出版社，2000年，第542页。
② 盐源县地名领导小组：《四川省凉山彝族自治州盐源县地名录》，第6页。
③ 邓荣安总编、《盐源县志》编纂委员会编：《盐源县志》，第547页。

以及河道中的垃圾，设有专门的河长加以监管。随着盐厂的停工，河长监管政策的落实，盐井河边街道清洁工的努力清扫，盐井河中垃圾已经不见，河水渐清，这或许是历史时期白盐井开发以来盐井河最为清洁之时了。

除灰尘、废水污染外，盐厂开工时的噪声污染对周边居民的影响也很大，特别是盐灶房沟里的住户紧邻盐厂，受害最甚，周边居民反映强烈。目前在国家重视环保的大环境下，粉尘污染、废水污染、噪声污染都受到严格监控，环保标准这一关过不了，盐厂也不可能开工。

白盐井盐厂废弃的污水池

白盐井盐厂附近的环保宣传标语

（四）盐业生产对地质环境的影响

历史时期盐源地区盐业资源开发对地质环境有一定影响，但不明显，到了当代大量机械的运用，盐业生产工业化时代的到来，对地质环境的影响更加明显。6月26日到白盐井考察过程中，我们就对盐井北坡山崖塌方的地质灾害感到奇怪。因北坡距离白盐井盐厂如此近，若是在传统时期发生如此大规模的塌方，对盐厂北边的盐井河的壅塞作用是非常巨大的，对硝井、斑井的威胁也巨大。如民国时期盐源县白盐井中的白硝井较河床低9米，雨季河水大涨时常浸入硝井中，以致利用硝水煮盐之小灶户被迫停业。至河水退去时，始可汲取盐水。每年无形中产量损失不知凡几，故当地盐商希望修筑河堤防止河水浸入盐井，但迟迟未能修成。白盐井北坡滑坡的话对盐厂威胁巨大①。历史时期白盐井北坡是否有大规模滑坡呢？

此次考察过程中彭启碧介绍，盐厂停产，周边居民并不觉得可惜，甚至觉得盐厂倒闭了更好，主要是因为盐厂生产使得周围百姓受害颇重。周边居民认为他们所住地区地下分布着大量岩盐，岩盐支撑着地面不至于塌陷。但随着盐厂生产打盐井，岩盐大量开发，支撑地表的岩盐减少，地面逐渐出现坍塌。如盐厂北面山坡就因打盐井长期采卤水，导致支撑地面的岩盐减少，地表出现坍塌，盐厂北面山坡经常出现滑坡、坍塌等地质灾害，露出白色的沙石，所以盐厂北面山坡也叫

---

① 张凯基：《西康盐源县食盐调查及增产之检讨》，《新宁远》1941年第10-11期。

盐厂北坡机井与滑坡山体

白岩。前些年盐厂生产时，白岩经常滑坡，民兵、武警等年年都要来疏通河道，俗称淘河，以防壅塞河道淹没盐厂。有时来不及疏通河道，河水亦曾冲毁过盐厂煮盐灶房。目前盐厂停产，盐厂北面山坡停止抽取卤水，滑坡也停止了。盐厂南面的山坡顶上虽然也打了盐井抽取卤水，但时间较短，加之盐厂南面山坡地势很缓，尚未出现滑坡。

白盐井盐厂及其北坡滑坡山体

广东珠江沿岸炮台考察记

贾富强

贾富强，男，1990年生，山西忻州人，历史学博士，忻州师范学院五台山文化研究中心、历史系讲师，主要研究方向为古旧军事地图、历史军事地理、五台山历史地理。

一、序言

广东地处南国边陲，北有五岭阻隔，南有大海包围，作为沟通南部中国与域外异邦之间的交通枢纽与"南大门"，广东不仅是华南地区重要的战略军事重镇，亦是古代王朝开展对外交往的桥头堡，当南洋之首冲。有鉴于此，清代广东地方当局在广东沿海地区修筑了数量众多的海防炮台，而且这一建设活动贯穿清朝始终。直到今天，在广东、广西沿海地区及海南环岛地区，均有大量的炮台遗址存世，这些遗址不仅类型样式丰富，而且时间序列亦相对完整，这一点是其他沿海省份所无法比拟的，无疑具有重要的研究价值。

正因如此，在2016年底，我与导师吴宏岐教授讨论博士论文选题的时候，吴老师就让我研究清代广东海防炮台，以作为其所承担的国家社科基金重大项目"环南海历史地理研究"（批准号：12&ZD144）子课题项目"环南海历史军事地理"的一部分。其实，在选题确定之前，我就曾于2016年5月8日到访过虎门海口的大角山炮台，但当时只是粗略参观，并未认真考察。在此后撰写论文过程中，出于研究的需要，我分别于2017年3月25—27日及2018年3月16—17日先后两次集中考察珠江沿岸的海防炮台。现将考察诸处炮台的经过以及相关情况整理如下。

二、长洲岛及附近珠江南北两岸诸处炮台

2017年3月25日，笔者考察了长洲白鹤冈、大坡地炮台。26日，考察了沙路、穗石炮台。27日，又考察了鱼珠、牛山炮台。笔者原计划于次日前往虎门海口继续考察，但在下鱼珠山途中，因岩石松动滑落，右脚严重扭伤，只能回学校静养，考察计划暂时搁置。次年3月17日，笔者又再次前往沙路炮台考察，以便补充信息。

白鹤冈炮台门楼

1. 长洲白鹤冈、大坡地炮台

3月25日，笔者原计划参观黄埔军校旧址，并顺道考察长洲岛上的清代海防炮台。是日一大早，笔者从学校出发，先后转乘地铁、公交到达黄埔军校。但因正值修缮，黄埔军校暂停对外开放，笔者只好在附近寻找炮台旧址。

在金洲北路80号，笔者率先找到白兔冈炮台。该处炮台旧址位于海军造船厂范围之内，大门紧锁，暂不对外开放，因此无法考察，甚为遗憾。之后，笔者在高德地图的导航下，顺着金洲北路向西步行，找到金花古庙，导航显示白鹤冈炮台就在附近，但却找不到方向。向旁边便利店店主打听后得知，在金花古庙东、西两侧的小山冈上各有一处炮台。笔者顺着店主指引，首先沿东侧的小路盘沿而上，在路的尽头找到了"白鹤冈台"。

在白鹤冈炮台的青砖门楼之上，镶嵌有石质匾额一块，从右向左依次刻有"光绪九年仲夏吉旦""白鹤冈台""两广总督张丨广东巡抚倪丨记名总兵锐勇巴图鲁邓安邦督造丨绘图监造同知衔陈启熙"。通过梳理文献资料，可知"张"是指张树声，而"倪"是指倪文蔚。

白鹤冈炮台的主体建筑以暗道为界，大致可分为战斗防御和生活后勤两大类设施。其中，暗道以南为战斗防御设施，现存3个炮池，其形制结构基本一致，均为半地穴式。这3个炮池的平面大致呈扇形，炮口朝向长洲岛南侧的珠江水道，池底边缘设有圆形贮水池（水井）。炮池底部设有凹槽，呈放射状，用于安设枕木，枕木之上再安设炮轨，分为内外两层。池壁之上开设有阶梯、方形火药柜，其中火药柜用于摆放发射药包。而且，东侧池壁之内还开设有暗道，暗道内修建有火药库，用于存贮炮弹和发射药，呈"回"字形结构，设计者将暗道入口与取弹口错开，意在最大限度地削弱敌方炮火的正面冲击，避免殉爆事故的发生。暗道北侧为生活后勤设施，设有水池、官厅、

兵房等设施。

另外，该处炮台所用建筑材料因设施用途的不同而有所区别。炮池池壁先用三合土夯筑，再覆盖上混凝土，从而增强炮池的防御能力。暗道等设施的内侧墙体主要是用青砖垒砌，顶层则主要是用青砖拱砌，再用混凝土覆盖。

白鹤冈第一台炮池池壁

白鹤冈第二台池底轨道

白鹤冈第三台火药库

白鹤冈炮台暗道残破截面

白鹤冈炮台官厅、水池

白鹤冈炮台现存炮池

在考察完白鹤冈炮台之后，笔者返回金花古庙，接着向西面的小山冈进发，不久就找到了"大坡地台"。由于大坡地炮台残损比较严重，大门紧锁，暂不对外开放，笔者便偷偷翻墙进入。该处炮台现存3个炮池，其形制结构与白鹤冈炮台基本一致，亦为半地穴式，只是这些炮池的池壁之上并未开设火药柜。而且，这3个炮池的尺寸要明显大于白鹤冈三台。其中，大坡地第一台、第二台位于东侧高地之上，它们的火药库均开在东侧池壁之内；第三台位置较低，火药库开在西侧池壁之内。另外，在炮池后方的暗道内，还修筑有火药库、兵房、官厅等设施。

大坡地炮台门楼

大坡地炮台地下设施

大坡地第一台火药库

大坡地第二台炮池

大坡地第三台炮池

大坡地炮台官厅

在考察完大坡地炮台之后，笔者还试着在附近山冈寻找别的炮台，但由于不熟悉当地情况，搜寻无果，只好作罢返校，结束了一天的行程。

2. 沙路炮台

2016年3月，广州市文物考古研究院与番禺区文物管理委员会办公室曾对沙路炮台开展考古调查勘探和发掘工作，将马腰冈6座炮台依次编为1号至6号，将石头山2座炮台及1处遗迹依次编为1号至3号。广州市文保单位的发掘工作为我们认识和了解沙路炮台的具体建筑形制提供了可能。

2017年3月26日，笔者一大早就从学校出发，先后换乘地铁、公交到达化龙车站（公交站），之后又搭乘摩的到达沙亭村马腰冈公园东南门。下车后发现，这里所谓的马腰冈公园其实非常狭小，它位于马腰冈南侧的山脚崖壁之下，只安装有一些健身器材，根本不见上山的路。于是，笔者沿着沙亭路向东北方向寻找，顺道观察山冈的形势。在经过观音殿之后，笔者发现马腰冈北侧的坡度较为缓和，一条小路顺着山势蜿蜒而上。接着，笔者开始爬山，在小路的转折处发现广州市人民政府所立"沙路炮台"文保碑之后，喜悦万分，开始迫不及待地探索马腰冈。

沙路炮台文保碑

马鞍山登山沙土路

在文保碑右侧（即北方）有一处小冈，上去之后发现该处有2个炮池，文物工作者将其编为马腰冈1号、2号炮池，即原先的马鞍小山第一台、第二台。根据残存痕迹判断，这2个炮池的底部应该砌有圆形炮墩，在池底边缘设有方形水池，在池壁之上则设有顶部为尖锥形的炮弹壁龛、方形铁环壁龛。

马腰冈1号、2号炮池

在文保碑左侧，有一条宽阔的上山沙土路。笔者沿路而上，发现部分路面还覆盖有混凝土残片，不难推知这条路曾是一条水泥路，而且在路的里侧还修有排水渠。笔者继续爬山，发现在马鞍山的北坡之上高低错落着3个炮池，文物工作者将其编为马腰冈3号、4号、5号炮池，即原先的马鞍山第三台、第二台、第一台。这3个炮池形制基本一致，它们的池壁均分作内、外两层，内侧一层用混凝土浇筑，外侧一层则夯筑三合土，这种建筑方法在提高炮台防护性能的同时，还有效地降低了建筑成本。而且，在炮池底部开设有凹槽，用于安设枕木，枕木之上再架设炮轨；池底边缘开设方形水池；池壁开设炮弹壁龛，虽也设有固定铁环，但没有开设壁龛。

之后，笔者沿着山路继续前行，在山腰位置发现一处建筑遗迹，虽然只剩基址，但不难推知该处曾设有弹药库、兵房等设施。在建筑遗迹右侧尽头，有1个炮池，文物工作者将其编为马腰冈6号

马腰冈3号炮池

马腰冈4号炮池

马腰冈5号炮池

马腰冈6号炮池

炮池,即原先的马鞍山腰台。这个炮池的底部也设有凹槽,安设2副铁轨,较为特殊;池底边缘开设方形水池1口;池壁开设顶部为尖锥形的炮弹壁龛25个、长方形铁环壁龛7个。

在考察完马腰冈之后,笔者随即又前往北面的兵冈山进行考察。目前,兵冈山上有2个炮池,高低布置,即原先的石头山上台、下台。由于经过文物部门的修缮,这2个炮池较为完整。而且,它们的形制与马腰冈3号、4号、5号炮池基本一致,当为同一时期修建。至于3号遗址,损毁十分严重,仅剩基址,具体形制已无从查究。

兵冈山1号炮池

兵冈山1号炮池房屋

兵冈山2号炮池

兵冈山3号遗址

此后,在论文撰写过程中,笔者发现之前的考察还不够详细,遗漏了许多重要信息。于是,笔者又于2018年3月17日再次前往马腰冈、兵冈山对各个炮池进行逐一考察,并将更新的考古信息充实到论文中去。

3. 鱼珠炮台

3月27日,笔者前往珠江北岸的鱼珠炮台进行考察。其实,鱼珠炮台为鱼珠山一带炮台的总称,在鱼珠山、狮山、蟹山之上均有炮台分布,且各处炮台的炮池数量多寡不一。是日一大早,笔者就从学校出发,搭乘公交车前往黄埔区。下车之后,首先对蟹山炮台进行了考察。

蟹山炮台位于蟹山公园内的蟹山顶部,形制亦为半地穴式,在炮池上方建有四角亭一座。在炮台入口的砖质门楼上,镶嵌有一块石质匾额,从右到左依次刻有"光绪十一年孟夏吉旦""蠏山台""钦命两广总督部堂张丨钦命广东巡抚部院倪丨记名总兵署广州协锐勇巴图鲁邓安邦督造丨绘图监造同知衔陈启熙"。通过梳理文献资料,可知"张"是指张之洞,而"倪"是指倪文蔚。该处炮台的炮轨安设于炮池底部,池壁设有长方形火药柜,顶部为椭圆形的炮弹壁龛以及枣核形和椭圆形铁环壁龛。而且,在暗道内还修建有兵房、火药库等设施。

蟹山炮台四角亭

蟹山炮台炮池池壁

通过梳理文献史料,即可发现这座炮台直到

民国初年仍在使用，但此后不久即被废弃。这是因为1922年陈炯明与孙中山决裂，曾派兵占据蟹山炮台，并轰击孙中山的座舰永丰号，事后该炮台火炮的炮闩被拆卸，并在炮池上方加盖四角亭，此后便遭废弃。

随后，笔者又步行至狮山公园，对狮山之上的炮台遗址进行考察。狮山现存2座炮台，山顶、山腰各1座。其中，狮山台的砖质门楼之上镶嵌有一块石匾，从右到左依次刻有"光绪十年仲夏吉旦""狮山台""两广总督张｜广东巡抚倪｜记名总兵锐勇巴图鲁邓安邦督造｜绘图监造同知衔陈启熙"。除落款时间和台名不同外，狮山台匾额刻录的建设者职衔、名字都与白鹤冈台一致。而且，狮腰台的门楼之上亦镶嵌有一块匾额。除台名不同外，狮腰台匾额的落款时间和建设者的职衔、名字都与蟹山台一样，不难得知二台当建于同一时期。另外，狮山台的炮轨安设于炮池底部，池壁设有长方形火药柜，顶部为尖锥形和椭圆形的炮弹壁龛、枣核形铁环壁龛。至于狮腰台只残存部分炮池和池壁，池壁设有长方形火药柜，顶部为尖锥形的炮弹壁龛，推测其形制应与狮山台一致。

狮山台炮池

狮腰台残存炮池

除蟹山、狮山外，鱼珠山上也建有炮台。由于人为破坏，鱼珠山上现在仅存大、小2个炮池，即原先的鱼珠山第二台、第三台。鱼珠炮台也设有门楼，门楼上镶嵌有石质匾额。除台名不同外，鱼珠台匾额的其他内容均与狮山台一致，进而可知狮山台和鱼珠台当建于同一时期。另外，鱼

鱼珠山小炮池

鱼珠山大炮池

珠山2个炮池的形制基本一致，炮轨安设于炮池底部，池壁设有长方形火药柜，顶部为椭圆形的炮弹壁龛、枣核形铁环壁龛。而且，通过将鱼珠山、蟹山、狮山三处炮台的形制进行对比，又可发现这三处炮台的形制基本一致。

4. 牛山炮台

3月27日，笔者在考察完狮山炮台后，搭乘公交车前往牛山炮台公园考察。笔者从公园南门进入，在牛山东南山麓的平地上发现3个圆形炮池，呈品字形分布。通过梳理历史信息，可知山麓北、中、南三台分别是克虏、克敌、克胜台。其中，北台和中台的形制基本一致，炮轨安设于炮池底部，由于炮池底部被植物覆盖，炮轨形状无从得知；池壁开设有顶部为尖锥形的炮弹壁龛、椭圆形铁环壁龛。而且，北台和中台的暗道及其内部房屋损坏严重，甚至部分已经坍塌，亟须加固保护。由于南台的炮池已被土填平，现在只能知道炮池的形状为圆形，其内部结构则无法得知，推测应与北台、中台一致。

之后，笔者又沿山脊前行，在山脊上发现4个炮池。通过梳理历史信息，可知山脊四台从低到高依次为威远、靖远、绥远、定远台。它们依山势建造，高低错落，布局较为合理。其中，第一台和第二台距离较近，第三台和第四台距离较近。而且，它们的形制也基本一致，炮池的底部均砌有双层圆形炮墩，池壁设有顶部为尖锥形的炮弹壁龛、椭圆形铁环壁龛、方形火药柜。较之山麓三台，山脊四台的暗道损毁更为严重，大部分已经坍塌，很难修复，甚为可惜。

牛山山麓北台

牛山山麓南台

牛山山脊第一台

牛山山脊第二台

牛山山脊第三台

牛山山脊第四台

5. 穗石炮台

据考古资料介绍，自2003年3月始，为配合小谷围岛的广州大学城建设，广州市文物考古研究所会同番禺文物管理办公室展开小谷围岛地上文物和地下遗存的考古调查勘探及抢救性发掘保护工作。随后，文物工作者在穗石村发现一处清代炮台基址，并对其进行考古发掘、保护。

2017年3月26日下午，笔者在考察完珠江南岸的沙路炮台后，发现时间尚早，于是又换乘公交、地铁前往大学城寻找穗石炮台。这是因为笔者在撰写论文的过程中，发现在鸦片战争中广东战事结束之后，广东当局曾在珠江南、北水道沿线修建了大量临时性土炮台或炮墩，其中仅穗石炮台存世，重要性不言而喻。笔者虽然知道穗石炮台遗址就位于今天广东药科大学大学城校区之内，但具体位置却不大清楚，便向该校学生打听，然而没有一个学生知道炮台的具体位置，只好自己在校园里面寻找。最后，笔者在校园东南角靠近大学城外环东路的一片洼地里面找到了炮

穗石炮台炮墩基址内侧

穗石炮台炮墩基址外侧

台。原来由于填土作业，昔日的高地在今天变成了低地。目前，穗石炮台存炮墩基址15座，均由三合土筑成。而且，炮墩外宽内窄，炮口则外窄内宽，呈八字形，整体外观呈弧形。

三、虎门海口珠江东西两岸诸处炮台

有清一代，虎门海口作为广州城军事防御的第一层门户，历来受到中央和地方当局的高度重视，炮台建设更是贯穿清王朝始终。2018年3月16日，笔者先后前往武山、蒲洲山一带考察炮台。17日，又对大角山炮台进行了考察。

1. 武山诸处炮台

3月16日，笔者一早就从学校出发，搭乘地铁至南沙区南沙客运港站，又搭乘摩的前往虎门渡轮码头，再乘轮渡前往东岸的东莞市，之后又搭乘摩的前往威远炮台。下车后，笔者按照"威远——威远东——威远山腰——威胜东——威远后山——威胜西——石头湾"的顺序对炮台进行考察。

威远炮台位于武山（又名南山）脚下，炮台临海而建，呈勺子状，墙基石砌，外侧护墙内开设

炮洞。威远炮台现存26个炮洞，其中24个石砌拱形炮洞、2个灰砂拱形炮洞。而且，炮洞的起拱线以上部分为近似锥形结构，拱顶由外向内逐渐收缩，使得炮洞后宽前窄。另外，在炮洞后方另建有夹墙一道，由三合土夯筑而成，意在增强防护能力。

威远炮台石拱炮洞

威远炮台灰沙炮洞

威远炮台拱形炮洞后夹墙

在威远炮台外侧东首，另建有3个半地穴式炮池，中间为大炮池，东、西两侧为小炮池，统称为威远东炮台。其中，西侧小炮池的底部砌有扇形炮墩，炮轨呈扇形；池壁上设有顶部为尖锥形的炮弹壁龛18个，3个为1组，左、右、后壁各2组；左、右池壁各设有长方形铁环壁龛2个。东侧小炮池的形制与西侧基本一致，只是后壁多设有1组炮弹壁龛。大炮池的炮轨安设于炮池底部，但炮轨已被现代水泥基座覆盖，推测应为扇形；池壁上开设有顶部为尖锥形的炮弹壁龛11个、长方形铁环

威远东炮台西侧小炮池

壁龛8个；左、右池壁及连接2个小炮池的通道上各开设掩体1个，推测为火药库、炮弹库或藏兵掩体。

从威远东炮台的东门出来后，笔者又掉头往回走，没走几步就找到了上武山的路。当笔者正准备沿着石阶开始爬山的时候，在接近山脚的位置发现了一座炮台，《广东明清海防遗存调查与研究》一书将其编为威胜东台1号炮池（命名有误，与历史不符），即原先的威远山腰台。由于该炮台的入口被人用竹竿封住，其内部结构无法探究，笔者只能在外面进行观察。这处炮台的墙体分为上下两层，底部用石材垒砌，上部则用三合土夯筑。炮台暗道的墙体用三合土筑成，顶部用青砖拱砌而成。

威远山腰台入口

在登山石阶小路右侧，有一道三合土围墙，从山脚一直延伸到山顶。笔者前行不远，发现在主路上支出一条小路，其尽头有一座炮台，《广东明清海防遗存调查与研究》将其编为威胜东台2号炮池，即光绪二十年（1894年）之后的陈师炮台。

威远山腰台南侧护墙

该台的炮池呈椭圆形，炮轨安设于炮池底部，炮轨呈扇形；池壁开设顶部为尖锥形的炮弹壁龛、枣核形铁环壁龛、方形水池；暗道内设有房间若干。

从陈师炮台出来后，笔者继续沿小路前行，又先后找到了2座炮台，《广东明清海防遗存调查与研究》将其分别编为威胜东台3号、4号炮池，即原先的威胜东广磐、广镇炮台。它们的形制基本一致，炮池呈扇形，炮轨安设于炮池底部，池壁开设有顶部为尖锥形的炮弹壁龛、椭圆形铁环壁

武山东麓外侧围墙

威胜东台2号炮池

龛、方形水池。

笔者继续沿着小路前行，海拔不断升高，在翻过一个小坡之后，到达另一条小山脊，在路的转弯处出现一座炮台，《广东明清海防遗存调查与研究》将其编为靖远炮台1号炮池（命名有误，与历史不符），即光绪二十年（1894年）后的保疆炮台。通过观察，笔者发现该炮台与威胜东台2号炮池较为相似，只是它的铁环壁龛有枣核形和椭圆形两种，应当建于同一时期。在该炮台的西侧，就是连接珠江口东西两岸的虎门大桥，另有一条小路通往西北方山凹处的营房遗址。该处营房遗址当为炮台守军的驻扎之所，出于保护遗址的考虑，虎门大桥的建设者将它整体保护，大桥从其下方穿过，可谓用心良苦。

威胜东台3号炮池

威胜东台4号炮池

靖远炮台1号炮池

清军营房遗址

经过营房遗址后，山势变得陡峭，有一条碎石小路向山顶蜿蜒而上。笔者手脚并用，终于爬上山顶。令人意外的是，上面竟然有一座规模庞大的营房遗址，四周建有三合土围墙，名曰山顶营旧址。而且，在营址门口还摆放着一门被废弃的克虏伯（Krupp）火炮，口径为240毫米，重达21吨，将这一庞然大物从山脚运到山顶，在缺乏运输工具的情况下肯定十分费力。

随后，笔者向镇远炮台方向进发，此时脚下的路开始变宽，应该是当时守军运送物资、装备的道路。在山麓，笔者发现有7个炮池连贯排列，呈一字形分布，保存较为完好。《广东明清海防遗存调查与研究》将其自西向东（即由低到高）依次编为镇远炮台1号至7号炮池（命名有误，与历史不符），但实际上这些炮台应该叫威胜西蛇头湾山第六台至第一台以及广绥炮台。

山顶营克虏伯火炮身管

镇远炮台7号炮池与前述威胜东台3号、4号炮池的形制基本一致，只是炮池形状略有不同。镇远炮台6号、3号、2号炮池呈圆形，池底砌有圆形炮墩，炮轨安于炮墩之上；池壁开设顶部为尖锥形的炮弹壁龛、枣核形铁环壁龛、方形水池。镇远炮台5号炮池呈半圆形，池底砌有半圆形炮墩，炮轨安于炮墩之上；池底边缘设有方形水池；池壁上设有顶部为椭圆形的炮弹壁龛、椭圆形铁环壁龛。镇远炮台4号炮池呈圆形，炮轨安设于池底；池壁开设顶部为尖锥形的炮弹壁龛、枣核形铁环壁龛、水池。镇远炮台1号炮池呈圆形，炮轨安设于池底，炮轨呈扇形；池壁只开设水池1口。

山顶营克虏伯火炮底座

镇远炮台7号炮池的暗道之内设有回字形弹药库，设计极为巧妙。另外，在该处山脊背面还单独设有火药局、兵房等设施。其中，火药局西墙修建有5个青砖防护墙，意在防止墙体向外倾斜，起到加固支撑的作用。

在营房旧址左侧，有一条小路通往西面的山脊，笔者顺着路继续前行，在路的尽头出现2个炮

镇远炮台7号炮池

镇远炮台7号炮池弹药库

火药局旧址

营房旧址

池，分别是半圆形（扇形）和圆形炮池，即原先的威胜西石头湾上台、下台。其中，扇形炮池的底部砌有半圆形炮墩，炮轨安于炮墩之上，亦呈半圆形；池壁开设顶部为尖锥形的炮弹壁龛、枣核形铁环壁龛、方形水池。圆形炮池的形制与扇形炮池基本一致，只是没有砌筑炮墩，炮轨直接安设于炮池底部，呈圆形。这2个炮池的暗道塌毁严重，已无法探究其内部结构。

石头湾扇形炮池

石头湾圆形炮池

2. 蒲洲山炮台

考察完武山一带的炮台后，笔者搭乘摩的返回虎门轮渡码头，之后乘渡轮回到西岸的广州市南沙区，再前往蒲洲山继续考察炮台。

笔者进入蒲洲停车场之后，发现有一条宽阔的水泥路通往山顶，上山后一块石碑出现在眼前，是对蒲洲炮台的简要介绍。笔者顺着标志的指引，顺利地找到蒲洲炮台，共发现3个炮池。《广州市文物普查汇编·南沙区卷》将这些炮池自北向南（即自西向东）依次编为1号至3号，即原先的蒲威、蒲山、蒲海台。这3座炮池的形制大体一致，炮轨安设于炮池底部，1号、2号的炮轨呈扇形，3号的炮轨呈圆形；池壁开设顶部为尖锥形的炮弹壁龛，没有开设铁环壁龛、藏兵掩体。较为特殊的是，3号炮池有一面池壁上的炮弹壁龛为双层结构，而且2号和3号炮池之间有一条露天通道相连。另外，2号和3号炮池还设有暗道，其内建有子药库；1号炮池则只剩炮池，其他设施已经无存。

蒲洲山炮台1号炮池

蒲洲山炮台2号炮池

蒲洲山炮台3号炮池

蒲洲山炮台3号炮池池壁弹龛

3. 大角山炮台

2016年5月8日，暨南大学历史地理研究中心、暨南大学舆地协会的同学在本中心黄忠鑫副教授的带领下，参观了南沙天后宫和大角山炮台。此时，笔者还未将广东海防炮台作为自己的毕业选题，所以只是对其进行了游览式的考察，所获信息十分有限。2018年3月17日，出于论文写作的需要，笔者再次前往大角山考察炮台。

目前，在大角山的南、北山梁之上，残存8个炮池、1座火药局、1座兵房等军事设施。其中，北部山梁上有2个炮池，自西而东分别是安胜台、振威台；南部山梁之上有6个炮池，自西而东分别是安盛台（又名流星台）、安威台、安定台、安平台、振定台。在安平台的北侧，有清代兵房遗址1处、子药库1座；在南北山梁交界处的山坳位置，有火药局1座，为大角山炮台弹药总储藏地，其与各炮台之间有交通线连接，以便于弹药运输。

振威台门楼匾额

振威台炮池

振威台位于大角山北面山梁的突出位置，门楼保存完整，上镶石额1方，从右向左依次刻有"钦差太子少保督办广东防务兵部尚书等敕车部尉彭｜兵部尚书两广总督部堂张｜兵部侍郎广东巡抚部院倪｜统领湘军振字营前署湖南提督王永章建立｜管带振字左营记名总兵樊本德监修""振威台""光绪十一年乙酉春月"。通过梳理历史资料可知，彭是指彭玉麟，张是指张之洞，倪是指倪文蔚。在门楼的门柱位置有对联一副，右侧为"倒衔山海穷千变"；左侧为"驱策云雷竦百灵"。门楼前原有1处空地，因后人挖山采石，今已不存。振威炮台的炮池呈半圆形，炮轨安于池底；池壁开设顶部为尖锥形的炮弹壁龛30个、枣核形铁环壁龛7个、藏兵掩体2个、方形水池4口。

振定台位于大角山南面山梁的突出部分。它的门楼上方也有石额1方，从右向左依次刻有"钦差太子少保兵部尚书督广东防务彭｜兵部尚书两广总督部堂张｜兵部侍郎广东巡抚部院倪｜调任湖南布政使广东布政使龚易图｜统领湘军振字营前署湖南提督王永章建立""振定台""光绪乙酉夏穀旦"。在门柱位置有对联1副，上联为"八阵雷轰走虎豹"；下联为"千钧霆击徙蛟龙"。该台形制与振威台基本一致，建于同一时期。而且，振定炮台的炮池也呈半圆形，炮轨安于池底；池壁开设炮弹壁龛26个、枣核形铁环壁龛6个、方形水池4口。

振定台门楼

振定台炮池

另外，安胜台、安盛台、安威台、安定台、安平台当建于同一时期。其中，安胜台的炮轨安设于炮池底部，呈圆形；池壁开设顶部为尖锥形的炮弹壁龛25个、枣核形铁环壁龛8个、方形水池4口。安盛台的炮池前低后高，炮轨安设于炮池底部，呈圆形，安放火炮底座的水泥池呈六边形；池壁开设顶部为尖锥形的炮弹壁龛15个、枣核形铁环壁龛6个、方形水池2口。安威台的炮轨安设于炮池底部，呈圆形；池壁上开设有顶部为尖锥形的炮弹壁龛26个、枣核形铁环壁龛8个、方形水池4口。安定台的炮池底部砌有圆形炮墩，炮轨痕迹已经不存；池壁上开设有顶部为尖锥形的炮弹壁龛20个、方形水池2口，没有开设铁环壁龛。安平台的炮轨安设于炮池底部，呈圆形；池壁上开设有顶部为尖锥形的炮弹壁龛22个、藏兵掩体2个、方形水池4口，没有开设铁环壁龛。

安胜台炮池

安盛台炮池

安威台炮池

安定台炮池

安平台炮池

火药局正面

四、结语

　　除在珠江沿岸进行考察外，笔者还曾赴汕头、中山、江门、海口等地考察不同时期的海防炮台，并将搜集的文物信息充实到论文中去，极大地提升了研究的可信度。在此过程中，笔者对于如何进行田野考察亦有了自己的一些粗浅的想法。首先，田野考察应当建立在文献梳理的基础之上，不能急于求成，要带着问题进行考察，只有这样才能更加高效地收集田野信息，进而纠正文献记载以及自身认识存在的错误。其次，在田野考察之前应该制订一份较为详细的考察计划，包括考察内容、考察路线、交通住宿等事项，避免遗漏重要信息以及重复调查。第三，在考察结束之后应及时整理、核对、录入调查资料，最大限度地提高资料的利用率，并适时地根据调查所获信息调整自己的研究内容。第四，在野外考察时要注意人身安全，尤其是在独自外出考察的时候，避免受伤等意外，做到安全第一。

晋北地区明长城遗址考察行纪

王钊勤

作者简介

王钊勤,男,1997年生,山西介休人,祖籍河北武安。西南大学历史地理研究所2019级硕士研究生,研究方向为历史人文地理。

一、前言

山西是中华文明的发祥地之一,省内保存有种类多样、数量丰富的文物古迹。"长城"是山西现有不可移动文物的突出代表,山西有"战国、两汉、东魏、北齐、隋、唐、宋、明、清等各朝各代的长城遗存,其中东魏、北齐、隋、宋四朝的长城遗址,都是新发现或仅发现于山西省境内"[①]。近年来,随着对传统文化资源的发掘和文物遗产保护的宣传,社会各界对长城的关注与日俱增,鉴于此,山西大学历史文化学院组织部分师生开展对山西省境内明长城遗址的考察活动,力图挖掘长城遗址背后所蕴藏的历史文化资源。

2017年7月7—12日,我有幸参与了由山西大学历史文化学院组织的"长城沿线社会经济调研暑期社会实践活动"。为期6天的考察,一共走访晋北地区山阴、平鲁、右玉和左云共计30余处明长

---

① 师坚毅、邢晓亮:《山西长城文化旅游的资源禀赋》,《文化产业》2018年第14期。

城遗址，这其中既有已开发的右玉杀虎堡，亦有左云月华池一类的无人堡寨[①]。限于时间与精力，本次调研只选取部分长城遗址实地考察。晋北之行，增强了我对这一地区明长城遗址保护现状和开发情况的认识，丰富了田野考察的体验与感知。

二、山阴县旧广武村考察行纪

7月7日　晴

上午7:10，从山西大学西门出发，10:50，抵达朔州市山阴县张家庄乡旧广武村的全国重点文物保护单位——旧广武城。旧广武村曾经为广武镇，民国时撤销，现为山阴县张家庄乡下辖的一个行政村。整个旧广武城保存有相对完好的城墙，有东、西、南三座城门，相传当初修建北门时曾挖出一只蛤蟆，村民认为这是上天在阻止他们修建北门，于是在北门的位置继续砌墙，最终形成了三座城门的格局。当地政府曾于2012年对城墙进行修缮，在一些夯土墙裸露之处甓砖，从而减少雨水风沙对文物的影响。

站在村内看南门

询问村民得知，该村现有1700余人，大部分青壮年劳动力到山阴县城或朔州市区打工，现住人口以老人与儿童为主。村内以马、赵两姓居多，这两家都曾编修家谱，家谱编修完工后曾在村内连唱三天戏曲，戏种为晋剧和北路梆子。村内有基督教教堂一所，村委会办公室原先为基督教会出资修建。在旧广武村西南的小学校园内（原佛殿庙），耸立着两株巍峨挺拔的古柏树，已有900多年的历史，相传为北宋元丰年间栽植。两树相距4米，高约16.7米。此双柏在全国比较稀有，雌柏周长3.2米，雄柏周长3.14米。更令人称奇的是，在雄柏的枝桠处长着一棵枸杞，每到秋天，一颗颗红色的枸杞格外引人注目。而雌树的枝桠处，有形似蹲卧式的狮子两头，形象逼真，堪称一奇。根据古树旁的宣传栏介绍，相传在1096年，一对少年男女自由相爱，为了爱情冲破世俗婚姻，以

北堡墙顶部的新砌石砖

[①] 左云月华池位于左云县管家堡乡威鲁堡村北侧。

身殉情，而后化身为雌雄双柏。因而后人将双柏的枝条当作吉祥之物，象征着"爱情""平安"和"吉祥"，而枝桠用水煎药可祛除百病，强身健体，此乃旧广武村的一大奇观。

站在西堡墙上看村内民居

村内雌雄双柏

在村内遇到当地一位姓温的老爷爷，通过询问得知旧广武村内原先有关帝庙、土神庙、三官庙等18座庙宇，遗憾的是历经战乱无一幸存，石刻碑碣也没有保留下来，该村也尚未编纂村志。旧广武村民众的饮用水源为地下泉水。村民多以畜牧业为主，亦大量栽植杏树，一些村民在附近公路两旁出售杏树果实获得一定收入。玉米为旧广武村主要农作物。村内民居以瓦房为主，常见的有硬山式屋顶，还有少量卷棚式屋顶，屋顶均为红色瓦片。一些民居呈现"房子半边盖"的情形，院内正房北侧缓而短、南侧陡而长，院内南房则相反。

通过在旧广武村的考察，发现旧广武城的保护现状不容乐观，当地政府虽然对城墙顶部进行了甃砖，但是对城墙的整体保护缺乏相应措施，在村东门外城墙脚下能够看到有民众倾倒生活垃圾，这对文物势必造成严重的损坏。此外，旧广武村大量青壮年劳动力外流，考察期间所见到的多为老年人，这是旧广武村发展的制约因素。目前，旧广武村可开发的旅游资源较为单一，仅有城墙与村内小学的雌雄双柏，这两处景点缺乏典型性与代表性。

三、平鲁区晋蒙交界处明长城遗址考察行纪

7月8日 晴

7月8日上午，考察团队对平鲁区晋蒙交界处的明长城遗址进行实地考察。平鲁区位于朔州市西北，与内蒙古自治区清水河县相邻。以长城为界，长城以南是平鲁区，以北则是清水河县。调研小组沿平鲁区与清水河县交界处的二道梁长城向东行进，该段长城遗址高约5米，宽约3米，保存状况良好，人为破坏较少，明长城轮廓整体上清晰可见。

据观察，二道梁长城周边以种植马铃薯为主，作为耐旱农作物，非常适合当地的气候条件。

调研小组沿二道梁长城向东行进

调研小组成员于11：20抵达清水河县窑子上村，该村只有几十户人家，在村口的墙壁上能够看到汉蒙两种语言书写的《村规民约》。在村内遇到一位姓苏的老大娘，询问得知村内有几处石砌房屋年代较早，当地的主要农作物有荞麦、莜麦、胡麻和马铃薯，自家养有驴、羊、马和猪。大娘热情地邀请我们去她家做客。她家房屋为三眼无梁窑，冬暖夏凉。她有三个女儿一个儿子，现已全部成家，子女们在内蒙古工作生活。窑子上村距离清水河县城30多千米，该村每年只有农历六月份赶一次集。生活用水需从其他地方买来，贮藏在家门口开挖的地窖中。家门口另一个地窖为贮藏雨水之用，下雨时雨水会顺地势流入窖内。

窑子上村一处民居

在窑子上村附近发现的石碑

调研小组随后离开窑子上村，在村西约150米处发现了一个牲畜饮水槽，看其外观像一通卧倒的石碑，因太过沉重，无法将其翻过来查看。通过对绵延数十里的二道梁长城段的考察，调研小组未发现堡寨。这段长城虽然整体上轮廓较为清晰，但是因为其夯土层裸露于空气当中，因此风化和雨水会对长城造成影响。此外，人畜活动也对长城的保护带来了一定的困难与挑战。

调研小组于13：00来到平鲁区少家堡，考察此地明长城堡寨遗址。少家堡村现为平鲁区高石庄乡管辖，村口立有"县级文物保护单位"的标识碑。少家堡是两个相连的堡寨沿"西北-东南"交错相连，在偏东南侧的堡寨内部还有一座袖珍堡寨，袖珍堡寨有一段堡墙仍然有石砖包裹。据《平鲁县志》记载："少家堡，明筑堡称威虎堡，后改成少家堡。"①明代杨时宁编纂《宣大山西三镇图说》记载：

本城砖建于正统三年，低薄倾圮。万历三年复包修之，周五里八分零，高连女墙四丈。原设守备官一员，有卫所儒学，后添设参将驻劄焉。除援兵外，守备所领见在官军七百五十二员名，马骡一百一十六匹头，分边沿长一十五里三分，边墩一十六座，火路墩四十五座②。

少家堡南堡墙

《平鲁县志》记载：

少家堡，位于平鲁城北22公里处，西距长城2.5公里。明嘉靖二十三年（1544年）筑，万历元年（1573年）砖石包墙。堡墙周长1260米，高14米。设东门，门外有关，堡内建有军营、马铺。分管长城5.15公里，北起威远堡头墩界，南至大水口堡16墩界。明设守备1员，守军467名，马12匹，辖边墩13座，每墩配守兵5名。清改设操守1员，守兵100名，辖边墩5座，火路墩9座。顺治年间官兵裁并于败虎堡。雍正十年（1732年）重新设置，但派驻官兵情况失考。民国时废军营改民堡，曾驻有稽查队。现为自然村③。

少家堡内现全部为耕地

调研小组在西北侧的堡寨内发现有两座石碑，分别为道光、咸丰时所立，咸丰碑为红色砂岩，两座石碑风化严重，字迹模糊无法辨认。

道光碑　　　　咸丰碑

在堡寨内部发现有大量陶片、瓷片、瓦片及石砖，还有少量砖雕残件与琉璃碎片。目前堡寨已完全废弃，部分区域被村民开垦种植土豆等农作物，西

---

① 平鲁县志编纂委员会：《平鲁县志》，山西人民出版社，1992年，第10页。
② （明）杨时宁：《宣大山西三镇图说》，台湾"中央"图书馆，1981年，第388页。
③ 平鲁县志编纂委员会：《平鲁县志》，第273-274。

少家堡关城包砖墙体

北侧有两棵树木，枝繁叶茂。调研小组于14:00离开此地，前往七墩村。

14:30抵达平鲁区高石庄乡七墩村。该村以长城为界与内蒙古自治区清水河县相接，2016年被住房与城乡建设部列入中国第四批传统村落名录。《平鲁县志》记载：

> 七墩镇，位于平鲁城北二十五公里的长城脚下，因在边墙第七墩处，故名。明隆庆年间封蒙族首领俺答为顺义王后，从此战事平息，互通贸易，七墩建镇。镇无城垣，以长城为墙。镇中除筑官市场所外，还有货栈、商行，为县境北部贸易要镇。民国四年（1915年）被匪首卢占魁率众入镇抢劫后，纵火烧毁，后再未修复，现为自然村①。

在七墩村，调研小组遇到当地一位姓侯的老爷爷，经询问得知"七墩村"是因长城在该村境内有七座土墩而得名，当地人称土墩为"疙瘩"，七座土墩当中有一座"马市楼"保存尚为完好，外

---

① 平鲁县志编纂委员会：《平鲁县志》，第16页。

部有石砖包裹。七墩村的长城有一段已经坍塌，是前些年有村民在长城遗址处修建窑洞所致，这反映出当地民众的文物保护意识亟待提高。村内原先有70多户村民，后来陆续迁出，如今只剩下50多户。

据侯爷爷介绍，当地曾经有五座寺庙，分别是关帝庙、观音庙、马王庙、龙王庙和武当庙。观音庙位于村南小沟，龙王庙在村北的山上，马王庙在村东北部，武当庙位于村中部。目前仅剩关帝庙得以保留，在关帝庙入口处立有"平鲁区文物保护单位"的文物标识碑，但其现状却不容乐观。进入关帝庙后发现，该庙断垣残壁、破败不堪，戏台屋顶完全坍塌，正殿顶部已坍塌过半，如不加以保护，不久之后将成为一片废墟。整个庙宇呈四合院布局，坐南朝北，戏台位于北侧，东配殿为四眼窑洞，西配殿坍塌只剩地基，钟鼓二楼分别位于东北角和西北角。关帝庙内有四通石碑，庙门西侧有石碑一通，院西北侧有一通石碑倒在地上，其余两通石碑在正殿门口东侧。正殿内东西两侧墙壁上有壁画，其中东侧墙壁壁画保存较为完好，但是若不加以保护，将会在不久之后消失。关帝庙原先有泥塑神像，集体化时期曾用作库房，庙外修有饲养牲口的屋棚，改革开放以后因不再使用而坍塌。关帝庙四周曾有墙围

七墩村关帝庙戏台

七墩村关帝庙正殿

绕，惜已不存。另外，在关帝庙周围曾有场院，是当地村民晾晒粮食的场所，现已成为一片荒地。

离开七墩村关帝庙后，调研小组对七墩村明长城遗址展开考察。沿明长城遗址南侧行进，不久便抵达七墩村马市楼。该楼外层包砖，高十余米，入口位于楼体北侧，入口上方碑碣刻有"洞天"二字，因碑碣为砂石，已风化，所以左侧记载年代信息的文字模糊不清而无法辨认。马市楼入口现在为一处小洞，宽约0.4米，高约0.3米，进入洞口之后是一个坡度约为60度的坑道通往顶部。从洞口爬入坑道，发现坑道内台阶已被厚厚的黄土层覆盖，有一通石碑横卧在坑道内。因坑道空间狭小、光线昏暗和尘土飞扬，未能查看石碑内容。到达顶部之后，是一块边长约5米的方形平台，遍布杂草，垛口保存尚完好，局部有砖石脱落的现象。站在马市楼顶部观察，"马市"位于楼北侧，马市围墙虽然不复存在，但其基址轮廓仍然清晰可辨，整个"马市"东西长而南北窄。

结束对马市楼考察后回到七墩村，在关帝庙南约50米处有一剧场，供村民观看戏剧。因为气候干旱，当地农作物依靠降水即"靠天吃饭"，主要有莜麦、胡麻、菜籽、土豆、大豆、豌豆。七墩

七墩村马市楼

站在马市楼向西看七墩村段明长城

村的村民主要收入来源为饲养牲口和种地，目前青壮年劳动力多在外打工，村内主要以老人为主，五月份持续一个多月的干旱，致使今年的收成不好。村民的生活用水为自来水，村内有统一的自来水供给点。16:10调研小组离开七墩村，奔赴平鲁区凤凰城镇。

通过对七墩村的考察，出现"人口外流"是该村的主要问题，由此导致经济发展相对缓慢，使得宝贵的长城遗址未能得到有效保护，村内仅存的关帝庙亦处于自然消亡状态。

17:40抵达凤凰城镇。凤凰城镇曾为平鲁县治，明代称"平房卫"，当地人称"老平鲁"。《宣大山西三镇图说》记载：

> 本堡嘉靖四十年建设，土堡周二里一百步，高三丈五尺。万历二年砖包女墙，二十八年砖墁堡顶，瓮砌水道，近题请砖包。设操守一员，把总一员，所领见在官军二百二十九员名，马一十四匹，止管火路墩三座[①]。

因时间关系，在凤凰城镇只考察位于城西的北固山，目前北固山已建设为一处景点，内有千佛寺、聚仙岩、凤凰阁、钟鼓楼、祈雨台和财神庙等建筑。北固山海拔高1596米，占地2100多亩。沿北固山台阶拾级而上，抵达山顶的凤凰阁，凤凰阁往北50米左右有一处烽火台。从高空俯瞰凤凰城镇犹如一只凤凰，而烽火台就是凤头。站在凤凰阁俯瞰该镇，共有东、南、西三座城门，其中东门和南门有瓮城，西门没有瓮城，西北角有一段长度约20米的城墙被夷平。简短的考察结束后，调研小组于18:30离开凤凰城镇，前往右玉县，平鲁之行宣告结束。

通过对平鲁区二道梁明长城遗址、少家堡遗址、七墩村明长城遗址和凤凰城镇的考察，调研小组对长城产生了新的认识。笔者曾于2016年暑假在北京八达岭长城旅游，当时认为长城是宏伟的线性地理景观。实际上，"长城的防御并非仅靠线性墙体本身，而是与其上的烽火台、哨所、关口，

---

① （明）杨时宁：《宣大山西三镇图说》，第316页。

尤其是与长城沿线耕战结合、驻防合一的军事聚落一起所形成的具有严密层次性、系统性和整体性的军事防御体系"[1]。实地考察明长城遗址，能够感受到古人对于边防体系的重视与经营，为古代劳动人民的智慧所折服。

四、右玉县明长城遗址考察行纪

7月9日 晴

上午8:00，调研小组在右玉县政府办公室程主任的带领下前往当地的杀虎口段明长城遗址。杀虎口是长城沿线的一处重要关口，山西民众口中的"走西口"便是走出杀虎口到口外地区经商谋生。《右玉县志》记载：

凤凰城镇北固山景点

站在北固山向东俯瞰凤凰城镇

> 杀虎口，该村是古长城的一道重要关口。春秋战国时代名曰"参合径"又叫"参合口"，随着历代变迁，唐曰"白狼关"、宋曰"雅狼关"。明代北方游牧民族的遗族（指胡人）南侵，明王朝发兵抵御和征伐，多从杀虎口出进，故将该口改为"杀胡口"，清代前期为缓和蒙汉矛盾，又将"胡"改为"虎"，一直沿用至今[2]。

杀虎口还是明清时期晋商"万里茶道"的必经之处，当时山西商人在福建等地采购茶叶后经过此地前往恰克图等地。今天，右玉县政府将杀虎口及周边区域打造为"杀虎口风景区"，不仅在杀虎口长城南侧修建了右玉县博物馆，而且对杀虎口段长城外表包裹石砖，在路经此地的公路两侧修建了高大的仿古城楼，增添了该地的边关氛围与边塞气息。

在程主任的带领下，调研小组首先参观右玉县博物馆，之后考察杀虎口明长城南部保留下来的古道。从右玉县博物馆往南前进，首先穿过广义桥，此桥是一座小型石拱桥，属县级文物保护单位。随后我们进入中关、杀虎堡与平集堡，这三个堡寨南北相连分布，高空俯瞰呈"目"字形，在杀虎堡西北侧有石碑一通，字迹模糊，只有少量字体可辨认。中关与杀虎堡的相连处东北角有瓮城

---

[1] 李严：《明长城"九边"重镇军事防御性聚落研究》，天津大学博士学位论文，2007年。
[2] 右玉县志编纂委员会编：《右玉县志》，中华书局，1999年，第109页。

高大的门楼已成为杀虎口景区的标志

遗址。平集堡内主街道两侧修建有仿古建筑，程主任介绍前几年右玉某煤化企业对此地进行旅游资源开发，但近年来煤炭行业不景气，遂使平集堡的旅游开发项目暂停。在平集堡南门外有瓮城，出瓮城后有通顺桥，与广义桥同为县级重点文物保护单位。通过程主任的讲解，笔者得知杀虎堡原名"杀胡堡"，即明朝大同镇七十二城堡之一杀胡堡，据《宣大山西三镇图说》记载：

> 本堡土筑于嘉靖二十三年，万历二年砖包，周二里零八步，高三丈八尺。原设操守，因本堡极边，万历十四年始议改守备。所领见在旗军七百名、马骡九十六匹头，分边沿长一十四里零，边墩一十七座，火路墩五座[1]。

右玉县博物馆

杀虎堡西门

杀虎堡是明代"灭胡九堡"之一，属大同左卫道中路，因此其战略位置十分重要。它位于山西与内蒙古的交界地带，是北方少数民族南下中原的要道，自古以来便是兵家必争之地。观察杀虎堡所处位置，东为塘子山，西为大堡山，处于两山之间的峡谷中，又因其有苍头河自南向北流经，故形成约1.5千米宽的河谷开阔地带，地势相对平坦，既有利于大宗货物的运输，又有利于骑兵的长驱直入。目前，三个堡内已无民众居住，除平集堡内有一些仿古建筑、中关有一处戏台和几座空置瓦

---

[1] （明）杨时宁：《宣大山西三镇图说》，第342页。

房，杀虎堡内已经成为农田，不过在堡内西北部依然发现有三眼窑洞遗址。

在结束杀虎堡、中关与平集堡的考察后，调研小组来到右玉县博物馆东侧的一处院落，院内东、北、西三侧长廊内有大量从右玉县田间地头搜集而来的碑刻，其中院内东边53通，北边9通，西边29通，共计91通，调研小组对其进行测量与拍照。离开时，博物馆工作人员赠送右玉县博物馆馆长吴承山所著《右玉史话》一书，我们表达谢意后与其道别，前往苍头河一带寻找万全桥遗址。《右玉县志》记载：

平集堡内街道两旁的仿古建筑

平集堡南门及瓮城遗址

万全桥位于杀虎口西的兔毛河上，又称兔毛河桥、庆和桥。当地群众惯称九龙洞桥。这是一座为万里长城跨越兔毛河而建的特殊桥梁。该桥建于明万历元年至四十七年（即1573—1619年）这个阶段。据有关专家学者从遗址上考察得知，万全桥全长290米以上，宽10—15米之间。共有桥孔27个，中间9个较大，孔径为7米左右，两面对称的两个孔道较小，孔径不会小于4米。在拱顶上，末段处即改石砌为砖砌，一直到桥上的长城垛口。桥高9.2—11.2米之间。据记载，该桥的坍塌，是清光绪二十二年（1896年）的一场特大洪水所致，大水过后，仅留下7个孔道。1936年，国民军旅部拆毁4个孔道，剩下西边3个孔道。后来，人拆水冲，全部毁坏[①]。

经过一番寻找，调研小组终于发现了万全桥的桥墩遗址，可以看到由巨大石砖砌成的桥墩虽历经洪水冲刷依旧矗立在河岸边，佩服古代匠人的高超技艺。通过对万全桥桥墩遗址的考察，可以发现此桥为东北—西南走向。随后离开杀虎口段明长城遗址，前往右卫镇。

---

① 右玉县志编纂委员会编：《右玉县志》，第660页。

万全桥桥墩遗址

15:00,在抵达右卫镇之前途经马营河村,村东有马营河堡,目前该堡已完全废弃,村民全部搬到紧邻马营河堡的西部和北部。《宣大山西三镇图说》记载:

本城永乐七年始设,正统后玉林卫内徙附焉,万历三年砖包,周九里八分,高四丈二尺二寸。所领见在官军一千六百三十员名,马骡二百六十七匹头,分边沿长三十二里有奇,边墩四十五座,火路墩四十六座①。

《右玉县志》记载:

马营河堡,建于明万历元年(1573年),周8分,高连女墙3丈9尺,旧分管边墙,沿长5.5里。原设边墩8座,火路墩1座,清顺治年间裁并②。

站在马营河堡西北角俯瞰堡内

站在马营河堡内看北堡墙

马营河村五神庙戏台

马营河村五神庙正殿

---

① (明)杨时宁编:《宣大山西三镇图说》,第339页。
② 右玉县志编纂委员会编:《右玉县志》,第547页。

马营河堡的堡墙保存完好，是右玉县的县级文物保护单位，马营河堡只有南门供人员车辆出入。马营河堡西堡墙外有一座五神庙，庙南是一座戏台，戏台东西两侧外墙上有两通乾隆九年（1744年）的嵌入式碑碣。进入庙内，在西鼓楼处发现有乾隆三十年和道光二十五年（1845年）两通石碑，其中后者紧靠鼓楼墙壁，已裂为两块，石碑文字内容较为清晰，通过辨读发现此碑上刻有大量蒙古族姓名，这是民族交流的重要见证。另一通乾隆时期的碑刻，高1.5米，宽0.7米，厚0.13米，保存完好，立于鼓楼南侧。在五神庙内有龙神庙、观音庙、关帝庙和奶奶庙，还有一座庙宇未标明供奉的神灵，询问当地村民也无答案。这座五神庙近期经过维修，除戏台外其余全部为新修仿古建筑。

16:00，调研小组抵达右卫镇。右卫镇曾经是右玉县城所在地。中华人民共和国成立初期属察哈尔省管辖，1958年行政区划调整，右玉县与左云县合并为左云县，1961年复县。1972年右玉县城南迁后，右卫镇改为城关公社，1984年改公社为镇，右卫成为城关镇镇政府所在地。2000年城关镇更名为右卫镇，右卫成为镇政府所在地。右卫镇在明朝时是大同镇七十二城堡之一的右卫城，《宣大山西三镇图说》记载：

右卫城，北至杀虎堡二十里，东至马堡三十里，南至威远城五十里，西至边墙三十里。本城永乐七年始设，正统后玉林卫内徙附焉，万历三年砖包，周九里八分，高四丈二尺二寸①。

《右玉县志》记载：

右玉城，墙垣内土外砖，设四门楼、三角楼（西南角缺）。敌台28，垛口564，守铺8，门4：东和阳、南永宁、西武定、北镇朔。门外各有月城，西月城近河，新修。南有关厢，南、北、东门外有八旗营房，城内驻扎将军、都统、府、县、参、守等官，及镶、正黄两旗官兵，为关外重地②。

在右卫镇，调研小组首先到城内东北部的宝宁寺进行考察，该寺为全国重点文物保护单位。据程主任介绍，宝宁寺周边曾经遍布庙宇，遗憾的是如今只留下宝宁寺两座大殿，而且殿内塑像、壁画俱已毁。《右玉县志》记载：

宝宁寺，当地人称"大寺庙"，是右玉县城最大的一座佛教寺院。该寺庙坐落在右玉城内大东街路北，占地约8000平方米。据明成化十年（1474年）碑记载，该寺创建于明天顺四年（1460年）。寺庙系砖木结构，规模宏大，雄伟壮观。寺内由大雄宝殿（即正殿，亦称后殿）、天王殿（即过殿）和前殿组成，左右有钟鼓二楼，正殿与天王殿之间有东、西、南三十余间配殿，山门两

---

① （明）杨时宁编：《宣大山西三镇图说》，第337页。
② 右玉县志编纂委员会编：《右玉县志》，第546页。

侧建有精巧玲珑的牌楼两座。寺内有水陆画一堂，为明代遗留下来的珍贵文物。日军侵入右玉后，宝宁寺遭到了严重的破坏，山门、钟鼓楼、牌楼以及东西配殿均被拆毁，只留下大雄宝殿和过殿。1976年本县发生大地震，大雄宝殿毁坏严重，梁架西斜，头梁拔榫，殿顶断裂，漏雨糟朽。1990年7月省文物局拨款20万元，对宝宁寺大雄宝殿进行了修缮。修复后的大雄宝殿面貌一新，为本县的一大景观[①]。

宝宁寺现存两座大殿中，大雄宝殿为悬山式屋顶，天王殿为歇山式屋顶。在大雄宝殿门上方看到有白板黑字木板，木板简要记载了宝宁寺1989年重修的情况。此外，在南侧大殿院内发现有形制类似的三通石碑，字迹模糊难以辨认。宝宁寺东西两边都是学校，不过东边的学校已经闲置，西边的则仍在使用。

走出宝宁寺后来到右卫博物馆，馆内展出砖雕、军事物品、地契房契、民国以来货币以及居民日常生活用品等物件，带有浓厚的地域色彩。随后调研小组登上北门城墙，看到右卫城四周有城墙，四座城门均有瓮城，东、南、西三面城墙保存较为完整，北面城墙有一部分淹没于风沙之中。不久前当地政府对城门进行维修，新建了城楼和瓮城，沿北城墙新建了一座带状公园供百姓散步休闲。

宝宁寺天王殿

宝宁寺大雄宝殿

右卫镇北城门

站在北城门上俯瞰右卫镇

---

① 右玉县志编纂委员会编：《右玉县志》，第664页。

通过考察杀虎口段明长城遗址、马营河堡和右卫镇，进一步感受到明长城是一个集边墙、堡寨和卫所等诸多设施为一体的防御体系，特别是在重要的交通要道，堡寨的设置更为密集，例如紧邻杀虎口的杀虎堡、中关和平集堡呈"目"字形分布，距离杀虎口不远又设置右卫镇与马营河堡，这些堡寨与边墙共同构成了抵御北方少数民族入侵的重要防卫体系。

在考察中，能够看到明长城保护现状不容乐观，杀虎口景区为了营造边关氛围，拆除一段边墙修建了宏伟的城楼，破坏了这段长城原本的面貌，而曾经的杀虎口大门位于新修城楼东侧的墙角处，宽约为4米。此外，平集堡内新修的仿古建筑与周边环境格格不入，右卫镇四个城门处新修的瓮城也与其旧有的夯土城墙形成了鲜明对比。因此，右玉县在修缮开发明长城遗址的过程中应该切实保护明长城遗址的原貌，这样才能避免景区风貌的同质化，从而吸引更多慕名而来的游客，增加财政收入。

7月10日　晴

上午，调研小组在程主任的带领下对右玉县的威坪堡村和威远镇的明长城遗址展开调查。威坪堡位于威远镇西15千米处，又称"威屏堡"，意为"威远西南屏障"。《宣大山西三镇图说》记载：

> 威坪堡，北至旧云石堡十三里，西至平房城四十里，南至邵家村一十里，东至威远城二十里。本堡设自嘉靖四十五年，万历元年石包之，周一里四分，高三丈七尺，万历二十三年创修土堡一座接连本堡。原设守备一员，缘无边责故，今改操守营。所领见在旗军二百七十九名，马一十二匹，止管火路墩一十座①。

在威坪堡村，调研小组遇到了81岁张姓老爷爷，据其介绍得知，村内目前有百来户村民，主要农作物为杂粮，而且打下的粮食用于自己消费而不是交换，当地政府每年有小杂粮种植补贴，农民用这部分钱款购买生活物品，同时政府为村内的贫困户每人发放一头驴作为精准扶贫的措施。村内原先有寺庙二十多座，遗憾的是都已消失。该村有一处供销社售卖日常生活用品，听供销社阿姨介绍，目前村内有五六百人。经过考察，发现威坪堡有东、南两座堡门，目前堡门呈豁口状，堡墙亦多有缺损。在威坪堡西南堡墙外，有一处打谷场。整体上看，威坪堡损毁较为严重。

威坪堡村东一座坍圮的戏台

---

① （明）杨时宁编：《宣大山西三镇图说》，第392页。

离开威坪堡后，调研小组来到威远镇考察。威远镇在明代称"威远城"，位于右玉县城西南10千米处。东临新城镇；南傍苍头河，与高家堡乡接壤；西临平鲁区凤凰城镇，距长城10千米；北依大南山，与杨千河乡、丁家窑乡接壤。目前是右玉县威远镇政府所在地。《宣大山西三镇图说》记载：

威远城，北至右卫城十五里，东至祁家河堡二十里，南至花板石村三十里，西至云石旧堡二十里。本城砖建于正统三年，低薄倾圮。万历三年复包修之，周五里八分零，高连女墙四丈。原设守备官一员，有卫所儒学，后添设工匠驻劄焉。除援兵外，守备所领见在官军七百五十二员名，马骡一十六匹头，分边延长一十五里三分，边墩一十六座，火路墩四十五座[1]。

《右玉县志》记载：

威远城，门4：东宣阳、南崇化、西宁远、北靖朔。外皆有月城，上建门楼、敌楼，共32座。威远堡营分管边墙16座，清改设边墩5座，每座设边军5名，每名给赡军地1顷。原设火路墩45座，清裁并[2]。

从外看威远镇西城墙

---

[1] （明）杨时宁编：《宣大山西三镇图说》，第382页。
[2] 右玉县志编纂委员会编：《右玉县志》，第546页。

据程主任介绍，抗战期间为减少战争伤亡，当地老百姓将城内的鼓楼、角楼等制高点拆毁。中华人民共和国成立以后，当地民众又将城墙上面的石砖用于自家房屋的修建，因此威远城内的传统建筑无一保留。调研小组主要对威远镇西城墙与北城墙进行了考察，在西城墙中部发现一通躺卧的石碑，高1.55米，宽0.7米，厚0.13米，将其翻过来后看到文字部分，得知此碑为道光二十三年（1843年）所立，碑中文字均为人名，初步判定此碑为一通功德碑。随后，继续沿堡墙行进，在堡墙西北角有一处凸出土墩，侧面有龛状的小洞排列分布，疑似旧时点灯之用。沿堡墙考察结束后，调研小组离开威坪堡，向牛心堡进发。

站在西城墙上俯瞰威远镇民居

15:00，抵达右玉县牛心堡村，目前该村为右玉县牛心乡驻地，位于右玉县城东北10千米处。东与左云接壤；南连新城镇；西接右卫镇；北邻李达窑乡，北距长城20千米。《右玉县志》记载："牛心堡：因位于牛心山的北麓，并在明朝修筑堡子而名。"[①]牛心堡村东南1千米处就是牛心山，为死火山，海拔1604.5米，山的西北有牛心河环绕，周长约5.5千米。牛心山上原有文昌阁、玉皇殿，均建于明朝，惜在抗战期间被毁。《宣大山西三镇图说》记载：

在威远镇西城墙外发现一通石碑

威远镇城墙西北角凸出部分

牛心堡，北至破胡堡四十里，东至云阳堡一十五里，南至祁家河堡一十五里，西至黄土堡一十五里。本堡设自嘉靖三十七年，隆庆六年包石。周二里五分，高三丈五尺，原设守备，万历十四年因腹里议改操守，所领见在旗军四百三十四名，马骡三十七匹头，止管火路墩一十八座[②]。

---

① 右玉县志编纂委员会编：《右玉县志》，第108页。
② （明）杨时宁编：《宣大山西三镇图说》，第354页。

牛心山

牛心山山顶道观——玉皇大殿

《右玉县志》记载：

　　牛心山位于右玉城东南四十五里，牛心堡村南一里处。明朝嘉靖年间，由朝廷内兼理驿马都监御史的大太监杨林茂在山上建寺。整个庙宇坐北向南，分西院、中院、东院、后院四个部分。西院正殿为文昌殿，东西配殿分别是灵官殿和瘟神庙。中院正殿为玉皇殿。后院占地仅有两丈见方。院内有一间大小的一座坐南朝北的文殊庙。与寺庙主体配套的还有两处附属建筑，那就是南山脚下与北山脚下的两座乐楼。一九四八年，当地民兵怕敌人占据，放火烧了寺庙[①]。

站在牛心山上俯瞰牛心堡

　　调研小组爬到牛心山山顶后，发现山顶为一处平地，站在牛心山顶部俯瞰山下的"牛心堡"似若"牛心"，程主任介绍此为右玉十景之一，名为"牛心孕璞"。牛心山是一处死火山，当地人称之为"右玉富士山"。山顶有一座道观，名为"玉皇大殿"。道观内有一名道士，房屋均为新修仿古建筑，未发现有碑刻遗存。因天色将晚，调研小组决定启程赶赴左云县考察。

---

① 右玉县志编纂委员会编：《右玉县志》，第657页。

两天的"右玉之行",对该县明长城遗址进行了考察,值得肯定的是右玉县为开发旅游而对县内部分明长城遗址进行修缮,但是还有许多堡寨未能得到合理修缮而处于自然消亡状态。考察过程中能够看到个别村民在堡墙开挖窑洞,为自家牲畜提供住所,对文物造成巨大破坏。右玉县作为"右玉精神"的发源地,在生态文明建设方面卓有成效、享誉全国。然而,右玉县不仅要长期坚持植树造林,而且应该在保护明长城遗址方面"久久为功",这样才能实现"利在长远"。

五、左云县明长城遗址考察行纪

7月11日 晴

左云县明长城遗址的考察活动由当地三晋文化会的魏老师带领,在魏老师的安排下,7月11日上午,调研小组首先前往位于左云县城东南的楞严寺,对该寺现存的碑刻进行解读与拍照。在楞严寺东墙外发现了弘治十三年(1500年)和正德四年(1509年)的两通墓碑(高1.84米,宽0.86米,厚0.2米),魏老师介绍这两通墓碑原立于本县汉圪塔村张氏家族墓地,20世纪70年代墓地被毁,后来文物部门将仅存的两通墓碑移到此处,墓碑主人分别为明代将领张安、张锐父子。张氏父子去世后,当地民众为纪念其守边功绩而为其修墓立碑。在楞严寺西配殿屋檐下发现一通道光十二年(1832年)的石碑(高2.04米,宽0.76米,厚0.2米),此碑原存放于左云县城内真武庙鼎榆宫内。

楞严寺山门

在楞严寺东墙外研读石碑

楞严寺考察结束后前往左云县档案馆,该馆保存有民国《左云县志》和中华人民共和国成立初期土地证存根。听闻左云县体育文化局西侧有一通卧倒的汉白玉碑,于是在查阅相关档案后调研小组找到该碑(高3.24米,宽1米,厚0.31米)。经辨读,其中记载"白羊城"是左云县故城,此碑具体年代不详,只有"大明"两字清晰可辨。通读碑文,得知此碑为一位将军的墓碑,该将军最早效忠元朝,后归顺朱元璋,再之后追随明成祖朱棣,在北征大漠中建立功勋。从其人生履历看,最早为百户,后升为千户,之后升为副卫长。此碑因风化较为严重,故未能辨读全部内容,对其拍照后离开左云县体育文化局。

在魏老师带领下,调研小组来到左云县城的国家电网院内。院东北角处有一通明崇祯十一年

（1638年）记载曹文昭生平事迹的石碑（高2米，宽0.84米，厚0.18米）。曹文昭是一名武将，曾参与平定张献忠势力。通过对左云县城及周边现存石碑的考察，发现多与明代将帅有关，这反映了明代此地是一处边防重镇。

三屯堡南门瓮城

三屯堡内废弃的民居

站在三屯堡北堡墙上俯瞰堡内

站在三屯堡外看北堡墙

13:10，抵达左云县三屯乡三屯堡，该堡只有一座南门，南门外有一座瓮城，瓮城开东门约10米见方且墙体残存。堡东南角有戏台，原先曾有庙宇，惜已被毁。目前堡内无人居住，70年代时三屯堡内的居民就全部搬到此堡的东、南区域。三屯堡周长约333米，是大同镇七十二堡中最小的堡，《宣大山西三镇图说》记载：

> 三屯堡，北至宁鲁堡一十五里，东至张七梁六里，南至左卫城一十五里，西至右卫城六十里。本堡土筑于隆庆三年，万历三年砖砌女墙，周七分，通高四丈。设防守官一员，所领见在旗军二百九十二名，马二十二匹，分边沿长一里七分，边墩三座，火路墩一座[①]。

---

① （明）杨时宁编：《宣大山西三镇图说》，第350页。

《左云县志》记载：

三屯堡遗址，位于县城北12公里处，北距长城7公里。始建于明隆庆三年（1569年），万历二年（1574年）砖包堡墙。堡墙高3丈5尺（11.7米），周围二百步（333.3米），设东门一处，是明大同边中路边堡之一①。

从三屯堡的地理位置看，它是五路山各口至宁鲁口进入中原的必经之地，位于云阳堡、破鲁堡、宁鲁堡、威鲁堡、云西堡和左卫城的中间区域，一旦这五堡发生战事，三屯堡能够迅速支援，因此是左卫城的重要防御阵地。三屯堡呈正方形状，边长约80米，夯土层厚约0.2米。夯土墙外层包有石砖（长0.38米，宽0.17米，厚0.07米）。地势西高东低，有个别房屋呈断垣残壁状态。三屯堡墙体基本完好，马面角台也相对完整，堡内西墙底部还残存一段包砖，堡的四周有壕沟。三屯堡因村民较早迁出，原貌相对完整地保留下来，是左云县明长城遗址中保存较好的一处堡寨。

14:10，抵达宁鲁堡。宁鲁堡位于左云县三屯乡，以西10千米为右玉县破虎堡，东有威鲁堡、管家堡和保安堡。明朝时为大同镇七十二城堡之"宁虏堡"，亦是"外五堡"之一，属大同左卫道北西路，后改为"宁鲁堡"。《宣大山西三镇图说》记载：

宁鲁堡，北至边墙五里，东至威鲁堡十五里，南至三屯堡一十五里，西至破胡堡三十里。本堡设自嘉靖二十一年，万历元年砖包，周二里七分，高三丈七尺。设守备官一员，领见在旗军三百九十二名，马三十一匹，分管边墙沿长一十一里三分，边墩一十八座，火路墩一十一座，市场一处②。

《左云县志》记载：

宁鲁堡遗址，位于县城北19公里处，北距长城2.5公里。始建于明嘉靖癸卯年（1543年），砖包堡墙于万历癸酉年（1573年）。现存堡墙包砖已拆除，土墙比较完整。石凉公路从堡西南北穿过，历来是通往边外的咽喉要塞，军事位置十分重要③。

宁鲁堡以北有一处马市，马市有楼名曰

宁鲁堡西堡墙

---

① 左云县志编纂委员会：《左云县志》，中华书局，1999年，第775页。
② （明）杨时宁编：《宣大山西三镇图说》，第370页。
③ 左云县志编纂委员会：《左云县志》，第774—775页。

宁鲁堡马市楼——镇宁楼

八台子教堂正面与背面

白烟墩村庙宇壁画

"镇宁"。据魏老师讲此楼是长城由河北入山西段保存最好的一座。进入宁鲁堡马市的大门位于其正南方，目前局部坍塌，损毁较为严重。镇宁楼的入口在楼南侧，门额上石匾刻有楷书"镇宁"二字，石匾周围雕刻有精美花纹作为修饰。沿台阶进入镇宁楼后，发现此楼共有两层，第一层由南门进入，通往顶层的台阶在一层的西侧；一层的东、西各有四处箭窗，北有三处箭窗，南有一个小门居于两箭窗中。到了顶层后，发现楼顶地面有六座柱础台基，由此证明原先楼顶有一座木质楼阁。镇宁楼顶部有包砖（长0.4米，宽0.2米，厚0.08米）。紧挨镇宁楼东侧有一处石砖堆砌的拱门，进深约3米，只能弯腰通过。站在镇宁楼俯瞰，整个马市呈一个正方形，约50米见方，四边围墙基本完整。几年前，左云县政府对镇宁楼进行了保护性修复，对一些裂缝进行修缮加固，在楼顶重修了垛口，使得镇宁楼的雄姿得以延续。

结束了对宁鲁堡及镇宁楼的考察后，调研小组沿着长城遗址向东行进，不久抵达八台子村，参观了著名的八台圣母堂遗址。该教堂始建于1876年，是一座典型的哥特式建筑，"文化大革命"时期被毁，现只有教堂门楼遗存。据景点介绍牌内容描述，大单巴是中国天主教的七处圣地之一，梵蒂冈为其建档，每年8月2日为朝圣之日。此处不远即为明长城，置身此地能够领略不同文明的交融感。归城途中，我们路过白烟墩村，该村东侧有一处硬山式三开间的庙宇，目前庙宇外层加了塑钢板材防护，使庙宇免受风吹雨淋日晒，庙宇南侧原有戏台惜已坍塌。该庙三间：东为奶奶庙，有

"送子保寿"之意；西为马王庙，有"保六畜平安"之意；中为龙王庙，表达老百姓祈求"风调雨顺，五谷丰登"。这体现出当地民众对美好生活的诉求。

在7月11日的行程中，左云县的魏老师带领我们调研小组走访了当地的楞严寺、档案馆、县城、三屯堡、宁鲁堡、八台子村及白烟墩村。通过对左云县部分现存碑刻的考察，我们感受到当时戍边将士"牺牲自我奉献国家"的伟大爱国情怀，对古代戍边将士的崇敬之情油然而生。对三屯堡等堡寨遗址的考察，能够体会居民生活对文物的双重影响，只有树立牢固的文物保护意识才能使这些现存的明长城遗址不被破坏，从而让子孙后世继续领略明长城的磅礴气势。

长城岭村汉长城遗址

威鲁堡内贞节碑

威鲁堡西堡墙

威鲁堡堡墙西北角

7月12日 晴

上午9:00，在魏老师的带领下，调研小组来到左云县张家场乡长城岭村，考察该地的汉长城遗址。该遗址宽约10米、高约2米，魏老师介绍其长度约为20千米，这段长城基本上与400毫米等降水量线吻合。这片区域是游牧与农耕的过渡地带。随后，我们抵达位于左云县管家堡乡的威鲁堡村进行考察。这里曾是明代大同镇七十二城堡之一的"威虏堡"，亦是"外五堡"之一。雍正七年改"虏"为"鲁"，称"威鲁堡"。威鲁堡是大同七十二堡之中尤为特殊的一座堡寨，因为它由两个相互错开的堡寨组成，"西北—东南"方向上两座城堡交错相连，偏北侧堡寨是堡寨的主体，堡门位于正南，偏南侧堡寨为"关城"，门在东侧。《宣大山西三镇图说》记载：

威虏堡，北至边墙二里，东至灭虏堡二十里，南至云西堡三十里，西至宁虏堡二十里。本堡设自嘉靖二十一年，万历元年砖包，周二里二分，高三丈五尺。原设守备官一员，所领见在旗军四百一十六名，马一十六匹，分管边墙沿长一十一里九分，边墩一十六座，火路墩八座[1]。

《左云县志》记载：

威鲁堡遗址，位于县城东北20公里处，北距长城1公里。始建于明嘉靖癸卯年（1543年）。砖包堡墙于万历癸酉年（1573年），堡墙高3丈8尺（12.7米），周围2里2分（1320米），开东门一处。接东堡墙又建土关一座。关墙三面210丈（700米），开东关门一处。该遗址为明和清初边关重地，是明代北西路边堡之一，抗日战争时日军设警卡于此，今为威鲁堡乡所在地[2]。

威鲁堡紧邻长城，调研小组在村内遇到一位关姓老爷爷（73岁），据其介绍，威鲁堡内原先有庙宇21座，记住名字的有三官庙、马王庙、老爷庙、城隍庙、武当庙和龙王庙等等，该村曾是左云县内庙宇最多的村庄，而且庙内都有泥胎神像，遗憾的是如今都已被毁。目前看到该堡墙外层石砖均为大型城砖，堡墙底部有七层石头，魏老师介绍整个堡墙高达"三丈六"。威鲁堡内原有两千多人，今有一千余人，已经全部迁到威鲁堡东侧新建的居民区。目前堡内只有原玄天庙内有石碑遗存，其余石碑不复存在。在威鲁堡西片区域发现一通嵌入式石碑，据魏老师讲这是一通"贞节碑"，古代有一士兵在威鲁堡守边直至去世，其遗孀不愿接受别人接济而亡，将士们为表达对她的尊敬而立此碑。《三晋石刻大全·左云县卷》收录此碑。

在威鲁堡以北约500米处有一座名为"月华池"的袖珍无人堡寨。月华池呈正方形，根据景点宣传栏介绍，其"边长66米、周长198米"，北侧利用长城为堡墙，墙体均为夯土。在月华池北墙

---

[1] （明）杨时宁编：《宣大山西三镇图说》，第374页。
[2] 左云县志编纂委员会：《左云县志》，第774页。

中部修有一座敌楼，该楼有女儿墙、垛口、箭窗，入口在楼体西侧。目前该楼砖石脱落，风化较为严重，无法沿其台阶登上楼顶。月华池的特殊之处在于其"无门"。但其西堡墙中部有一处豁口可进入堡内，堡东北角也因沙土堆积可登上堡墙进入堡内，南堡墙与东堡墙保存相对完好。月华池的得名是由于明代此地守将翟鹏及将士们信奉真武大帝，而左云县城的真武庙鼎榆宫有一牌坊，牌坊左曰"日精"、右曰"月华"，取"日月精华"之意，是"月华池"得名之由来。

站在月华池西北角俯瞰堡内

保安堡村南禅寺外景

在南禅寺内考察石碑

二通河北岸"如来真人宝塔"

临近中午，调研小组结束对月华池的考察后来到保安堡。保安堡为左云县管家堡乡所辖，是明代大同七十二堡之一，位于左云县东北，是左云县第二大村。此堡以北不到1千米便是明长城。据魏老师介绍，此堡关口曾名"白羊口"，明时改"保安口"。保安堡东为大同市新荣区，北侧跨过明长城就是内蒙古自治区凉城县。《宣大山西三镇图说》记载：

保安堡，北至助马堡十五里，东至破虏堡十五里，南至灭虏堡十五里，西至边墙二里。本堡设自嘉靖二十四年，万历元年砖包，周一里五分，高三丈五尺。原设操守官一员，所领见在旗军三百八十二名，马一十二匹，分边沿长一十四里零，边墩一十五座，火路墩四座[①]。

《左云县志》记载：

保安堡遗址，位于县城东北39公里处，西距长城1公里。始建于明嘉靖二十五年（1546年），砖包堡墙于万历元年（1573年）。堡墙高3丈7尺（12.3米），周围1里3分（780米），开东门一处。接东堡墙修土关一座，关墙三面140丈（467米），设东关门1处。该遗址是明代大同边北西路所辖九堡之一。

由此可见，保安堡是明朝大同镇的重要据点，关系到"高山卫"与"左卫"存亡。调研小组进入保安堡后，发现该堡文物保护现状十分严峻，堡墙多有坍塌，损毁严重，西堡墙被一条水泥路从中穿过，形成宽约6米的豁口，其余三面堡墙基本无存。长期以来，该堡民众没有外迁，陆续在旧有房屋基础上新建屋舍，改变了堡寨的原有风貌，村内为硬化拓宽道路而拆毁了一部分堡墙。堡内现存南禅寺一座，位于村东，坐南朝北，有碑刻六通，其中隆庆壬申年（1572年）碑位于院内西南角，是半嵌入式石碑（长0.63米，宽0.63米，厚0.34米）。紧邻隆庆碑西侧有一通咸丰八年（1858年）的石碑（高1.57米，宽0.63米，厚0.2米）。院内东南角有一通道光二十九年（1849年）石碑（高2.24米，宽0.86米，厚0.2米），内容为"重修碑记"，碑阴记载人名。南禅寺的东西配殿为阎罗殿，正殿则是供奉释迦牟尼。寺内目前有一尼姑，当年重修该寺经费由其募得。

走出保安堡来到二通河北岸的"如来真人宝塔"，目前二通河已经干涸，河床龟裂。该佛塔原有五层，目前残存四层，为四节八角砖塔。在第三层有一通嵌入式碑刻（高0.35米，宽0.2米），上有楷书"如来真人宝塔"。听魏老师讲述该石刻曾经被盗，但不久后又出现在村内南禅寺门口。随后，我们结束了对保安堡的考察，返回驻地。

14:50，我们来到位于左云县张家场乡的云西村，考察位于此地的云西堡。《宣大山西三镇图说》记载：

云西堡，北至威虏堡三十里，东至高山城三十里，南至石仗村一十里，西至左卫城三十里。本

[①]（明）杨时宁编：《宣大山西三镇图说》，第366页。

堡设自嘉靖三十七年，万历二十四年砖包，周一里三分有奇，高连女墙四丈一尺。设操守官一员，所领见在旗军三百四十五名，马一十二匹，缘无边止管，火路墩九座①。

《左云县志》记载：

云西堡遗址，位于县城东偏北13公里处，十里河南岸处，今云西村。建于嘉庆七年（1528年），砖包堡墙于万历十三年（1585年），堡墙高3丈5尺（11.7米），周围1里3分（780米），开北门1处。该遗址是明大同边北西路边堡之一，万历时置高山卫云西路边备道。抗日战争时，日军设警卡于此②。

站在云西堡内看北门

由资料可知，云西堡对"大同左卫"和"高山卫"的防御有极其重要的作用。目前云西堡居民区集中于村外东南侧，堡内只有几户人家，这些人家的房屋建于堡墙地基之上，而堡内其他房屋已成残垣断壁，南堡墙有一处后人开挖的出入口。云西堡原先只有北门一座，北门外有一关城，关城开西门，规模较大，因此从高处俯视云西堡呈"日"状。云西堡北门保存相对完好，而其他区域的堡墙石砖早已脱落或被用于房屋建设。经过一番考察，在堡内未发现有庙宇和石碑残存。随后，我们前往"旧高山卫"遗址，开启了本次调研最后一站之行。

云西村内民众拆除的石砖

"旧高山卫"现在为"旧高山村"，属于左云县张家场乡管辖，村东是大同煤矿集团燕子山矿，村西为左云县煤炭集运站，109国道和大秦铁路支线从村北通过。根据魏老师介绍，旧高山卫规模比大同府城还要大，大同府城周长6千米，旧高山卫周长6.5千米。《左云县志》记载："明代

---

① （明）杨时宁编：《宣大山西三镇图说》，第378页。
② 左云县志编纂委员会：《左云县志》，第774页。

高山卫所在地，始建于洪武二十六年（1393年），因城西南有一土石山，故名高山城。明嘉靖十四年（1535年）又在高山卫城东7.5公里处新修高山城，就此，有了新旧之别。"[1] "宣德元年（1426年），高山城弃城，徙阳和卫，与阳和卫同城。"[2] 从外观上看，此堡规模宏大，但因其废弃较早，故一些区域的堡墙痕迹已不明显。旧高山卫的中央地势较高，是几座土丘，有一条河流穿城而过，目前民众主要居住北部区域，人口少且以老年人居多。普光寺是旧高山卫仅有的寺庙，且有翻新修缮的痕迹。因大门紧闭未能进入，从门缝处观察发现普光寺内有天王殿。因其背靠堡墙，故能沿缓坡处登上堡墙观察，普光寺后院只有东、西两殿，院中堆放有一些杂物，没有看到石碑。

旧高山村普光寺山门

站在北堡墙上俯瞰普光寺

旧高山村南堡墙

旧高山村东堡墙

因旧高山卫堡墙遗址规模较大，加之时间因素，调研小组只对部分堡墙进行考察，发现东堡墙保存尚好，只有一小段因修公路而被推平，堡墙的夯土层亦非常清晰。总体上看，旧高山卫明长城遗址现状不容乐观，一是年代较为久远，受侵蚀严重；二是附近厂矿企业较多，公路及运输车辆对

---

[1] 左云县志编纂委员会：《左云县志》，第89页。
[2] 左云县志编纂委员会：《左云县志》，第774页。

堡墙造成不同程度的破坏。结束了对旧高山卫遗址的考察后，当日18：15，我们离开旧高山卫遗址前往大同市区，并于次日返太原，本次明长城遗址实地考察之行正式结束。

在7月12日的考察中，调研小组走访了左云县张家场乡长城岭村汉长城遗址、威鲁堡、保安堡、云西堡和旧高山村，通过对这些现存的长城及堡寨遗址的实地考察，能够感受到明政府为修筑长城所付出的巨大的人力、财力与物力，亦能想象当时劳动人民所付出的牺牲。置身于这些遗址当中，目睹曾经高大的堡墙有的被夷为平地，有的风化为一道低矮的土堆，让我们对历史的沧桑巨变产生更为深刻的认识和体会。如今，有些明长城遗址得到了政府的保护性维修，其容貌得以延续。但是，仍有许多明长城遗址处于自然消亡状态，经受着风吹日晒雨淋，更有甚者因村民缺乏文物保护意识而惨遭毁坏，这不得不引起世人的关注。

旧高山村东堡墙横截面

为期两天的"左云之行"，不仅对当地的明长城遗址保护现状和民众的生存状态有了初步的认识，而且从左云县三晋文化会的魏老师身上感受到其浓厚的乡土情结，每到一处遗址魏老师都为我们热情地讲解，使调研小组成员学习到许多左云县的文史知识。在考察途中，也能让人感受到当地政府为保护长城遗址、挖掘长城价值所做出的努力，例如月华池、八台圣母堂等。今后左云县应该提高民众的文物保护意识，减少对明长城遗址的人为破坏，为子孙后代留下这笔宝贵的文化遗产。

六、结语

通过对晋北地区部分明长城遗址的考察，能够发现该区域的堡寨在选址、修筑等方面具有诸多特点。从选址方面看，"具备指挥功能的卫城选址于防线一定距离的后方，而堡城和堡寨一般位于防线前沿，有少例在后方者，但与指挥功能差异无关，而弥补后方卫城的防御"[1]。从堡寨所处地形来看，晋北地区遵从了"因地形用险制塞"这一历代军事堡寨的选址法则。而堡寨的选址对其形态产生了重要影响，晋北明长城沿线的堡寨在形态上分方形与不规则形两种，其中"位于山丘和平地的关堡一般呈方形，一些位于山沟的关堡由于规模较小，也是呈方形。不规则形状城池，多是由

---

[1] 李贞娥：《长城山西镇段沿线明代城堡建筑研究》，清华大学硕士学位论文，2005年。

于自然环境和地理条件的限制，城池的展筑、关厢城的修建，也造成了原本方形城池呈现了不规则的形态"[1]。这些位于明长城沿线的堡寨与长城防线相互配合，形成一整套严密的防御体系，成为保障明王朝边疆稳定的重要力量。从修筑方面看，晋北地区明长城沿线堡寨的堡门数量往往不超过两个，一般情况下，只有卫所城池的大门数量才会达到三个及以上。在堡寨内部，大多只修建简略的基础设施，一些庙宇等公共建筑建于堡内的主要街道旁。由于一些堡寨废弃时间较早，其内部的衙署、军营等建筑早已坍塌而无迹可寻，还有一些堡寨也因当地民众的改造无法一窥当时的建筑形制，实乃遗憾。

为期六天的考察，笔者不仅领略到明长城遗址的雄伟神奇，而且对明长城遗址的现状感触颇深。考察途中所走访的地点多为远离县城的村庄，这些村庄都有一个共性特征——"人口老龄化"，农村青壮年劳动力严重外流，直接后果就是耕地的荒废与农村面貌的滞后，有些村庄已经彻底废弃，只留下残存的堡墙和坍塌的房屋。只有少数明长城遗址被开发为旅游景区，更多的则是散落于乡郊野地，处于一种无人看管的状态，而且在开发过程中因追求景观效应对遗址原貌造成不同程度的破坏。此外，堡内民众与文物保护呈现出更为复杂的关系。一方面，堡内民众搬迁到堡外，虽然减少了人类活动对文物的影响，但是也会加速堡寨遗址的坍塌；另一方面，民众继续留在堡内，则会对堡寨遗址产生不同程度的破坏，甚至导致堡寨整体消失。如今山西省正在建设"资源型经济转型发展示范区"，打造"能源革命排头兵"和构建"内陆地区对外开放新高地"，对于那些拥有数量丰富的明长城遗址的县区要结合自身实际，保护与开发并重，着力发展文旅产业，合理调整民众与明长城遗址的关系，建设国内一流、国际知名的全域旅游目的地。

除了对明长城遗址现状的思考，笔者对于这些堡寨名字的变化亦有所体悟。在明代杨时宁编纂的《宣大山西三镇图说》中，明长城沿线堡寨的名字多充满了对北方少数民族的"仇视"与"敌意"，例如"杀胡""破胡""威虏""镇虏""宁虏"等，但是这些名字在清代逐渐演变成为"杀虎""破虎""威鲁""镇鲁""宁鲁"等，如此变化反映出清代各民族进一步融合。由此可见，地名的变迁有着深深的时代烙印，值得我们去思索与探求。

此次晋北之行不仅锻炼了笔者的"腿功""手功"和"笔功"，而且让笔者改变了以往"走马观花"式田野考察，开始注重前期文献资料的阅读和实地人物的访谈，从而对田野考察有更深刻的理解和体会。在文章的最后，还要对此行的老师和同学表示感谢，对给予我们帮助的地方政府及民间人士谨致谢忱！

---

[1] 赵紫薇：《明长城山西镇防御性军事聚落研究》，天津大学硕士学位论文，2012年。

追寻巡检司城
——以浙江温州、台州地区为中心的田野考察

郑琦

作者简介

郑琦，工程硕士，正高级工程师，注册城市规划师。台州市路桥区飞龙湖生态区建设发展中心副主任。从事古塔、古城、古村落的田野调查与研究，发表论文二十多篇。

巡检司是北宋开始设立的县以下基层治安机构，经元朝、明朝，一直延续至清代。特别是有明一代，巡检司的设立最为普遍，"为缘海卫所，成兵以防倭寇……置巡检司……分隶诸卫，以为防御"，使巡检司成为海防体系的重要组成部分。

巡检司城由于规模较小，名气不大，保存状态相对不佳。几年来，笔者对浙江巡检司城的考察穿插在对东南沿海卫所古城的田野考察过程中。

2015年6月22日　长沙巡检司城

《明史》卷四十四《地理志五·浙江·台州府》记载："连盘巡检司，迁治海口长沙。"康熙《临海县志》也记载，洪武二十年，连盘巡检司"徙海口长沙"，与设置海门卫前千户所同时。查旧志《县境十里方图》，该"长沙"大约在今临海市上盘镇城山村。

长沙巡检司城东门从城内往外看

抗倭古井

行车至上盘镇西大街，在城山村的路牌边停车，右弯村道往前走，过一个小山包，忽然间一座拱门出现在左首侧，拱门下一条小道延伸前方。从方位判断，这应该就是巡检司的东城门了。城门高度在5米上下，两侧各有十余米的石砌墙体。从砌石分析，两侧的墙体是原有的，早已长满了小树和杂草。进入城门，在拱门内往上看，顶上架着空心板，原来顶部早已坍塌，不得已简单地加盖替代，说明损坏程度相当严重。

沿小道前行四五十米，在路右有一口古井。村民在旁边树了一个石碑，标注"明抗倭古井"，演绎了一段抗倭故事。据村民介绍，古井边上原有房子，是军营所在地。路左是一片山岩，上刻"巡检司古城"5个字。

再往前百余米，是城山村村民树立的巡检司城纪念坊。坊前有一个五六米宽的照壁，显然都是新建的。照壁两侧竖着8块两米高的清朝旗杆石，上面刻着村里中举者的名字。从名字看，城山村是周氏占主导地位的单姓聚居村。据村民介绍，这些旗杆石在"文化大革命"时用来当桥梁才得以保存，前些年起出来，放到这里。当然，周氏村落城山村出现在明代以后，是移民定居繁衍形成的村落，与巡检司城并无关系。

从地形看，长沙巡检司城是一座依山而建的小城。据村民介绍，20世纪60年代，当地人发现巡检司古城下牡蛎壳很多，是用于建筑（锻炼蛎灰）的好材料，于是在古城下大肆挖掘，古城就此慢慢倒坍了。目前仅存东门两侧的一点城墙，虽然有村民为我指点了原先城的大致位置，但因地面毫无遗迹，无法确认。

清朝旗杆石

从山岩的台阶上小山，是一座城隍庙。城山村即以此而得名。庙宇材质较新，估计是在原址上重建之物。山顶有一条水泥浇筑的下山的路，初夏时节，山花烂漫，风景不错，令人心旷神怡。

2016年3月19日　蒲西巡检司城

在三门县健跳镇考察了健跳古城后，沿省道往三门方向走。利用导航，车在六敖镇小莆村附近的边防派出所门口停下，从健跳到蒲西巡检司城大约17千米。

边防派出所边上的小山包就是蒲西巡检司城所在。沿石级往上，正是油菜花盛开的季节，在花丛掩映中，一座城门慢慢出现，门旁高大的信号发射塔显得非常突兀。城内是油菜花的世界，大片油菜花正盛开，门洞成了非常好的框景。据建材分析，这座南城门上半部分应该是在旧基上部分复建的。

蒲西巡检司城门洞

进入城门，一方面有大片大片盛开的油菜花吸引了我，另一方面则是两座高大的信号发射塔影响了我的视线。南城门附近的是中国移动的发射塔，北城门附近的是中国联通的发射塔，这样一个优美的小环境和具有历史意义的古城堡，被两个公司占据了制高点，影响了拍摄视线，令人遗憾。南门左侧是新恢复的城隍庙，庙内保留了一些石雕旧物。

城隍庙边上就是西城墙，仅剩下一个缺口。出西城门瞭望，开垦的山坡地上同样种满了油菜花。南城墙、东城墙更像一块台地，高度只有1~1.5米，墙顶种着豌豆、油菜。城内的农作物，是山下的巡检司村村民上来种的，巡检司村原属小莆村，大跃进前后分出。东城墙与北城墙的交接处，

种着豌豆的东城墙

北门处新砌的红砖破坏了古城的原真性

蒲西巡检司北城墙

城墙上的排水孔

龟峰巡检司附近的古树

有高起的部分，估计是当年的瞭望台。东城墙之外是水域和滩涂，这里显然是当年抗倭前哨绝好的位置。

城内只住有管理城隍庙的林师傅，他热情地带我四处走走。在北门处，林师傅指着新砌的红砖说，本来想自己花钱把北门重建起来，不想被文化局责令停工。林师傅有一颗善良、热情的心，只是不懂文物保护中原真性的要求，好心办坏事。

出了北门，沿石级往下，北城墙朝外的部分保留较好，高度在3米以上。在北城墙的西边部分，发现了一个排水孔，这在城墙建设中是比较先进的，特别是在巡检司城这种小城中出现，更为难得。

林师傅带我到北城墙上被边防挖开的大洞，自豪地告诉我，是他打电话给文化局，制止了这起损坏行为。为此，我感谢了林师傅。

2016年4月3日　龟峰巡检司遗址

清明节日，高速免费，从路桥出发，长途奔波200千米，在苍南观美下了高速。过壮士所城而不入，沿渔寮支线往山上走，山道弯弯，没想到有这么多的路。到达三墩洲村，在告之来意后，村民指引我左弯岔道，走上上山的支路。经过一片片的油菜花，来到一个盆地。远远望去，村道通达的岗上，有一棵很大的古树，昭示了这里是有历史的地方。

这片盆地小地名叫大姑营，是一个自然村。说是自然村，其实也只有几户人家。盆地的一边围着与山联成一体的土围子，建着六七间房。盆地内种着油菜花，中心位置是一座五显庙。民房中走出一位大叔热心地带我来到五显庙前，一块保护碑显示这里确实就是全国重点文物保护单位"蒲壮所城"的保护内容之一"巡检司遗址"，另一块碑是清代道光三十年（1850年）的"得胜嵯"。五显庙是来自安徽的神灵崇拜，是否说明当年这里的戍守丁壮有很大一部分来自安徽呢？对此，大叔也无法作出回答。大叔说，这地方很偏僻，除了当时立保护碑来过人外，我是唯一的外人。当我询问有无城门保留时，大叔说，早毁了，他从

一片油菜花中的五显庙

龟峰巡检司城墙遗迹

小就没见过。他指着土围子说这就是城墙，我有些失望，来回奔波近500千米看到的是保存状况如此之差的遗址，与出发前的期望相差太远，失望之情难以言表。

2016年4月30日　枫林古镇（党溪巡检司、枫林汛）

枫林地处楠溪江中游东岸，东与乐清市芙蓉镇接壤，西与岩头镇隔江相望，是徐姓聚居地。元代设楠溪巡检司（党溪巡检司），明代置枫林汛，是一座有着抗倭历史的军事古堡。2000年2月被列为浙江省第二批省级历史文化保护区，16年过去了，现在怎么样了呢？

在甬台温高速雁荡山互通下高速，走雁楠公路，到达楠溪江左转"珍上线"，在大转盘处左转，就进入了枫林镇。前面部分是现代集镇，驾车沿着进镇的道路一直到底，来到河边，念祖桥和桥边的古树就在眼前，河对岸是大门台村，正对着念祖桥正在新建一座巨大的仿古大门台，给人的感觉非常突兀。

朝左沿河走，可来到圣旨门街，这条曾经的古镇主街想不到是一条断头路，东边并不是连接在通常的交叉口上，而以一座小庙为起点。这条街就是所谓的省级历史文化保护区，在我看来已经名不符实、名存实亡，不少木结构老房子被火烧毁，脏乱差随处可见。圣旨门街的中心是圣旨门楼及其对面的水池。圣旨门楼内悬挂"旌表徐尹沛尚义之门"牌匾，虽说是明成化二十年（1484年）明宪宗赐建旌表，从实物看应是后代重新复

圣旨门楼内的旌表牌匾

制。圣旨门楼西边是一片火灾过后的断梁残柱，而保留下来的宅院也是年久失修、人去楼空，一切都在慢慢的消失中。

圣旨门街的西头蜿蜒来到浦亭街。浦亭街是这座古寨（古堡）的西边界，明代寨墙基本无存，残留的遗迹高度在一米之下，两座寨门孤零零地立在那里。寨墙之外就是"珍上线"公路。

从考察发现，作为一座曾经的抗倭古堡，古堡元素已微乎其微。作为省级历史文化保护区，基本处于自然衰败中。我纳闷，有钱新建仿古大门台，为什么没钱保护真文物呢？

枫林古镇曾经的寨门

枫林古镇曾经的寨墙

2015年6月21日、2016年4月30日下午　龙湾区永昌堡（中界山巡检司）

永昌堡本是民堡，"嘉靖三十七年，邑人王叔果、叔杲……奏迁中界巡司于堡内守御"（光绪《永嘉县志》卷三《建置志一》），而同步成为巡检司城，增弓兵100名，按照当下的说法，是军民共建的典范。

永昌堡现在属温州市龙湾区永中街道，在明代属温州府永嘉县，因位于东海之滨，唐宋以来在此设官营盐场，称永嘉场，后来变成了永场、永强。永昌堡建于明嘉靖三十七年（1558年），由王氏族人集资建造，王叔果负责其事。根据王叔果《家传》记载，英桥王氏，先世琅琊人，五代时由福建迁至台州宁溪，宋时再迁永嘉英桥。而王叔果是兵部职方司的主事，主管的就是舆图、筑城、镇戍，自然而然地运用了工作中积累的经验。所以，作为民堡或者巡检司城来说，其规模相当巨大，几乎与所城相当，且水系发达，保存完整。基于永昌堡防御体系的复杂性、完整性，笔者对其进行了两次考察：一是对城墙的完整性进行考察，二是对水系、街巷以及重要建筑进行考察。

甬台温高速温州东互通下高速，从机场大道转入瓯海大道、永强大道，就到了永昌堡东城门。东城墙平整崭新，插满彩旗，一派景点模样。

古城墙总体完整。除南城墙的东部分（南门以东）、西城墙的城门附近城墙残缺外，其他保存

永昌堡北城墙

永昌堡西城墙

城墙残缺处

永昌堡北门通市门

永昌堡南门迎川门

永昌堡瓮城内的暗道炮楼

得还是不错。四门中，西门无存，其他三门完好。南北城门两旁城垛、城楼经过修补。东城门瓮城保存完整，还留有暗道炮楼，只是瓮城外新包砌的石墙大煞风景。据相关测绘数据，长方形古堡南北长778.3米，东西长445.4米，周长2688米。东、北两边还有护城河环绕，河水经两道水渠引入城内。

古堡内南北向有两条水系：上河、下河，重要通道和重要公共建筑均沿水系布置，特别是上河东边的新城街，连接南、北城门，是堡内最重要干道。上河两侧有王氏宗祠、王德故居等，下河两侧有大派宗祠、都堂第、楼下派祠等。清顺治十八年（1661年），沿海内迁，永昌堡部分拆毁，沦为空城。到康熙八年（1669年）重修，称为新城，王氏陆续回居，成为王氏聚族而居的城镇，这也是与金乡卫、蒲门所杂姓居民所不同的地方。王氏聚族而居形成了许多房派，表现在宗祠上，派别较多。对于永嘉来说，清代的

永昌堡上河

迁界是明以来最大的人祸，据光绪《永嘉县志》的记载："顺治十八年，奉遣悉毁之，今复其地，士民修筑如故"，使得该地区的古建筑遗存不多，明代御史王铮故居"都堂第"是其中的佼佼者，七间三院落，构件、细部也比较精致。

永昌堡内的王德故居

在下河东侧，古堡的东南角，有良田百余亩，规划者在当时已经作了长期围困时生产自救、持久抵抗的准备，足见其防御思想上的深谋远虑。值得一提的是，王氏耕读传家的传统，读书人特别多，短短的二百年间，这里出现了传胪1名、武状元1名、进士13名、举人30名、副榜4名、生员900名，是明清时温州的一个文化中心。

2015年5月3日　白湾堡

白湾堡是一座民堡，与龟峰巡检司、壮士所城属同一防御体系。2014年，笔者在金乡卫及其所城考察时，未能寻访到，甚为遗憾。

2015年5月3日，利用"五一"期间高速免费的便利，再次出行。在地图上估算着白湾堡大致处于金乡卫与雾城（雾城村）的中间位置，车行约一半路程，在一渔村停下打听，不意正是赤溪镇白湾村。一棵硕大的榕树和石头仓库成为白湾堡入口的显著标志。

白湾堡北拱券门

白湾堡新建楼房紧贴堡墙

走过石头仓库，白湾堡的北拱券门就在眼前。堡墙大约高4~5米，从堡门内侧上城，顶部还比较宽，有5~6米。墙内东侧搭满了破烂的棚屋，西侧新建的楼房紧紧贴着堡墙。

从北堡门往南有一条鹅卵石铺成的老路，长130米，宽3米许，这是古堡唯一的主干道，左右两边民房布局自然、散乱，仍然住有居民百户有余。

南墙损坏严重，南门已缺失。

白湾堡南城墙

2017年1月30日　寿宁堡（北监巡检司、瑶岙驿）

寿宁堡位于乐清市瑶岙村，该村分置瑶北村、瑶南村后，则位于瑶北村地界内。古堡周围被现代民房所包围，堡内格局已变，无法窥见当年风貌。唯东门、北门的城门尚存。

东门面朝瑶溪，阔3米，进深5.5米，高2.8米，门上石额书"寿宁堡"三个大字。门中石梁正面镌楷体"温台第一关"五字，下面镌刻"大明嘉靖四十一年春吉日立"。此地扼温、台古驿道要冲，驻有瑶岙驿署，有"温台第一关"之称，在堡内的小广场上立有"瑶岙驿遗址"照壁一座。

北门连着百余米的城墙，残高约2.5~3.5米，从石材看是经过整修的，下部深色石块是原城墙，

寿宁堡东门

温台第一关

瑶岙驿遗址照壁

寿宁堡北城墙

朱氏大宗

上部浅色的是后补建。北门石梁镌刻"大明嘉靖四十一年秋吉日立",门上石额书"龙山毓秀"四字。

堡内祠堂"朱氏大宗"仍保留了500年前的风貌,斗拱秀丽。在祠堂内搓麻将的老人自豪地告诉我,周围十里八乡的朱姓都发源于此地,包括我的家乡台州,所以这个祠堂相当于总祠。明嘉靖三十七年(1558年),朱氏先人、当时的湖广郴州知州朱守宣向朝廷上《建堡议》,认为防倭抗倭"唯立堡一事可行也",使寿宁堡于嘉靖四十一年(1562年)得以修成。建堡后,北监巡检司

朱氏大宗斗拱

迁此，成为巡检司城。

遗憾的是，当年的迎曦、临清、驻景、来熏、登龙五门仅存迎曦（东）、登龙（北）二门，长约500米的城围留下不到十分之一，只有"温台第一关"的刻石让人怀念当年的盛况。

小　结

对巡检司城的寻访、考察持续时间较长，也只是对了解的、地面上还有遗存的温台巡检司城进行调查、记录，除了温州市龙湾区永昌堡（中界山巡检司）外，其他巡检司城的保存状态并不令人满意。一是规模小、知名度不高，二是记载少、寻访不易。对巡检司城的研究还有待于更多资料的积累，希望这几年的考察记录能为相关研究提供一点基础资料。

四川宜宾天宫山古代蓝靛产业调查

李秉仁

作者简介

李秉仁，男，1963年生，四川宜宾人，大学文化，现供职于宜宾市叙州区文化广播电视和旅游局，宜宾市作家协会会员，近年致力于文化旅游资源开发、产业发展和宜宾天宫山地方特色文化研究，有专著《三江风情》《发现天宫山》《天宫山歌谣》等出版。

宜宾天宫山，古称太平山，俗称皇天顶、皇山，民国时因清末举人黄柳青开垦此山，始名宜宾黄山。2016年6月，各级党政机构重视宜宾黄山的综合开发，因主峰天宫堂很有名，市委主要领导建议将黄山群山更名为天宫山。从此，在政府的规划和宣传媒体中，即称黄山为天宫山。

天宫山群山位于宜宾市叙州区蕨溪镇、龙池乡、商州镇和屏山县的富荣镇、屏山镇、大乘镇六个乡镇交界处，有大小山峰十余座，海拔最高峰1418米。天宫山地处金沙江、岷江的分水岭北坡，紧邻岷江南岸。天宫山的山脉来源于横断山脉的大凉山、小凉山，通过屏山、雷波交界地区的五指山与乐山市、凉山州辖地相连。主峰天宫堂距宜宾市主城区直线距离40千米左右。

2015年10月，笔者在宜宾天宫山蕨溪镇简弯村乡樟湾调研时，发现直径3米左右、深度2米左右的圆形池子，全用石条砌成。初步判断，这些圆形池子是多年前当地某种手工业生产遗址。但是什么时候建成的？用途是什么？酿酒，制淀粉，还是造纸？后来走访了当地一些老人，结合一块墓碑上的碑文和当地族谱记载，查阅了相关资料，终于还原了一些事实真相：200多年前，宜宾天宫山地区来了一批移民，在这一带"采挖创业""栽蓝打靛"，发展产业，繁衍生息。

宜宾天宫山蕨溪镇简湾村乡樟湾的"靛坛"（岳绍松摄）

一、宜宾天宫山许多地名与"蓝靛"相关

简湾村老屋基"蓝厂头"

2015年11月，笔者与教育局胡老师等一起去天宫山"旅游"，在距乡樟湾约5千米的商州镇二黄村东林庵，走访了几户李氏本家老人。其中71岁的李树相老人，我叫他幺叔，我们都属荣县迁移到简湾村落业的朋来公后裔。他曾是民办教师退体，现在天宫山皇天顶管理宗教活动场所。他向我提供了一些圆形石砌池子的用途及相关情况。

乡樟湾这样的池子当地人称之为"靛坛"（商州方言叫"定坛"）。靛，又叫蓝靛，是从植物叶子中提出的一种染料，也可入药。坛是容器的意思，与口语中的"坛坛罐罐"意思差不多。靛坛，就是古代生产蓝靛用的池子。

在天宫山青木溪一带，与蓝靛相关的地名和传说很多。

乡樟湾上方，有一个"靛坛坝"。就是有很多靛坛的一个坝子，也许曾是一个规模很大的蓝靛生产厂群。

简湾村有一个屋基叫"蓝厂头",现住有四五户人。从屋基四周石墙厚度和规模看,这里曾经是大户人家的屋基,也许是蓝靛生产厂房和主人住房连在一起的一个庄园,所以叫"蓝厂头"。这个"头"字,当地方言指"地方""位置",如"屋头""田头""坝子头""山里头"等。

简湾村这条溪流从上到下至阎王碥峡谷一段,名"青木溪"(下段到岷江口叫花潭溪)。"青",就是比"蓝"更深的颜色。荀子《劝学》有名句"青,取之于蓝,而青于蓝",后有俗语"青出于蓝而胜于蓝",意思是青这个颜色是从蓝叶中提取出来的,但比蓝叶的颜色更深,比喻学生必将超过老师,或后人必将超过前人。据此可以猜想,"青木溪"名称的来源,是因为溪旁长有很多用于提取青色的蓝叶树木。据相关资料得知,提取蓝靛的原料有几种,有树叶,有草,有果。简湾村青木溪旁生产蓝靛用的似乎是一种树叶。

天宫山青木溪乡樟湾古道旁的石碑

附近还有一个地名叫"染房头"。笔者往现场查看,现已是一块菜地。从一些断石残垣看出,这里曾经有过建筑,可惜没有找到石刻文字等其他物件。不过,"染房头"三个字又与蓝靛有了关系。蓝靛的主要用途是染色。这里生产蓝靛,直接用来染布和其他工艺品,不就是一条龙服务吗?染房就是蓝靛的下游产业。"染房头"附近有一岳姓人家,岳大爷告诉笔者,传说染房曾经起火多次,最后一次烧了后就再也没有建过房子。

二、李氏朋来公墓碑显示:为"采挖创业"移民青木溪

为进一步弄清天宫山地区古代蓝靛生产的情况,笔者从当地族谱和墓碑等资料入手,果然有新发现,逐步弄清三百年前天宫山地区蓝靛生产的一些真相。

从我祖朋来公的墓碑碑文中发现"采挖创业"线索,结合我李氏族人的传说,证实生产蓝靛曾是这一带的工商业产业。

我祖朋来公墓位于天宫山深处现蕨溪镇简湾村鲜花组"蓝厂头"斜对面白果湾。墓前有一保存基本完好的墓碑,碑文主要内容尚能辨认。

族谱记载,朋来公于17世纪中叶从荣县龙滩场迁入现简湾村白果湾落业,传说是在白果湾"打蓝叶子"谋生。我这一辈已经是朋来公第九世孙了。从我记事时起,就知道打铁坳和东林庵本支李氏族人清明节都要到白果湾上坟。以前没有注意详细解读墓碑上的文字。这次为编写谱族和证实"打蓝叶子"一事,认真辨认了墓碑上的文字。碑文正文如下:

尝思物本乎天，人本乎祖。祖也者，氏系之所出，本支之所由。族也，即我李氏一族自洪武初年由楚麻城入川，置业于富顺或嘉州。始祖李公讳芝荣，一觅荣邑红岩下水藜湾并龙滩场聂家坝团山子落业。此姑不深论，独论祖父李公讳朋来，再觅宜邑山外乡青木溪白果弯采挖创业……云尔。道光十三年桂月中秋日吉旦。

李朋来墓碑

碑文的内容对于研究打铁坳和东林庵一支李氏族人的迁徙源流具有重要作用，对于研究当地人文历史也有很高的史料价值。碑文中"采挖创业"四个字很关键，就是采蓝叶制蓝靛，挖蓝叶根（即板蓝根）做药。印证了族人中传说先辈为"打蓝叶子"谋生从荣县移民而来的事实。

笔者于2015年和2016年先后几次去荣县龙滩场（今四川省自贡市贡井区龙潭镇）拜访李碧奎老人（我的叔祖父）等宗亲。那边的传说是，朋来公四弟兄"去泥溪那边做生意，去了四个，回来了一个，有三个就没回来，在泥溪那边安家了"。在龙滩场那边看来，青木溪白果湾就在"泥溪那边"。

族人中还有关于我祖李氏先辈在"打蓝叶子"生产蓝靛过程中的艰辛故事。传说朋来公之子李元镇，就是因生产蓝靛发生事故而死。据说时值初冬，最后一个池子里的蓝靛已基本成形，像豆腐墩子一样，呈深蓝色。这时池子发生泄漏，眼看生产的成品往外流失，紧急情况下，李元镇用衣物、棉被和整个身体堵漏洞。结果由于在池子里泡久了，身体着凉，大病一场，不久即于1787年"九月十六日戌时在宜邑山内乡邓家坪高屋基去世，时年41岁，葬于青木溪白果湾宅后"。

据《李氏族谱》记载，朋来公生四子，其中两子因蓝靛生产与当地向家起纠纷而死。后来朋来公的孙辈都在山下置买田土，迁出了崇山峻岭中的青木溪，到天宫山下的打铁坳、东林庵、牛青山等地居住，也有的不知去向。

三、金盆屋基向氏家族因"栽蓝打靛"富甲四方

与简湾村相邻的顶仙村金盆屋基向氏家族，因"栽蓝打靛"而富甲一方，成为当地一大兴旺家族。

据顶仙坝《向氏族谱》记载，向氏入川始祖一文公等七弟兄于清代康熙四十五年（1706年）由湖南辰州移民入川，其中一文公等四弟兄在顶仙坝落业，其余三弟兄去江安县落业。一文公一辈到顶仙坝时，"勤于耕种"立住脚跟，后来还返回湖南辰州将其父母金骨迁到顶仙坝附近李北斗等地安葬。到一文公的孙辈向仕祯等，向家就很富足兴旺了。

顶仙村金盆屋基古民居大院

向家是靠"栽蓝打靛"创下家业，后置买田地发展壮大。族谱记载："仕祯公分授本乡田土，地名半坡、小屋基、蓝厂头等处耕种，且栽蓝打靛，家道益丰，至晚年富有四万余金，所买张家村、泥螺溪、宣化坝、波碧岩等处田土，共收租谷一千三百余石。"向仕祯1755年生于骑龙屋基，1836年去世于蓝厂头。当地村民传说，向仕海之子向芝茂当家时，向家可收8000多担租，向家人赶场到蕨溪、泥溪，都不会从别人的土地上经过。

可见，在清嘉庆前后，天宫山地区的蓝靛和蓝染是一种有一定规模的产业，至于起止具体时间，有待进一步考证。

四、蓝靛为何物？民间有传说，史籍有记载

"蓝叶子"（也有称为"蓝木叶"）是什么植物？如何凭此谋生？传说不尽详细。今打铁坳和东林庵我李氏族人中传说着一个神话一样的故事：

朋来祖四弟兄从荣县来到青木溪白果湾打蓝叶子，生产一种颜料。这种颜料可以把江河里的水染成黑色，著名的"乌江"就是被这种颜料染成乌色的。江水染成乌色后，作用在于商船防水贼。江河里的商船停靠后，有时会遇到盗贼（即水贼）偷偷潜入水底破坏船底，然后抢劫货物。有了这种颜料，可以把水染成乌色，盗贼潜入水底就看不见了，无法实施破坏。

《向氏族谱》

大家都认为蓝靛用于防水贼的传说有点夸张和玄乎。试想在大江大河里，需要多少染料才能把河水染成黑色？

商州镇二黄村李瑞卿是李树相的胞兄，我叫他三叔，曾一度在蕨溪镇扁担桥卖中草药。我专程向他请教过蓝叶子的事。他说，蓝叶子是既不像藤，也不像树的一种中草药，与海椒树差不多。他带我去他租住的房屋侧面，指着一笼蓝叶子向我介绍：叶子和根可以入药，有抗菌、解毒作用，可治流行性感冒等。提取的蓝靛也是一种药，可清热解毒，药性更强，与当今的板蓝根差不多。不过蓝靛的主要用途还是作为染色颜料。

李瑞卿在蕨溪镇扁担桥所指蓝叶子（种类之一）

《本草纲目》载："靛乃蓝与石灰作成，其气味与蓝稍有不同，而其止血拔毒杀虫之功，似胜于蓝。"各种蓝草的叶、根、茎可以入药，靛蓝染料本身也是一味中药。北魏时期贾思勰著《齐民要术》对制靛提取有详细的记载："七月中作坑，

今广西凌云县的蓝靛生产工艺

令受百许束，作麦秸泥泥之，令深五寸，以苫蔽四壁。刈蓝倒竖坑中，下水，以木石镇压令没。热时一宿，冷时再宿，漉去荄，内汁与瓮中，率十石瓮，著石灰一斗五升，急抨之，一食顷止。澄清，泻去水，别作小坑，贮蓝靛着坑中，候如强粥，还出瓮中，蓝靛成矣。"简单说就是将蓝叶放在池里，用石灰和水浸泡，经几次冲洗沉淀后即成。

上述记载描述的过程与传说中乡樟湾的靛坛生产过程完全一致。

五、蓝靛于今天的实用价值和文化价值

蓝叶子及蓝靛的药用价值本文未能深究，只了解一些如金银花、板蓝根清热解毒等肤浅的东西。不过，笔者认为，天宫山地区蓝靛生产池的发现，有几个方面的意义：一是蓝靛作为药物和颜料的科学价值；二是对于研究明末清初川南地区移民和工商业发展有一定史料价值；三是蓝靛作为中国知名的传统物产，有很高的文化价值。

蓝靛作为一种天然植物染料，在我国应用十分广泛。因其色泽浓艳，不易褪色，生态环保，几千年来一直受到人们喜爱。蓝靛染过的面料更加结实和耐磨，来自蓝叶的天然色素还有防紫外线和

蓝染饰品（来自网络）

驱蚊虫的功能。难怪过去广大农村十分流行毛蓝布、青布、青衫。在今贵州、广西、湖南等地少数民族地区，仍有蓝靛生产技艺传承，有些地方仍将蓝靛生产和蓝染作为一种脱贫致富的产业。最典型的是瑶族，有一支叫蓝靛瑶，因穿着用蓝靛染的衣物而得名，专以种植马蓝制靛为生，生活在我国的云南、广西及越南、老挝等国，蓝靛文化十分丰富。

笔者不久前参观旅游商品展览，有一个蓝靛展区，专门介绍某地的蓝靛文化，展出了很多蓝染等旅游商品。

但蓝靛生产和蓝染技艺濒临失传。即将失去或已经失去的东西，我们才会感觉到它的珍贵。

蓝叶和蓝靛，在我国历史悠久，《诗经·小雅》中《采绿》一诗就有记载：

终朝采绿，不盈一匊。予发曲局，薄言归沐。
终朝采蓝，不盈一襜。五日为期，六日不詹。
之子于狩，言韔其弓。之子于钓，言纶之绳。
其钓维何？维鲂及鱮。维鲂及鱮，薄言观者。

大概意思是说丈夫外出久久未归，妻子在家无心"采蓝"。丈夫回来后，一起劳动的生活是多么幸福甜蜜。诗的节奏令人想到今天苗族竹杆舞，反映古代劳动人民的生活是何等生动、艰辛，感情是何等真挚、纯朴。

天宫山青木溪一带蓝靛生产持续经营了多长时间，根据上述传说和族谱资料记载，至少有几十年。具体从何时开始，何时结束，有待进一步研究。在天宫山地区围绕蓝靛生产中的资源争夺、市场交易，还发生了当地家族间的许多纷争故事，更是内容丰富，可进一步发掘。

此外，天宫山地区明末清初外来移民在此"采挖创业""栽蓝打靛"的时代背景、历史原因还有许多谜团，如与战乱频繁、瘟疫流行、湖广填川、工商业萌芽等是否有关系，值得我们进一步探研。

中外田野学术交流

一名英商的华西游历：从宜昌到重庆

[英]托马斯·桑维尔·库珀著，孙琳、马剑译

作者简介

孙琳，女，1979年生，重庆人文科技学院马克思主义学院教师，主要研究方向为中国近代史。

马剑，男，1981年生，西南大学历史地理研究所副教授、硕士生导师，主要研究方向为城市历史地理。

译者按：托马斯·桑维尔·库珀（Thomas Thornville Cooper），中文文献中称之为"唐古巴"，英国人，曾任职于加尔各答英国商会。为了开辟经由华西的中印陆路通道，他在上海英国商会的支持下，于1867—1868年间前往中国西南地区探查。从上海沿长江而上至重庆，然后经陆路至成都，并在此获准穿越川西和西藏前往印度。随后，他经雅州府、打箭炉、里塘、巴塘，沿澜沧江南下至云南西北部，因行程受阻，遂经雅州府、嘉定府、叙州府、重庆返回。根据此次游历，著有《长辫长袍闯华西》（Travels of A Pioneer of Commerce in Pigtail and Petticoats: or, an overland journey from China towards India），本文即选自其中第三章《从宜昌到重庆》。

清晨，滂沱大雨突如其来，迫使我们滞留在宜昌。时近中午，天一放晴，我们便与其他几条船只一起出发。划船行舟数小时，便来到布莱基斯顿（Blakiston）所称的"穆斯林角"（Mussulman Point），绕过此处，即进入宜昌峡峡口。景色如此壮丽，我们千辛万苦溯流了数天的浩荡大江在这

里缩窄到只有300码左右，水色黯淡，流速缓慢，只有一些开往宜昌的四川帆船经过时，或是一群不敢游入峡谷"禁区"而只在峡口嬉戏的江豚（自此以上，我便再也没有见过它们）跃出时，才会划破江面的平静。两岸峭壁直立，昏黑的阴影倒映在江面上，呈现出奇特的城堡状，就如同巨人族的塔状要塞一般。与湖北千篇一律、单调乏味的平原景观相比，这个突然出现在眼前的雄壮峡谷令人为之震撼。我们继续前行，两岸峭壁不时裂出一道山涧，从中望出去，远处白雪皑皑的山峰便历历在目。

我原本以为峡中的水流会比下游江水湍急得多，但实际上并非如此。大江在群山间深切出一条河道，我测得峡口处水深达18英寻，而在上游3英里处则直到20英寻仍未探至江底。

4时30分，我们穿过布莱基斯顿上尉曾提及的第一处激流，不过，我们发现，即便水量增加，但江水仍然汹涌奔腾。经过此处后，我们又途经矗立在江中的一个卵石小岛，两岸横七竖八地堆满了花岗岩巨石。我们在右岸系泊过夜，趁着还在准备晚餐的时候，我离船上岸，吃力地爬上峡谷边崎岖不平的山坡。日落西山，眼前是一片笼罩在暮光之中的昏暗景色。没有房舍，没有树木，也没有人类耕作的痕迹——到处都是光秃秃的，寂静无声，甚至令人毛骨悚然。

峡谷的陡坡似乎都是由破碎山峦的残迹构成的。硕大的岩体随处可见，乱石嶙峋，有些就在我们头顶上方数百英尺之处突伸出来，摇摇欲坠，似乎随时都会滚落下来，将入侵者碾得粉身碎骨。在河道里也有这样的岩石，就像是从峭壁上用力掷下来，矗立江中，杂乱无章。这一切构成了我所见过的最狂野的景色之一，举目凝视，我不禁感叹人类的渺小和造物主的伟大。

吃完晚餐后，我坐在船尾，悠闲地观察这个包围着我们的峡谷。下游不远处即是那个巨大卵石构成的小岛，峡谷壁立万仞，如同要将它吞噬一般。而在上游1英里左右的地方，河道转了个急弯，视线也被突伸出来的另一个岬角阻挡。看着这般景色，我很难想像自己正身处水路要道，而更像是置身于被难以逾越的崇山峻岭所隔绝的深邃、平静的湖泊之中。

我们上方80余英尺处的峭壁上有一道水痕线，表明了夏季洪水的水位高度。不难想像，在第一波春汛期间，江中那个卵石小岛肯定会形成一个可怕的险滩。不过，在夏季，因当地降雨和汉水、洞庭湖、鄱阳湖涨溢而致使扬子江下游平原被洪水淹没，扬子江上游的水便因此受到阻滞，水位逐渐上升，至八月中旬达到最高。那时，这个小岛和诸多其他障碍物便被深没于水下，不会再妨碍船只航行。

今天，我又得以亲眼见证迷信对于船夫的影响。我们穿越峡谷极为狭窄的一段，两岸峭壁陡立，高达八九百英尺，我学澳大利亚土著的方式大喊了两三遍"喂"，每次都引起层层回音。同时，还招致一块重达数吨的巨石坠入江中，距离我们的船只不到十码，激起的波浪涌过来将我们淹没。我最初注意到那块落石，是因为它撞到我们头顶上方二三百英尺处的一块凸岩，发出的惊雷般的声响。而当它坠入水中之前从我眼前一闪而过时，我不禁浑身颤栗，太危险了，真是九死一生啊。我再回过头去看船夫们的反应，他们正跪在船尾，直到落石入水激起的回音完全消失在远山间才起身。他们小心翼翼地站起来，似乎对潜在的危险仍心存恐惧，然后便迅速将船划到另一边，沿岸行驶了一个多小时，每个人都一言不发。其间，我在船舱里睡觉，但后来被菲利普叫醒，他笑着对我说，船老大和船夫们急着与我谈一谈。走出船舱，看到他们脸上极其严肃的表情，我颇感不安，询问出了什么事。船老大告诉我说，我惹怒了山神，他便扔下一块石头想要砸死我们。遇到这种状况，如果我没有异议的话，他们就停船过夜，焚香点烛，以平息山神的怒气。菲利普和老李也建议应允，而我对此并不同意。但也告诉他们，走完一天的行程之后，我并不反对他们在晚间举行活动安抚被得罪的神灵。于是，我们继续前行，不过，那些家伙显然都萎靡不振，心不在焉，一吃过晚饭便开始烧香烛、放爆竹，声响震天，吵得我难以入睡。

次日清晨，我们在黎明时分便起程，上午9时左右抵达塔洞（Ta-tung），布莱基斯顿称为Kwadung。这是一处险滩，江心有个岩石小岛，将江水一分为二，两侧水流湍急，白浪翻滚，长达300多码，直到过了小岛尾端才平静下来。

这看起来就是个可怕的地方，岸边两条失事船只的残骸表明我们现在确实已经驶入了扬子江的激流险滩。我听从船老大的建议，离船登岸，沿着崎岖不平的江岸步行到激流的上端。

我们的船只看似很小，但却可以毫不费力地上溯险滩。六七个村民（许多村民时常留意着江面情况，靠帮着拉船挣几个小钱）抓着我们的纤绳，很快就将船拉了上来。不过，这段时间我却紧张不已，因为我的所有东西都在船上，而在上行时，它几乎就要被滔滔白浪所淹没。江水将船头卷起至高于船舷达两三英尺，好像随时都会把船掀翻。不过，它最终还是挺了过来，没有进一点水。

一艘大帆船停在险滩下口处，正等着纤夫们拉它上行。不过，它所运载的货物重达80吨，吃水深度超过5英尺，过滩可不是件容易的事。100多个人从邻近各村汇聚而来，抓着系在桅顶的长竹绳，拖着它上行，一点一点地移动。同时，还有些人手在船上平稳地操纵船头的长桨，以避免撞到岩礁或江岸。纤夫们时常需要放松纤绳或是骤然停下，而为了传递船上之人的号令，另有一个人便坐在甲板上，用单调的音调敲鼓，以节奏的某些变化来向岸上之人传达号令。

这些大帆船的船夫中，总有几个"水娃子（Water-men）"，他们的职责是整理缠在尖凸岩石或水下礁石上的纤绳。可以想像，这是一项费力而危险的差事，因为纤绳时常会缠绕在险滩中的某块暗礁上，这些水娃子就必须前去整理。不过，他们很擅于游泳和潜水，熟悉水性，在汹涌的险滩中也能应付自如。尽管如此，他们偶尔也会被纤绳缠住，困在礁石间而丧命。

四川船工无疑是我所见过最卖力的人，他们从早到晚都在拼命干活。每天的工钱仅仅100到150文不等，外加6碗米饭，但这些人却知足常乐，只要挽上纤绳，便一边沿着扬子江岸拉船，一边不停地喊号子，并随着节奏左右摆动臂膀。他们也喜欢取乐，每条大帆船上都载着一个甚至几个小丑。每当需要奋力拉纤的时候，这些小丑就会跳出队伍，手拿长绳，抽打纤夫们，极尽嬉戏逗乐之能事，大呼小叫，促使他们拼尽全力划船拉纤。如果哪个家伙偷懒被抓住，这些小丑就会诅咒他倒大霉，加以奚落嘲笑，直呼其名，冠之以"懒虫"之类的绰号，然后，所有人都跟着向偷懒之人咕咕哝哝，叫叫嚷嚷。这些小丑也时常充当把头，也就是说，如果行船需要50名船工，就可能有5个小丑，船主付钱雇他们每人找10名船工，而他们可以从中捞取不少好处，因为在航程结束时，那些工钱微薄的船工总是会欠把头的钱，这样，前者就必须接受后者的条件，在另一次航行中为其干活。

左岸专用于帆船下行，于是，我们顺着右岸驶过这处险滩，经过三小时的牵拉，便来到也是因江中礁石而形成的崆岭滩。毫不费力地驶过之后，牛肝峡便映入眼帘①。从此处所见的景致非常优美，峡口就如同大山表面裂开了一道缝隙，而山顶还覆盖着白雪。行驶1个小时，就进入峡谷，一片幽黑，我们如同钻入地道一般。这里的江面仅有100码宽，两岸崖壁垂直耸立，高达数百英尺，再往上便是坡度将近80度、顶部海拔至少2000英尺的山峰。这便是扬子江峡谷最令人印象深刻的壮丽景色，值得跋涉1000英里前去一饱眼福。

我们穿过这个峡谷，抵达坐落在大江右岸和左岸的两个秀丽村庄——大青洞（Great Tsing-tung）和小青洞（Little Tsing-tung），紧邻其上的便是与之同名的一连串险滩。这是最危险的险滩之一，由于在上溯之前必须将所有物品卸船，因此，我们在大青洞停泊过夜，我还到岸上去跑了一阵。

许多帆船在这里卸下所载的棉包，将其用骡子和苦力运送到险滩上端。用木鞍座将两根长竹竿的末端固定起来，制成担架的形状，架在骡子背上，棉包和包裹就挂在竹杆上。满载货物的骡队，加上每人扛一个棉包的数百苦力，披星戴月地忙碌到深夜。

这个小村庄也呈现一派繁忙景象，仅有的一条街道上挤满了购买蔬菜、大米等物品的船夫，陈列待售的大量鸡鸭禽肉类和爆竹表明正值中国新年。

夜幕降临，天气变得非常寒冷。就在我们对岸，高达2000英尺的山峦从江边直耸而上，山巅白雪皑皑，刺骨的寒风顺着山坡刮下来，简直要把我们冻僵了。尽管村庄附近的些许耕地展现了百姓的勤劳，但周边地区仍显得十分荒芜。这些村庄盛产桃子，周围山坳角落处处皆有种植。

船夫们一大早就开始卸货，把我吵醒了。我步行至险滩上端，这里视野良好，可以一览米滩峡（Mitan Gorge）和诸多险滩，其中有三个紧密相连，最后一个，也是最危险的一个，就在峡口下游二三百码处。大江从峡口中毫无阻碍地直冲而出，直到受阻于一块岩礁，在冬季时节，江水从上面翻涌而过，形成5英尺多高的落差。这个季节上溯该险滩之前，所有小舟和帆船都听从官府之令，卸下一半的货物，因此，这里很少发生事故。

水流速度非常快，以致于帆船向下游行驶时常常略为斜向一边，以防止其船头被淹没。当我在等候我们的船只时，就有几条下行船只差点沉没，但它们很快又浮出水面，迅速驶向险滩下游。

我们的船只也顺次驶上来，但直到将近3时才把行李物品重新装船，驶入米滩峡。在峡中划船向上航行两英里多之后，我们停靠在从左岸汇入扬子江的一条山间小溪的溪口处。系泊妥当后，船老大和船夫们以当天是新年为由，请求允许他们在此停留到明天。由于我正饱受蹙狭船舱的逼仄之苦，所以毫不犹豫地同意了他们的请求。在舱室里，我难以直立，只能躺着。船只行进时，都不能写字、画素描或者做其他事，加上长时间没有变换姿势，以致身体疼痛至极，我算是体会到了被路易十一世（Louis XI）囚禁在牢笼里的那些可怜俘虏们的痛楚。

除了船夫和船老大每日的工钱以外，在行程中，只要我要求停船，当天就必须额外支付500文

---

① 参阅巴顿医生为布莱基斯顿所绘的扬子江素描。

钱。算我走运，现在不用出这笔钱就可以享受在岸边漫步的乐趣。

晚间天气很好，为了锻炼身体，菲利普和我上岸攀爬一座高约600英尺的山。山坡非常陡峭，几乎寸草不生，很难找到立足之处。爬到半山腰，菲利普便牢骚满腹，说自己头晕目眩，并躺下休息，而我则历尽艰辛，坚持爬到山顶。举目望去，视野极佳，群山一览无余，目之所及，层峦叠嶂，山峰连绵。陡峭的山坡上布满了一层松散而坚硬的砾石，要想立足实非易事。于是，我只好蹲着，以一种很不雅观的姿势慢慢地往下滑，但很快就发现这样难以停住，越滑越快，最后，手忙脚乱地试图增强阻力也都无济于事，一骨碌滚下来，直滚到菲利普所躺之处下面一点才停住，浑身伤痕累累。确认自己的伤势并无大碍之后，我劝说菲利普跟着我下山，但他害怕得动也不敢动，觉得眩晕，似乎全身瘫软。尽管如此，我们最终还是下山回到了船上。晚餐后抽烟之时，下午的这次冒险成了我们的笑谈。随后，我便上床睡觉，感觉漫步之后浑身舒坦，于是，顿生兴致，打算清晨出去闲逛一会儿。还有另外两条船也停靠在我们附近，晚间，船夫们打起鼓来，我们的船夫也加入他们的欢庆活动，一直持续到凌晨一点。当他们回来的时候，个个都兴高采烈，看得出度过了一个愉快的夜晚。

第二天早晨，我刚穿戴整齐，船老大和船夫们就端着一个托盘前来，把里面的炖鸡、米饭、烧酒和蜜饯都摆在我面前，并送上新年祝福。我和他们喝了杯酒，也回以节日的祝福，还赏了500文钱，让他们买鞭炮。随后，我便和菲利普去山间散步。

在码头，其他船只的船老大都来祝我新年快乐。他们以中国人常用的方式行礼，双手在胸前抱拳，弯腰作揖，我也同样回礼，致以祝福。

离开江边后，我们便沿着小溪岸边而行，很快就进入群山之中。沿着小路走了数百英尺，爬上一座高山的山坡，从这里俯视，小溪蜿蜒于峡谷之间，形成若干瀑布，咆哮的水声传到我们这里就如同喃喃细语。我们上方及四周耸立着茫茫群山，山顶上白雪皑皑，云雾缭绕。远近各处山坡上的田地之间，座座白色小屋隐约可见，就如同自然荒野中的文明宝石一般。

我无拘无束地散着步，享受着清新的空气，偶尔穿过一些小农舍，其周围田地栽种着蚕豆，正值花期，散发着令人陶醉的香味。临近中午，我走进了一个小村庄。百姓们都在欢度春节，男女老幼都身着盛装，成群的老人和年轻人聚在一起，畅谈对新一年的期盼。我刚到的时候，人们并未留意，只是很随意地打声招呼拜年。得知我是个外国人之后，村中不少老者也围了过来，代表全村邀请我去喝茶、抽烟。我也觉得走累了，便欣然在村长家门前的一条长凳上坐下来，他的妻子及家中其他女眷又抬出一张桌子，将糕点、核桃和蜂蜜摆在我面前，还给我端茶、递烟。我随即和那位老者攀谈起来，全村人都围着我们，仅仅是回答有关西洋人的各种问题就让我应接不暇了。他们把外国人称为西洋人，我并没有听到他们用"洋鬼子"这样无礼的称呼。他们对我极为友善，而作为报答，我给孩子们画了几张肖像素描，他们相互传看，赞不绝口。几名妇女在其丈夫的指示下，送给我一些烟叶和核桃。与这些热情友善的村民们相处两个多小时之后，我起身离开，并向所有人致以最诚挚的祝愿。村长和村中耆老送了我将近一英里，我最后向他们辞行，并与村长正式行告别礼——我们都左腿屈膝，双手抱拳，举至前额。他道别时说，新年第一天便有外国文士来访，这对他们村庄来说真是个好兆头。

我从他们那里了解到，这片山区里小麦、大麦、豌豆和蚕豆的收成通常都很好，而桔子、柚子和核桃等瓜果也大量种植。大江的这一侧几乎不栽桑树，而南岸深山中则大量种植，品质甚佳。我获得了一些蚕茧，并将其转寄给上海霍格兄弟公司的詹姆斯·霍格（James Hogg）先生。他表示，这些样品质量不错，但织出的丝网没有四川所产的那么好。在散步时，我看到山坡上有大片野生玫瑰，还有我猜测是桃金娘属的植物，以及长势茂盛的各种蕨类植物。

村民们说起野鸡、狐狸、野山羊和野猪就如同山中寻常之物一般，有时还能捕杀到长达二三十英尺的蛇，但并没听说过有毒蛇。在离船约两英里开外，我们遇到了船老大和船夫，他们担心我们遭遇不测，因而前来寻找。他们显然都还沉浸在新年的气氛中，一看到我们，便挨个儿与我拥抱，还信誓旦旦地说，大人不见了，他们心如刀绞。由于我实在太疲惫了，便径直返回船上，老李正焦急地等待着，他也担心我发生意外，对于我的归来，这个称职的老伙伴显得极为高兴。他了解我的口味，准备了一只烤鸡当晚饭。我饱餐一顿，从而度过了作为中国人的新年第一天。

在宜昌，我们还搭载了一名乘客，不过，他很安静，又和船老大一起住在船尾，所以，直到即将上岸漫步的那天早晨，他来向我致以新年问候，我才注意到他。于是，吃完晚饭后，我叫他到船舱里来聊聊天。原来，他是一名从江西省前往四川的流动书商。他曾游历四方，从他那里我了解到，江西省所产的纸和木版活字要比帝国其他省份便宜。出版生意仅限于刊印字典和传说汇编。这位书商就携带了几箱这种书籍和木活字上船，他说，自己会在重庆和四川省府成都找到一条好销路。回程时，他将在成都收购屯积一些小说和史书，卖到湖北、江西及邻近各省大赚一笔。当被问及为什么小说和史书在四川比在江西便宜时，他回答说，该省多年以来均未遭受战争侵扰（仅有一些小动乱），百姓富足，而且通常都受过良好教育，喜欢读书——尤其是小说。省府成都有一座著名的书院，所培养的文人学士甚至比广州的书院还要多，而规范的历史典籍是主要的考试内容，因此，其需求持续不断，一再翻刻刊印。

贩卖书籍和活字的生意遍及全国，虽然利润微薄，但收益稳定，稳赚不赔，而且还是为数不多免于征税的行当之一。

我把布莱基斯顿的著作给他看，他非常高兴，对其中的插图颇为惊讶，对简洁美观的印刷和默里（Murray）先生设计的封面风格大加赞叹。离开之时，还请求我允许他把书带走，以便更仔细地查看其工艺。

次日清晨，驶离停泊之处后，我们沿着左岸在汹涌的江流中行驶了很长一段距离，正午时分经过筑有城墙但却不甚重要的归州城（Kwei-chow），并未停船。这一地区较为开阔，群山自江边向后倾斜，山坡上覆盖着一种看似黄杨木的低矮灌木。

在归州上游，我们驶入一长段颇为难行的河道。砂岩江岸从江边直耸而上，岩壁异常光滑，船上的钩竿毫无施用之地。不过，在较高处的水痕线之上，却有崖沙燕（sand martin）所凿的成百上千个孔洞。

岩壁上为纤夫开凿出了一条小路，在岩角突伸之处，巨大的木头滚轴插入岩体中，以供纤绳滑移。

将近下午，我们抵达顶塘（Tintan Rapid），冬季这里冲击力巨大，但在夏季则荡然无存。我在险滩末端处登岸，步行至上端，然后坐下来抽烟，等着我的船只溯流而上。在这里，我第一次遭到百姓的无礼对待。就在我旁边不远处，停泊着一艘来自汉口的中国炮船，其指挥官见我坐在岸边，便派了几名手下来盘查我的身份。这些家伙得知我是外国人后，便回去禀报，不一会儿，又带着几个人返回来。他们开始向我扔石头，很快便围上来一伙船工，他们看见这些士兵在官员眼皮底下如此对我，我猜想他们都以为袭扰我是正当合法的，于是，也开始朝我投掷石块。见我受到围攻，菲利普和老李惊恐万分地赶上来。菲利普拿着湖北总督签发的护照，带着我冒着雨点般的石头跑向那艘炮船。我们登上船，走向那名官员，他正躺在船尾，悠然地看着我的狼狈相。我在他旁边坐下，掏出左轮手枪，从容地放在膝上。接着菲利普便质问他，怎敢眼看着自己的部下骚扰一名持有总督签发护照的外国人。他看过护照之后，立即变得彬彬有礼。他把部下叫上船来，严加训斥，令士兵们错愕不已。他还命令围观人群即刻散去。其后，他请求我饶恕他的部下，并保证，假如他们知道我的身份，就不会发生类似的事情。不过，我说，向驻成都的总督呈送护照时，我将揭发他的行为。与此同时，我还坚决要求他的部下护送我回船上。他立刻发号施令，于是，数名士兵就随候在我身旁。此时，我的船只也溯流而至，他们便为我开路，穿过岸边满脸疑惑的人群，直到我登上船才离去。他们返回经过人群中时，显得沮丧万分。

这些炮船是作缉私之用，扬子江上每个海关的上游或下游都会停驻一艘，随时准备追捕那些试图逃避合法征税或违法勒索的船只。在中国所有通航的大江小河上都可以见到这种海关船只。它们装备有两门炮，包括船首的追击炮和船尾的反击炮，由三四十名名船员操控，一名低级官员随船指挥。和陆地上的士兵们一样，这些家伙也是些无耻之徒，是所有乘船而行的普通商旅们的梦魇。他们强征滥索，事实上，若能逃脱罪罚，他们便劫掠毫无防御能力的船只。我还记得，当我乘船在Ta-hoo Lake打猎时，来自这些船上的一队人马登上船，其中一个家伙以为外国人上岸去了，便强行闯入船舱抢夺财物，但却不期然遇到了洋鬼子，于是，他受到了"热烈欢迎"，立刻被从船头扔进水里。

再次踏上行程后，我如释重负，菲利普和老李则开始数念珠祈祷。这两个可怜的家伙过了好一阵才定下神来，当天剩下的时间里都萎靡不振。这伙炮船水手穷凶极恶，而那群似乎来自汉口往重庆船只上的船工也是群情汹汹，毫无疑问，如果落在他们手里，我的遭遇可能会相当悲惨。所幸的是，菲利普考虑周全，带着护照来给我解了围。

就在黄昏以前，我们上溯颇为危险的牛口滩（rapid of Nieu-kow），并就在其上游处停船过夜。我们还经过了布莱基斯顿所提及的许多奇特而光滑的砂岩，其表面看起来就像是巨大的黑色铅块，裂开来就是普通的深色砂岩。我注意到，在米什米地区（Mishmee）布拉马普特拉河（Bramapootra）岸边也有同样外观的砂岩。

次日，我们途经湖北省最后一个重要的城镇——巴东（Pa-tung）。这是右岸山脚下的一个小城，以煤炭和马铃薯贸易为主，前者在周边山间均有广泛开采，后者在汉口大有市场。从此地开始直到进入巫山峡（Wu-shan Gorge）的这片地区都很开阔，两岸山峦逐渐向后倾斜，山坡较为平缓，精心栽种着豌豆、蚕豆、小麦、玉米和马铃薯。

正午时分，我们经过位于巫山峡峡口的官渡口（Kwan-du-kow）。该村下游1英里的河道水流非常湍急，两侧都是连续不断的险滩，我们只得奋力上溯。尽管巫山峡峡口高耸陡立的黑色石灰岩崖壁看起来也很雄壮，但从景观效果来说，却不如牛肝峡那么令人印象深刻。这些石头异常坚硬，我费了九牛二虎之力才敲下来一块，正是因其坚硬无比，故而周边百姓称之为"铁石"。进入峡谷时，正好遇到一阵微风，我们趁势而行数英里至楠木园（Lam-min-yuen），并在该村停泊过夜。

第二天，我们继续顺风行驶，穿过川鄂交界处，左岸的分界线是山间的一道深沟，右岸的界线标志则是上游几百码处汇入扬子江的一条小溪。从此处开始，整个早晨都吹拂着我们的微风也渐渐消失，取而代之的是一股强烈的顶头风，迫使我们在下午2:00就不得不停船。

就在停泊处下游，我们从一条失事的巨大四川帆船前经过。它所处的位置高于当前江面10英尺，显然是在夏季洪水时节撞到一块突伸的岩石上，船尾朝下沉入水中。

由于吃了太多未熟的梨和生的腌萝卜，菲利普一整天都在诉苦说自己消化不良，将近傍晚，他感到一阵剧烈的腹痛。虽然疼得大喊大叫，但他却拒绝服药，我只好强行把一些利眠宁塞进他的喉咙。老李反对服用"洋药"，但他也只是如同传统的中国人一样，双手掩面，唉声叹气，束手无策。我把他叫起来，气势汹汹地指着水壶，让他明白务必把水烧开。与此同时，菲利普还在声嘶力竭地叫嚷着他就要死了，一边请求圣母和圣徒们宽恕他，一边又要"库伯"先生救救他。

我逼迫他把在沸水里浸泡过的绒布敷在身上，疼痛才减轻了些，他亲吻了我的手并感激主人的精心照料之后，便入睡了。这是我第一次感到如此担忧，我照看他直至深夜，不断地想象着失去他的帮助自己可能会陷入何等境地。我强烈地意识到，迄今为止，正是由于他的悉心服侍，才使我免于因言语不通而造成的不便，没有他，我将寸步难行。后来他醒过来，又向我讨要些那种黑色药片，我给了他三十片利眠宁，然后他又沉沉地入睡。菲利普略微有所康复，这也让老李恢复了精神，表示愿意担负照料任务，我也乐见他能帮忙。

第二天清晨，我看见菲利普的身体状况有所改善，但精神还比较萎靡。他说，他的姐夫曾警告过他，这趟行程会要了他的命。由于他烧得还很厉害，我想让他吃点奎宁，但他拒绝了，老李也不同意服用，还说洋药会"毒死他"。我突然意识到，菲利普的病痛很大程度上是出于对冒险旅程的恐惧。于是，我果断地禁止老李再掺和进来，强迫菲利普吞下药剂。因而，尽管他明显好了很多，但也因此一整天都在生闷气。虽然我不愿意相信他会偷偷开溜，但如今回想起来，最后两天他都和老李厮混，而不再像以前那样伴随着我。

我觉得这两人正在策划些事情，一想到翻译可能会离我而去，我就心神不定。若果真如此，我就难以再继续前行，也不能期望与重庆的传教士们长住以精通汉语口语，达到没有他的协助也能应付自如的境界。

正午时分，我们抵达位于巫山峡西口的巫山县（Wu-shan-chien），该城坐落在扬子江左岸，为城墙所环绕。船老大的家就在这里，所以，他请求回家度过当天余下的时间。菲利普在老李的陪伴下上岸理发，大约一小时后才返回，他显然好了很多。不过，由于我已经有所留意，便看出来他显得有些不自在，似乎很想和我谈一谈。于是，我提出到江岸上走一走。我们上岸去，在城外漫步而行，走到距城约四分之一英里时，便坐下来抽烟。这个可怜的家伙神情严肃，数次欲言又止，最后开口说道，尽管主人心地善良，但他担心我们的任务危险重重。每个人都在说穿越云南之凶险，那里的伊斯兰教徒肯定会抓住我们，然后斩首。除此而外，川西一带还有很多野蛮部落，他们会杀死落入其手中的中国佬。我让他讲下去，直到将所获消息一一吐尽，然后轻描淡写地回答说，我们不能听信无知船夫们的谣言，而要听听重庆的主教是怎么说的，才能搞清楚前行途中到底是否有危险。听了这番话，他安下心来，如同茅塞顿开。

我们返回城池途中，遇见一个非常漂亮的女孩儿正和她的兄弟一起往外走，从她旁边经过时，我的小猎狗泽拉（Zeila）——毛色黑褐相杂，体形虽小，但却很聪明——跑到她面前，用后腿直立起来，表演各种滑稽动作，吸引她的注意。女孩看了它一眼，惊叫着对兄弟说这是一条洋狗（外国狗），并弯下腰把泽拉抱在怀里。我也停下脚步，在她附近的路边坐下来，还通过菲利普的翻译问了她许多问题。她举止大方得体，回答得从容不迫。她对我的小狗喜爱有加，当它跑回来躺在我膝上时，她又过来抚摸它。她和兄弟刚去了趟城里，正要爬山回家。她在我面前展现出来的自信给我留下深刻印象，即便在得知我是个外国人之后，她也没有表现出丝毫惧怕之意，我不禁问她为何不怕洋人，她答道："女孩儿们不会害怕像你这样上了年纪的老人"，但随后又补充说，如果我是个年轻男子的话，她们国家的风俗习惯不允许像她这样的未婚女子与我交谈①。告别之时，我让菲利普祝她找到一个如意郎君，而她也回礼祝我旅途愉快。正如菲利普所说，我又被当作祖父辈的老人了。我剃了头，又刮了胡须，样子改变了很多，所以看起来不再年轻，再戴上眼镜，就完全变了样，更显老态。在沙市时来访的女士曾对菲利普称我为"热心的老主人"，在岸边散步时也数次有人问我是否有儿女在四川。从此，只要在中国游历，我就假装是上了年纪的老人的样子。突然就由少变老，这实在是旅行中出人意料之事。于是，在中国本部②（China Proper）旅行期间，我无需费尽心思去乔装打扮，就可以保持老人的形象。

次日，我们直到上午10:00才从巫山出发，并于下午1:00上溯东关嘴（Tung-kan-tzu），此时正是这处险滩一年中航行危险的时候，但在夏季就并无阻碍。其后，我们又穿越了一连串的小险滩，直到下午6时才在夔府下游约20英里处的左岸停泊过夜。这一地区两岸较为开阔，地势上下起伏，种着小麦、大麦、豌豆、蚕豆和罂粟等作物，罂粟现在长到两英寸左右。不少地方的江岸是由大块坚硬的粘土岩组成，难以敲碎，但一旦碎裂就成了半英寸见方的小块；还有其他一些样子相同的石块，只要用手指就能轻易捏碎。

我们的船只一整天都在奋力上溯，时常需要被牵拉着穿过一块块岩礁，船身与之撞击摩擦，令人心惊胆战。我向船老大抱怨，但他只是淡然一笑，告诉我说，万县船只所用的木材能够担负这种

---

① 库伯生于1839年9月13日，当时尚不满29岁，实际上仍是"年轻男子"，只不过西方人在中国人看来很像老年人。——译者

② "中国本部"一词是随着近代中西交流而传入并在中国使用，范围大致包括清代的直隶、河南、山东、山西、陕西、甘肃、湖北、湖南、广东、广西、四川、云南、贵州、江苏、江西、浙江、福建、安徽等内地十八省。——译者

工作,不会受损。我必须承认,就算在如此恶劣的条件下行驶,船只似乎确实毫发无损。

今晚,菲利普又更好了一些,还兴高采烈地讨论起我们抵达加尔各答的前景。当我们品茶之时,他变得很健谈,给我讲了一个关于五棵茶树的奇妙故事。它们生长在洞庭湖君山岛(Chusan island)上,所产之茶乃是极品,叶片巨大,一片就足以泡十杯浓茶。这些树上摘下的茶叶都进贡到北京,供皇帝品尝,该岛被视为其个人产业,并由皇家士兵护卫。

这些树生长在一个小泉眼附近,每年出产茶叶甚多。据说,泉眼之水有益于茶树生长,其枝条或根茎移栽到其他土壤里就会枯死。

第二天清晨,我们驶入风箱峡(Fungsiang Gorge),其以突伸的峭壁下凿挖出的巨大洞穴而闻名,渔夫们时常舒适地栖身其中,架起捞网捕鱼。驶出峡谷后,左岸的夔府便映入眼帘。抵达该城之前,还要经过一个临时村落,它建于遍布石子的干涸河床边。这里一派繁忙景象,低浅的水位线附近有几口盐泉,成百上千的男男女女正忙着煮盐。只有11月至次年3月间的冬季时节才能进行开采,夏季涨水时则会被淹没。

盐井深约12英尺,再搭上木板,形成升降竖井,四个裸身男子在井底向站在井中部平台上的人递送卤水,后者再将其传送给井口地面上的人,然后再输送到蒸锅旁的土砌水池里。蒸锅架在土灶上,所用的燃料就是周边地区储量丰富的煤炭,燃烧充分,质量甚佳。盐场归官府所有,也是夔府主政官员一项庞大的收入来源,通过官僚阶层盛行的"搜刮"方式,他可以中饱私囊。那些蒸锅平均每天可煮盐1000担,售价为每斤32文钱。我上岸去仔细观察了半个多小时的煮盐作业,然后起身回船上,但船已经开动了。最终,它停靠在夔府海关旁,我才赶了上去,但却发现菲利普正大发脾气,几名海关官员围着他,索要750文钱,才肯签发必需的许可证,用以通过驻在城池上游处的炮船。虽然他们已经查验过英国领事签发的护照,但却嗤之以鼻。我抵达之后,他们才离去,但扬言半个小时以后再回来拿钱。于是,我派老李带着总督的通行许可前去找主管官员,并向他提及那些曾经拜访过我们的官员。但他无疑也是个榨取民脂民膏的家伙,随后,那伙人领着他返回来,命令立即付钱,否则就要强行打开我的箱子。见此情形,我只好让菲利普如数点出铜钱,将其放在我面前的箱子上,要求该官员写张收据,盖上海关印章。不过,他拒绝出具,还耀武扬威地拿手捂着铜钱。但他打错了如意算盘,我把他的手挪开,并说道,我没有付钱而不拿收条的习惯。这个家伙怒不可遏,命令我们打开箱子。我说,我的箱子就在那里,已经开锁了,让他去检查。与此同时,我拿出笔记本,问了他的姓名,然后便一言不发。他开始翻箱倒柜地搜查,但很快就停下来,并笑言这都是闹着玩儿的。还说,过往行旅都习惯于向海关官员送个礼物,如果我给他360文钱,什么事都好说。我只是回答说让他们继续搜查。不过,所有人马随即全都离去,不一会儿,又带着一名更高级别的官员返回来。他首先征得我们的同意后才上船,并要求查看总督签发的通行许可。验视之后,他请我原谅所发生的事情,送礼是个惯例,我只要随便给点东西就可以。于是我向一名自称是中间人的人支付了160文钱,并说道,如果一开始就客客气气地索要礼物,我早就大方地给了。接着,那名官员叫另一名军官陪同我们前往炮船处,让我们通过,然后便离开了。我提及此次遭遇海关官员的经历,只是想要说明,在中国内地游历的旅行者如果只携带着领事签发的护照,而没有其他官方文书，那他将遇到重重困难。我坚信，若是没有总督的通行许可，即便我的行程不会完全受阻，肯定也会遭受诸多粗暴对待。

夔府是个第一等第的城池，是进入四川省后扬子江上第一个海关。它坐落在大江左岸，位置极佳，城内有许多漂亮佛寺。其周边地区非常富饶，出产大量鸦片和糖。在夔府所辖区域内，还能找到四川省内最好的煤炭。

我很高兴畅通无阻地驶离了夔府，行至城池上游数英里的某处，才停泊过夜。

次日，我们上溯东洋激流（Tung-yan Rapid），在中国人看来，该处是这一时节最危险的激流之一，因而有一名官员驻守于此，在船只向激流发起冲锋之前，监督其卸下部分货物，并让全体乘客都下船。就在我们抵达前不久，一艘满载棉花奋力上溯的大帆船便撞在一块暗礁上，漂了不到10码就下沉了。四条大船已将其拖出水面，船员们正忙着将水舀出去。船只受损严重，就在船员们忙于修船之际，许多所谓"救援者"却趁火打劫，抢掠船体上的圆木和货物，而货主——一名四川商人——坐在地上，束手无策。我认为，在扬子江上游可能有某种惯例，周边百姓可以将冲到岸边的失事船只残骸据为己有。

为了改善这处激流的通航情况，目前正大规模建造相关工程。左岸在修建巨大的江堤，为了加深河床还炸掉了露出水面的诸多岩礁。此项工程业已动工数年，所需费用来源于向过往船只船主和货主征收捐税，直到工程完工为止，具体时间就很难说了，那几名监督工程进展的官员从中牟利甚多，有人告诉我，每年足有三分之二的工程款都落入其腰包。

驶过这处激流后，又吹起一阵顺风，我们乘风而行，到停船过夜时，今天总计航行了40余英里。在东洋激流和云阳县（Yung-yan-chien）城之间，一英里多长的江岸边耸立着一连串底宽和高度约300英尺的金字塔形山丘，一座接一座，各山如梯级一般层叠而上，整齐划一，其坡度亦相仿佛，顺势下探至山涧沟壑之中。此处的扬子江宽度缩窄到50码，河道幽深，这些山丘的形态规则匀称，如同经过人工修饰，是迄今为止扬子江上所见到的最令人印象深刻的景致之一。我本来很想将其命名为"金字塔峡"（Pyramid Gorge），不过，由于我自己强烈反对用英式名称来取代中国地名，遂作罢。在船夫们中间，扬子江的每一段都有其颇具意味的本土名称。

其后两天的行程都穿行于一片美丽的地区，其间遍布栽种豌豆、蚕豆和罂粟的田地。接着，我们便来到万县（Wan-chien）。从江面上望去，这个城池风景如画，引人入胜。东、西两面的城郊沿江岸拓展，范围广阔，各矗立着一座气势宏伟的佛寺。

万县的重要地位主要得益于鸦片贸易，大量烟土由此装船运往重庆。我们抵达之时，正在沿着江岸举行一年一度盛大的新年游行，成百上千的百姓都身着节日盛装参加。一项古老的规定或传统要求所有主要官员都要穿戴好全套官服参加游行，百姓们对此事甚为看重。所以，任何官员，不管其品级有多高，哪怕身体抱恙抑或双亲过世，都不能成为缺席的理由。

游行的主要道具之一是一条长达50余英尺的巨龙模型，由许多穿着怪异的男子撑在竹竿上，他们舞动竹竿，从而使之模仿出巨龙起伏游走的样子。还有许多乐手陪同游行队伍，乐声和围观人群的呼喊声交错混杂，震耳欲聋。

这种游行活动自然会激起人们的兴趣，因此，当我要求继续前行时，船夫们都极不情愿，不过，打赏200文钱便化解了他们的反对。于是，储备一些食物并雇用另一名船夫来替代离去的那人之后，我们继续溯流而上。

将近日落之时，我们抵达小狐滩（little Hu Rapid）。虽然白天溯行该处并没有太大危险，但天色渐暗，又向上游吹起狂风，因此，我们的航行并不顺畅。江面上就像沸腾的大锅一般，我们不敢靠近岸边。我们的船夫不得不从船上跳到岩石上，有些人因此而落入水中。不过，除了全身湿透和受到水花冲击之外，并没有受伤。他们都上岸后，便开始拉纤，牵引着我们上溯这处险滩，我觉得我们的处境变得越来越危险。天色昏黑，狂风呼啸，岸上的船夫听不到前桨手的指令，我还没来得及脱下身上笨重的衣服，我们就重重地撞在一块暗礁上，船只横转，舷侧正冲江流。我不知道我们是如何避开那块礁石的，因为当我脱掉长外套的时候，我们已经摆脱险境了；不过，船只进了半船水，仍处在险滩之中。船只重量不断增加，船夫们也不能使其避开水流冲击，我们只好等待了将近一刻钟，才有几个村民赶来相助。天色愈加黑暗，一分一秒都如此漫长，最终，我们驶出险滩，驶入平缓的江水中。万幸的是，我们的船只坚固，如果它是个炉子的话，我们都将命丧于此，谁也救不了我们。船老大低估了水流的冲击力，认为我们的船夫不需要协助就能将船拉上去，但他判断失误了。不过，事实证明，他和前桨手都很可靠，在整个事件中，他们都很沉着冷静。

我的床铺和所有东西都被打湿了，只得上岸，在江边一个船夫们经常光顾的小茶馆里吃晚饭。到了午夜，我的毛毯也都干透可以盖了。

次日一早我们便出发，经过几个村庄，村中的白色小房子看起来非常整洁美观，桔园和花圃中还矗立着许多孤零零的房舍。事实上，一小片房舍簇拥在一起的那种布局似乎已经被这种单独的农宅和耕地的布局方式取而代之，从而形成该地区独有的特征。在不少地方，遍布石子的狭长河滩成为淘金之处，许多人正忙于寻找金沙。不过，据我所知，收获甚微，而从事淘金者通常也都是些老弱贫苦之人。

将近傍晚，我们途经石宝寨（Shi-pow-chai），其七层宝塔非常有名，就像是建造在巨大方形岩体上的阶梯一般，顶层上还另外修建了寺庙建筑，而镇子则坐落在岩体基座所处的台地上。

从石宝寨到我们停船过夜之处，其间富饶肥沃，景致接连不断，美不胜收。江边山坡上种满了桔树和柚子树（pumiloe tree），而座座白色小屋附近则栽种着正开白花的桃树和梨树，看起来白茫茫的一片，只有屋檐墙角不时从枝叶间显露出来，此情此景勾起了我对儿时在威尔士所见景致的回忆。石宝寨以上的河道增宽了不少，在夏季涨水之时，数英里之间的河道肯定都超过半英里宽。第二天早晨离开停泊点后，我们便进入一段十分宽阔的河道，其间被露出水面约6英尺的低平狭长岩体（flat rocks）分隔成了许多汊道。在夏季，这些岩石便成为没于水中的暗礁，因此，那时的这段河道就相当危险。

下午，我们抵达扬子江上最漂亮的小城之一——忠州（Chung）。这里有诸多宝塔、寺庙、三层房屋和衙门，从江面上望去，它们在城池内外茂盛的林木间若隐若现，构成一幅令人赏心悦目的画面。

我们刚停船不到半个小时，就有几名中国基督徒来到船上，其中一人还是教会学校的学生。这名年轻人礼貌地邀请我随他去见见居住在城内的中国神父。

随同那个学生来到传教站后，我受到那位神父的热情接待。他是一名受过教育的中国人，言行堪称典范。他已上了年纪，银髯飘逸，举止庄重，彬彬有礼，显得高雅从容。

从交谈中得知他曾在罗马受教，片刻之后，他请我喝葡萄酒，吃糕点。请喝葡萄酒是种很尊贵的款待，我的品尝享用也使他露出满意的笑容。我们正在交谈之时，有几名商人前来拜访。他们听说来了个外国人，都断定我肯定是个神父，进屋后，逐一上来，屈膝行礼，要我赐福保佑。得知我并非神父，他们显得很惊奇，但仍然对我尊敬有加。在这个传教站停留了一两个小时后，我起身向神父告辞，与那名学生和菲利普一起信步穿过城池。整个城市相当干净整洁。寺庙建筑宏伟，雕琢得美轮美奂，镀以金箔，漆刷涂色，显得华丽辉煌。年轻的向导领着我们来到衙门，本来要带我进去见见知州——他称其是传教士的至交好友，但按照送礼惯例，这样的拜会代价昂贵，所以，我决定还是不要去打扰了。

我注意到许多商店都有大量棉布出售，还有很多鸦片。在忠州，我还第一次留意到一种习俗——尽管我认为其在中国是很常见的，但此前却从未听闻或见到过。在街角处，房舍尽头的壁龛里放有长条状的白色木箱，我打听得知那是棺材。当问及为何将它们置于那里时，有人回答说，那些都是城内各街坊提供的，用来装殓死后无钱下葬的穷人——得知这样的人在忠州为数不多，我也颇觉欣慰。该城建造坚固，城墙全都修缮一新。总而言之，我对其普遍富足的面貌印象深刻，从江面上远眺，气象宏伟，令人心生向往，近观其貌，亦同样不会失望。

与其他中国城镇肮脏、疏于管理的面貌相比，忠州在这方面的优越性只能归功于占其人口三分之一且大都属于富有阶层的基督教徒的影响。我可以断言，四川大多数皈依教众都来自较富有的阶层。

布莱基斯顿的船老大曾经告诉我们有关那位年轻神父溺水而亡的故事，我得知，此事千真万确，深感惋惜。事情是这样的，在上溯某处险滩时，他抓着牵拉船只上行的纤绳，纤绳断裂，产生反冲力，将他弹出船外，坠入激流中，很快便沉了下去，再也没有浮上来。他的一个同伴随即跳入江中，拼尽全力想要救他，也差点淹死。这个消息似乎对菲利普和老李触动很深，当菲利普上床睡觉时，又抱怨说身体不适。当晚睡觉前，那位中国神父给我送来两只鸡和一篮子松软可口的糕点作为礼物，我回赠给他一块常见的棕色肥皂和几支蜡烛——在本地基督徒看来，这些都是珍稀物品。所有中国人都将外国肥皂视为奢侈品，每当我上岸去，都会有人向我索要。中国常见的肥皂是用牛脂和碱灰混合制作而成，有时也用皂角，非常粗糙，而且十分昂贵。在四川，皂角主要是穷人用来洗衣服的——要是洗衣的话，不管什么样的肥皂都可以——但人们决不会用它来洗澡。

次日清早，我们离开忠州，继续穿行于一片耕垦殆尽的地区，蚕豆花的芳香沁人心脾。经过最近几天的航行，天气已经大为转变。没有了从积雪的高山顶上吹下来的刺骨寒风，我们都沉浸在带着芬芳的和风之中，山上郁郁葱葱，耕地直达山巅。离开忠州的第二天，我们途经丰县城①（Fung-chien），但未作停留。靠近江边有无数采石场，许多采石匠在此辛勤劳作，有的正在修琢石料，有的正用铁钎和重达二三十磅的大铁锤将巨大的砂岩凿裂成方形石料。我观察了一下凿石匠的工作流程，他们灵巧熟练，每人选择一块裂开的巨大砂岩，在上面每隔18英寸左右钻凿一个深约3英寸的小孔，使其排列成所需方形石料的样子，然后在每个孔里插入一根铁钎，再依次用力锤敲，直到岩石裂开，成为一大块适合用木槌和錾子修琢的方形石料。铁锤手柄是用柔韧的藤条制成的，约有一指粗、四英尺长，因此，挥锤需要经验老道。铁锤悬于工匠两腿之间，接着，他来回摆动身体，直到铁锤荡过头顶，然后，猛地一拉，用尽全力挥下来，砸在铁钎上，每一次敲击都要大吼一声"嘿"。

四川的采石匠

傍晚，我们停泊在龚滩河河口旁的涪州城（Fu-chow）下。龚滩河（Kung-tan-ho）是条小河，从右岸汇入扬子江。这条河全年都通航的河段可达数天行程，从河口处停泊的无数帆船来判断，这是一条贸易量巨大的水路干道。这些船在结构上有一个异于其他船只的独特之处。龚滩河的某一段较为狭窄，其间还有一块岩石突伸于河道之上，为了能够通过此处，建造船只时就使其船尾扭曲，外观呈现偏向一侧的弧形。我们购买了一些生活补给品后，正要离开涪州之时，城外沿江一带修建的木屋燃起大火。火势迅速蔓延，当城池即将消失在视线中的时候，大火已经横扫岸边每一栋房舍，延烧200多码。

第二天，我们计划在长寿（Chung Chow）城停泊过夜，不过，停船时与另一艘船相撞，致其严重损坏。当然，双方船员发生激烈争吵，受损船只的船老大要求赔偿100两银子，但经过长时间讨价还价，我们的船老大同意赔偿20两银子，先付5两，并承诺在明天清晨付清余款。既已达成协议，对方的船老大便返回自己船上，一切又恢复了平静。然而，就在我正要上床睡觉时，却听到我们的船夫在船上轻轻地走动，不一会儿，就感觉船只开始开动。我叫醒菲利普，强烈反对在夜间行船。但船老大打定主意赖账，逃避承诺于明早支付的赔偿款。于是，我们继续行驶，在漆黑的夜晚摸索前进。费力地驶出2英里后，我们行至一处小险滩，船夫们带着纤绳跳上岸，开始拉纤，但却在中途受困。船老大请菲利普和老李帮帮忙，我就和他们也去搭把手，然而，所有的努力都是徒劳

---

① 作者所指当为丰都县城。——译者

无益。水流实在太强，而江岸又过于陡峭，我们在黑夜里都难以找到合适的立足之处。由于担心撞上江中无数的礁石，我们也不能冒险下行返回，除了就地系泊外，别无他法。周围的江水汹涌咆哮，我们整夜都辗转难眠。我们就停泊在奔腾江水中一个激烈的漩涡里，船只每隔几分钟就如同陀螺一般摇摆晃荡，仅仅依靠船头和船尾的两名船夫提高警觉，瞭望警戒，才不至于落得船毁人亡。最后，鉴于我们所在的位置十分危险，我便下船去，坐在岩石上抽烟，直到天明。天刚泛白，我们所有人都卖力地开始干活，终于驶出险滩。河道在此处转了一个急弯，当船只绕行弯道时，我为了享受这美好的清晨，便从陆路步行而过，前去与之会合。一条小路引领我们穿越这片景色优美的地区，有时行经一块块甘蔗已长到八九英尺高的田地，有时又穿过正在开花、引来无数蜜蜂忙碌采蜜的蚕豆地；有时则穿过种有小麦和大麦的田地，根据中国农民代代相传的实践经验，它们都是用点播的方式播种，已长至一英尺高，十分繁茂。事实上，当下正值二月，整个地区看起来春意盎然，就如同五月的上海周边地区一样。半英尺高的大片绿油油的罂粟格外显眼，而无数白色农舍更为这些景致增添了魅力。

我走进一户农家讨杯茶喝并借个火，不禁将其肮脏的内部景象与整洁的外观相对比。在屋内，猪躺在桌子下和角落里，孩童、狗、鸡和鸭就都在脏兮兮的泥地上打滚。虽然这种爱尔兰式的内部景象在中国农民家中随处可见，但出现在相当富足并且非常注重外观的四川人家，则更引人注目。中午时分，我们途经位于左岸的大镇子洛碛（Lo-shih），这一地区富藏铁矿，因此，我看到其附近山上有许多冶铁炉。

傍晚6:00左右，我们在名为木洞（Hutung）的市镇停泊过夜，其周边地区相当富饶，距重庆不到一天的行程。吃过晚饭，上完中文口语课之后，菲利普和我就开始每天惯常的夜间闲聊。他非常健谈，明天就将抵达重庆的前景暂时驱散了他的病痛和低落情绪。我们交谈的主题集中在中国变戏法的人身上——这群人地位低下，游走四方，油腔滑调，人数众多。从这个话题又谈到迷信，他就告诉我，在中国，某些人如何与神灵相通。妇女们通灵的方式通常如下：正月十三，神婆将自己锁闭在屋内，把一个类似于我们的洗衣篮一样的竹篮倒扣在桌上，在其底部放上一根筷子。两名妇女用右手抓着篮子下缘，而另有一名妇女（我想应该就是通灵者）俯首下跪，以面贴地，大声高呼："你来了么？你来了么？"如此这般，一会儿之后，如果筷子敲击竹篮，就表明神灵现身了。然后便会向他询问在场之人的年龄，他就以筷子敲打作答，每敲一下表示一年，若果如其数，接着就问其他问题，通常是有关丈夫或子女前途的问题。当我听到这个故事时，印象尤为深刻，就如同我们自己的降神仪式重现眼前一样，以至于还以为菲利普是在讽刺我们。不过，仔细询问之下，我便不再怀疑，他的确是在向我叙述他所了解的实情，并向我保证，他从未听说过外国人也钟情于这种活动。他还告诉我，中国人认为这一职业很卑贱，心有所惧，很少有人愿意从事。因此，虽然与我谈论这一话题的许多中国人似乎都很了解这种活动，也相信如此可以与神灵沟通，但他们却总认为这种事不光彩、不体面。

许多男子也因神魔附体而声名远播。如果神魔上身，他们就会展示出奇异的能力，可以折断粗壮的铁棍、手握炽热的铁块、吞食碎瓦片，还可以在不触碰到纸张的情况下在上面写字——就只是在空气中比划，然后将纸张投入火中，所写的字就会显现出来。不过，这些小把戏显然都只是骗术，但我觉得敲击竹篮显灵与我们国内敲打桌子显灵的方式十分相似，值得一书。

第二天黎明时分我们就出发了，穿过一片丘陵起伏的地区，中午时分进入布莱基斯顿所称的"铁峡"（Iron Gorge），这里有众多烟柱，那便是冶铁炉的所在。下午2:00，我们已能看见重庆诸多的宝塔顶和帆船桅杆的顶端，并于3:15抵达该城。重庆河①（Chung Ching river）从左岸汇入扬子江，把理民城（Li-min）与重庆城分隔开来，我们即停泊在这条河畔。

刚一抵达，我就派菲利普和老李带着我的介绍信去拜见居住于此的天主教主教。两个小时后，菲利普带回了范若瑟（Desfleches）主教的口信，大意是说他在驻所随时恭候我的到来，不过，由于我要会见诸多访客，因此，如果能等到明天早晨的话，他会为我找到一所官员的宅邸。菲利普还告诉我，主教大人已经收到戴伯理先生的信函，信中把我说成是前去开辟穿越缅甸贸易路线的政府秘使。由此，这位好心的主教认为我是个非常重要的人物，需要入住重庆的大公馆，并表达了次日前来拜见的意愿。不过，老李当晚就住在主教邸宅里，他肯定受卡里神父（G. de Carli）指示，一五一十地向主教解释了我的身份。第二天一早，他回到船上，还领着主教安排的轿子和轿夫，并捎来一封短信，大意是说已为我在城内一家客栈准备好了房间。我庆幸终于能够摆脱船只束缚，于是便前往住宿之处。从沙市到重庆，我们行驶了25天，而从汉口算起则总共花了29天，也是一条小船在一年中这一时段航行的正常用时。从这里开始，我就要舍舟登陆，经陆路前行。但在继续我的讲述之前，必须打断一下读者的思路，就大江及其航行情况略作论述。

扬子江因其非同一般的长度、深度和庞大的贸易规模而在世界大江中占有重要地位。它发源于西藏拉萨以北，以金沙江为名向东流去，然后转了一个急弯，向正南方流300多英里，到达云南省，又向东流，雅龙江（Ya-long-kiang）的汇入增大了它的水量，此后，它便以扬子江或大江之名蜿蜒奔流1800余英里，流入大海。

实际上，可将叙府②（Swi-foo）视为大江贸易的终点，因为很少有船只再上溯到更远的地方，更是没有能越过屏山（Pei-cha）的。因此，我们可以认为，从这里一直到大海的江段及其横贯而过的茫茫山区和广阔平原可以被划分成扬子江上游和下游，上游段穿行于四川的群山间，以宜昌为终点，从叙府至此600英里，其间有一连串的险滩和峡谷。

从宜昌峡峡口处开始，大江变宽，成为一条壮阔的江河，奔腾1000英里，穿过湖北、安徽和江西的平原地带，流入大海。

扬子江上游接纳了几条可以通航的支流，龚滩河由右岸流入；合州河③（Hotow）在重庆城从左岸汇入，其有时也称之为理民河或重庆河；而岷江则在叙府城汇入。

龚滩河和理民河整年都可通航吃水5英尺的帆船，沿前者上溯60英里左右便可进入贵州省

---

① 指嘉陵江。——译者
② 即四川省叙州府，今四川省宜宾市。——译者
③ 即嘉陵江。——译者

（Kwei-chew Province）内，而后者可远达顺庆城①（Chong Ching）。普通四川帆船在夏季可以沿岷江上溯至四川省府成都，全年都可驶达位于成都和重庆（华西所有贸易往来的中心）间三分之二路程处的嘉定府②（Kia-ting-foo）。重庆是华西所有贸易往来的中心，云南、贵州和四川主要市场的大商贾都要将他们的商品运到这里，用来换取银锭，购买外国商品。该城的贸易都被重庆本地商人把持、垄断；因此，四川盛产的丝绸、木蜡、糖和鸦片等物品都集中到了重庆。

一如前面所作的描述，扬子江上游航行所用的就是常见的平底方头船，有时用桨推动，但一般都靠拉纤。上溯这些险滩需要娴熟的技能和坚忍不拔的毅力，只要具备这两点，船只上下往来便畅通无阻。

我溯江而上穿过最凶险的8个主要险滩之时，正值2月份的严重枯水季节，水深也达到6英尺。因此，只要改进航行方式，就不存在水量不足的问题，我认为，只要耗费少量钱财，具备一定的工程技能，对于建造坚固的汽船来说，在扬子江上游航行是非常安全的。的确，在目前情况下，我可以断言，这种汽船将毫无阻碍地驶达重庆。尽管我的观点与道森（Dawson）先生的意见③相左，但我还是要斗胆指出，既然载重120吨的帆船都能溯江上行，那么，配备蒸汽动力的船只也可以办到，只不过在某些险滩处还需要辅以拉纤牵引。有几百英里的江段几乎没有险滩，帆船可以用桨划行，或者由纤夫拉着缓缓而行，而动力强大的汽船则可以轻松地达到每小时6英里的速度。但惯性造成这样一个事实，即汽船在顺江而下时将相当困难。不过，我并不想假装自己对于船只在险滩中行驶有什么实践经验，只是斗胆提出，适应此种航行的汽船也能像同等大小的帆船一样，安然无恙地通过激流险滩。我完全赞同布莱基斯顿上尉所言，虽然尚未加以尝试，但如果用一艘"配备双引擎和独立明轮、专为内河航行而建造的动力强大的轻载吃水汽船"来试着上溯扬子江上游的话，必定会成功，并将为英国的商业扩展开辟一条新航道。

为了发展四川的贸易，并确保其处于汉口和上海英商的控制之下，开行汽船就尤为重要。重庆的出口商品将自然而然地流向汉口市场，只需浮江而下8至10天便可抵达，比经由大理府（Tali-foo）和八莫（Bhamo）、跋涉数百英里的陆路去缅甸寻找销路便捷得多。由于四川和贵州两省物产丰富，在华英商无需担心缅甸英商的竞争，因而得以避免海运竞争。并且，汽船驶入扬子江上游以后，他们也不需要再为其与四川的布匹贸易而担惊受怕。云南省可能会经由某条直接通往缅甸的路线——诸如斯普莱上尉（Captain R. Sprye）所倡导的那条——从仰光进口商品（如果有出口商品的话，也可以找到行销市场），但除了该省而外，很难设想缅甸还能从与华西的往来联系中获得更多好处。

如今，我们的在华商人只要迈出一大步，就能确保他们牢牢掌握华东、华中和华西（云南除外）的整个商业贸易，即汽船驶入扬子江上游。四川煤炭资源丰富，有的已经在挖掘，有的则尚未开采，可以就地取材，保证必需的燃料供应；位于宜昌和重庆中间的夔府城非常适合作为运煤中

---

① 今四川省南充市。——译者
② 今四川省乐山市。——译者
③ 参阅郇和领事1870年的报告。

转站。我并不想让人以为我是个航海问题专家，因此，在结束这一话题前，我提请诸位读者参看郇和①（Swinhoe）领事在皇家地理学会（Royal Geographical Society）上宣读并由该学会杂志全文刊载的那篇优秀文章②，其中阐述了最近在扬子江上游探险考察所取得的成果。与我这个游历中国的普通人的观点相比，各位可以在他的文章里发现更多关于通航问题更为准确和科学的观察结论。

---

① 郇和（Robert Swinhoe，1836~1877年），或译为史温侯、斯文豪，英国外交家、博物学家，作为随军翻译参与了第二次鸦片战争，曾先后担任英国驻打狗（今台湾高雄）、厦门、宁波和烟台领事，并在中国东部、台湾岛进行自然和生态考察。——译者

② 指郇和于1870年5月9日在皇家地理学会会议上宣读，并刊载于当年《伦敦皇家地理学会杂志》第40卷上的《溯江而上特遣记》（Special Mission up the Yang-tsze-Kiang）一文。——译者

《中国人文田野》征稿

《中国人文田野》是我国唯一的反映人文学者田野科学考察纪实的学术辑刊，暂时一年一辑，现向海内外学术界征稿。

《中国人文田野》尤其欢迎历史学、人类学、民族学、考古学、社会学、人文地理学方面的稿件，具体稿件要求为"六有"：

一、**有目的主题**。深度的科学考察是应该有具体的目的的，所以，作为科学田野考察纪实的论文，应该有具体的考察主题，如皇木采办、滇铜转运、屯堡水利、梯田文化，或某某具体遗址、某某具体社会现象等，而不是那种在一个地区综合观光考察而成的无主题论文。

二、**有深度研究**。作为学术辑刊要求文章有相当的科学深度，实际上本辑刊的宗旨之一是尝试将以前形式僵化死板的学术论文变化为雅俗共赏的一种科学论文，是试图将科学研究过程、结论融入田野考察纪实的尝试。所以，要求论文夹叙夹议，将传统的科研论文融入其中，有计量统计、文献引用、表格图示。

三、**有发现过程**。作为田野考察纪实，主要是通过科学发现研究的过程来展示科学结论。所以，科学发现的过程本身有时比结论更重要。这就要求论文以叙述过程为主，夹叙夹议，在展示过程中融入自己的理性的思考、科学的结论。

四、**有观点思想**。作为田野考察纪实，我们欢迎论文作者将自己的思想、观点融入其中。特别鼓励将科学研究与现实结合起来，有感而发，浅则发表感想，提出建议，深则诠释已有理论或构建新的理论。

五、**有图像地图**。从中国传统的"图经"时代到现在"读图"时代，图像传递的信息不仅直观，而且相同的版面传递的信息量十分大。所以，我们倡导在学术研究中用图像说话。要求所有稿件都应有照片，最好配有相关地图、示意图，使照片、地图的版面占全文较大的比例。

六、**有文采场景**。为了改变我们以前学术论文在文字上、内容上的枯燥无味，我们既提倡将科学考察中理性的内容用感性的语言展示出来，同时也鼓励将科学考察过程中有趣味的场景用通俗的语言记录下来，前者可使我们的科学研究得到更高的社会知晓度，后者则使我们的纪实在以后会成为正史不载的珍贵史料留给后人。

来稿请先将图片配放在文章中间恰当位置，并注明图名。另用文件夹将照片、地图单独打包，与稿件一起发送到我们的电子邮箱，以备出版社调整印刷效果所用。文章发表后，即付薄酬。

纸质稿请寄：重庆市北碚区西南大学西南历史地理研究中心，《中国人文田野》编辑部，邮编400715。

电子邮箱地址：zgrwty@swu.edu.cn

《中国人文田野》编辑部

图书在版编目（CIP）数据

中国人文田野·第九辑 / 西南大学历史地理研究所编. — 成都：巴蜀书社，2020.12
ISBN 978-7-5531-1391-3
Ⅰ.①中… Ⅱ.①西… Ⅲ.①历史地理–考察–中国–文集 Ⅳ.①K928.6-53

中国版本图书馆CIP数据核字（2020）第214119号

中国人文田野·第九辑
西南大学历史地理研究所　编

责任编辑	谭晓红
封面设计	四川胜翔数码印务设计有限公司
出版发行	巴蜀书社
	成都市槐树街2号　邮编：610031
	总编室电话：（028）86259397
	发行科电话：（028）86259422　86259423
网　　址	http://www.bsbook.com
经　　销	新华书店
制　　版	四川胜翔数码印务设计有限公司
印　　刷	成都蜀通印务有限责任公司
成品尺寸	210mm×285mm　1/16
印　　张	15.5
字　　数	370千
版　　次	2020年12月第1版
印　　次	2020年12月第1次印刷
书　　号	ISBN 978-7-5531-1391-3
定　　价	65.00元

本书若出现印装质量问题，请与发行科联系调换。